MÄRCHENDECKEN häkeln

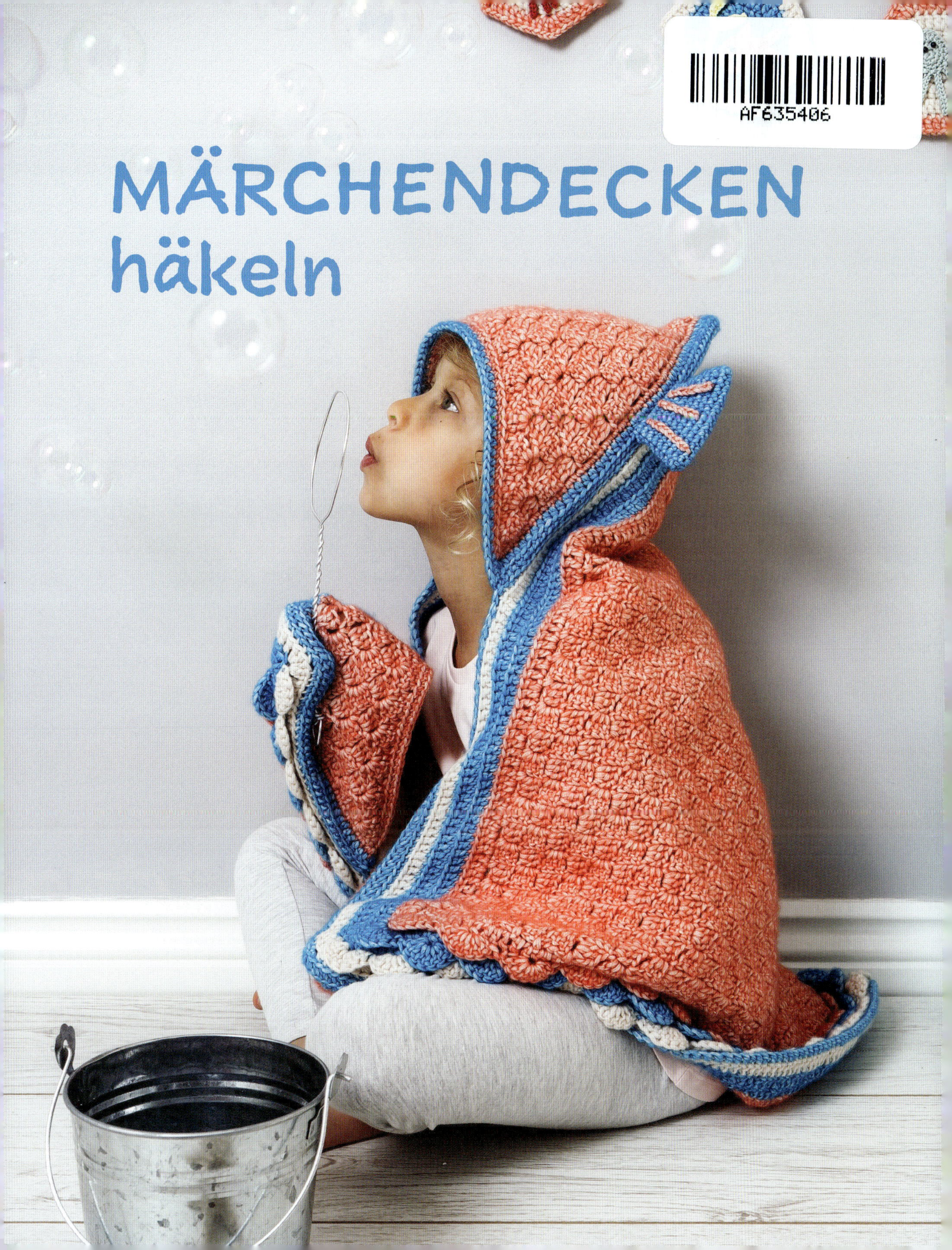

WIDMUNG

Dieses Buch widme ich meiner Familie und meinen Freunden, die mich inspirieren, unterstützen und ermutigen.

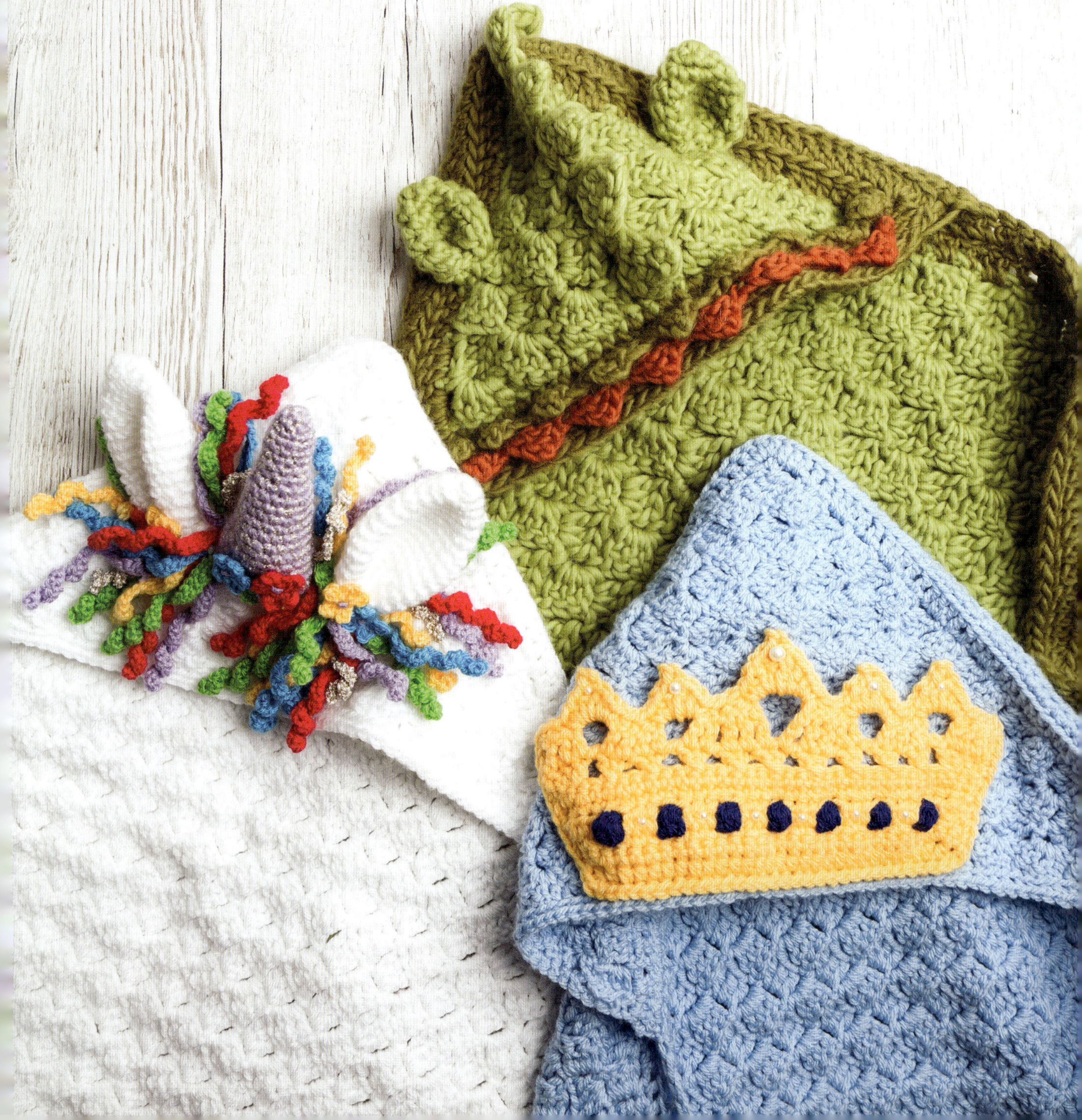

MÄRCHENDECKEN häkeln

10 sagenhafte Kinderdecken zum Kuscheln und Spielen

LYNNE ROWE

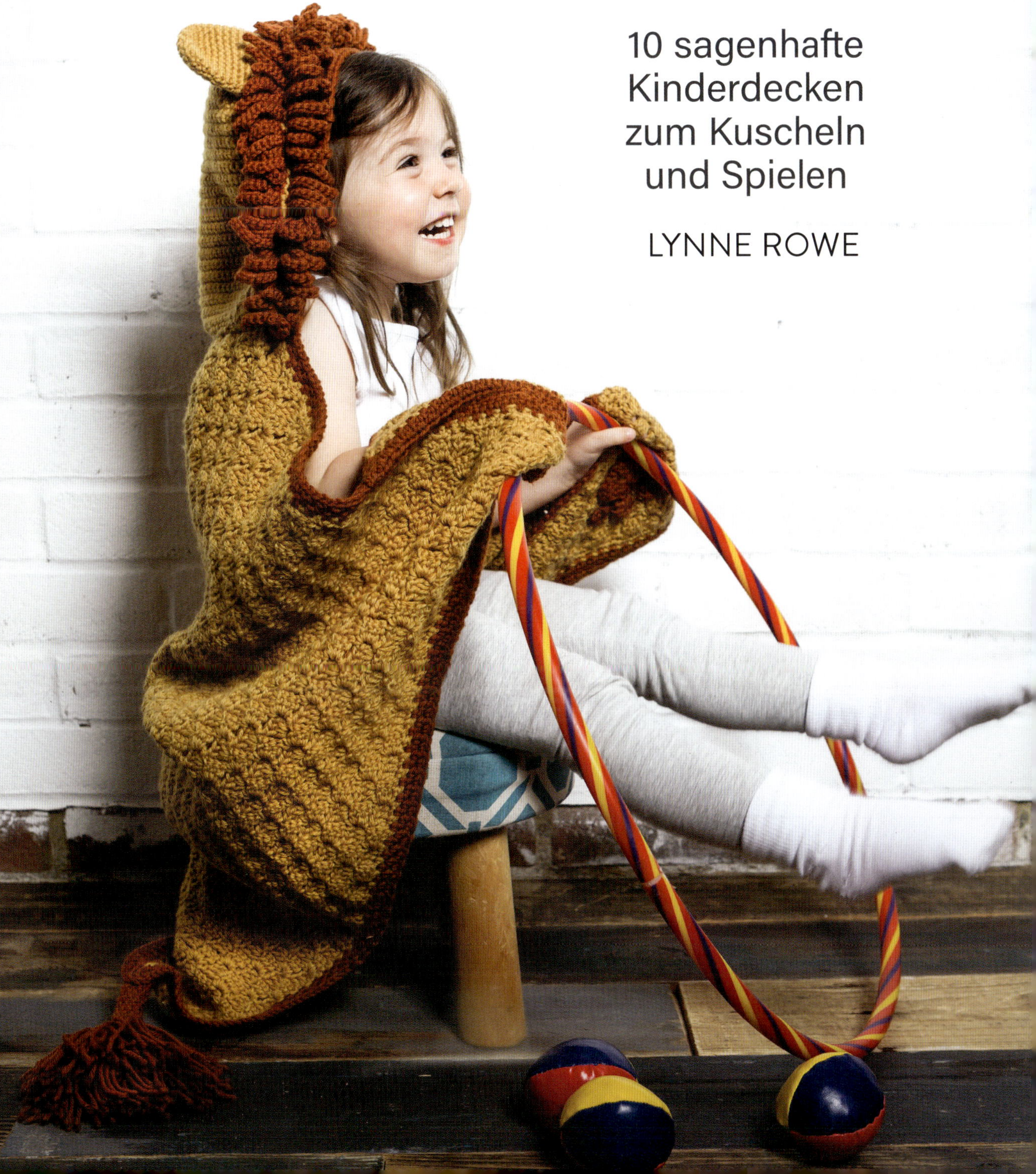

Titel der Originalausgabe: Fairytale Blankets to Crochet

Fotos: Mark Davison/Search Press Studios (S. 8, 10, 12-24 (oben) und 25-29), Stacy Grant (alle übrigen).

Hinweis des Herausgebers: Alle Schritt-für-Schritt-Fotos in diesem Buch zeigen die Autorin Lynne Rowe.

Übersetzung: Katrin Lischke-Przygode, Lingenfeld

Lektorat: Dr. Katrin Korch, Baden-Baden

Produkmanagement: Mareike Upheber

Cover der deutschen Ausgabe: Eva Grimme

Satz der deutschen Ausgabe: Petra Theilfarth

Druck und Bindung: Livonia Print SIA, Lettland

2. Auflage 2021

ISBN 978-3-7724-4876-8 • Best.-Nr. 4876

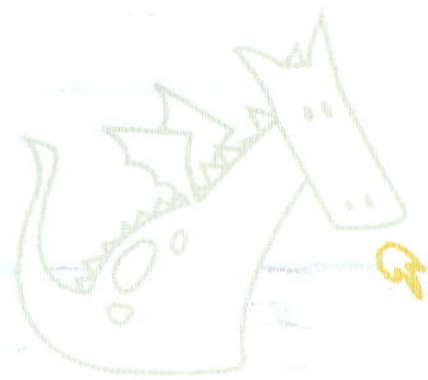

DANKSAGUNG

Ein riesengroßes Dankeschön geht wie immer an meine Familie und meine Freunde für ihre Ermutigung, Inspirationen und Unterstützung. Als ich dachte, dieses Buch würde niemals fertig werden, habt ihr mir Mut gemacht und mich zum Weitermachen motiviert. Es war mir ein großes Vergnügen, mit Lyndsey Dodd (technische Redakteurin) bei SearchPress zusammenzuarbeiten, und ich bin den Designer-Kollegen Nicola Valiji und Jo Janes unendlich dankbar für ihre Hilfe beim Design und beim Häkeln, als die Zeit mein größter Gegner war.

Mein aufrichtiger Dank geht an die Unterstützung durch Wolle von Rowan, www.knitrowan.com (für den Löwen, Rotkäppchen und den Wolf), Thomas B Ramsden, www.thehomeofcraft.co.uk (für den Fisch und den Eisbär), Scheepjes, www.scheepjes.com (für das Rentier); Black Sheep Wools, www.blacksheepwools.com (für Prinzessin/Prinz, Einhorn und Weihnachtself) und DROPS Design, www.garnstudio.com (für den Drachen), denn das Buch ist nur damit möglich geworden. Auch danke ich dem gesamten Team von SearchPress mit allen Fotografen und Stylisten, die meine Projekte immer großartig aussehen lassen.

Und nicht zuletzt danke ich Euch, meinen Leserinnen und Lesern, dafür, dass Ihr meine Arbeit unterstützt und meine Entwürfe so sehr schätzt. Vielen Dank an alle und viel Spaß beim Häkeln!

INHALT

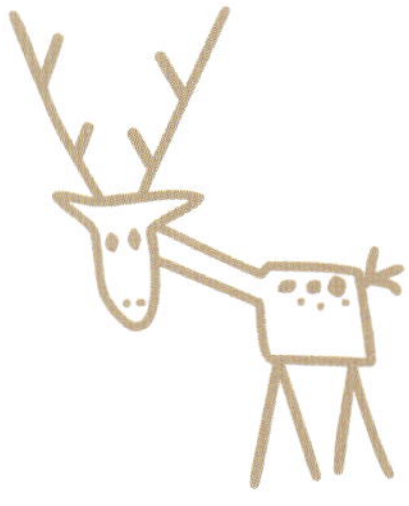

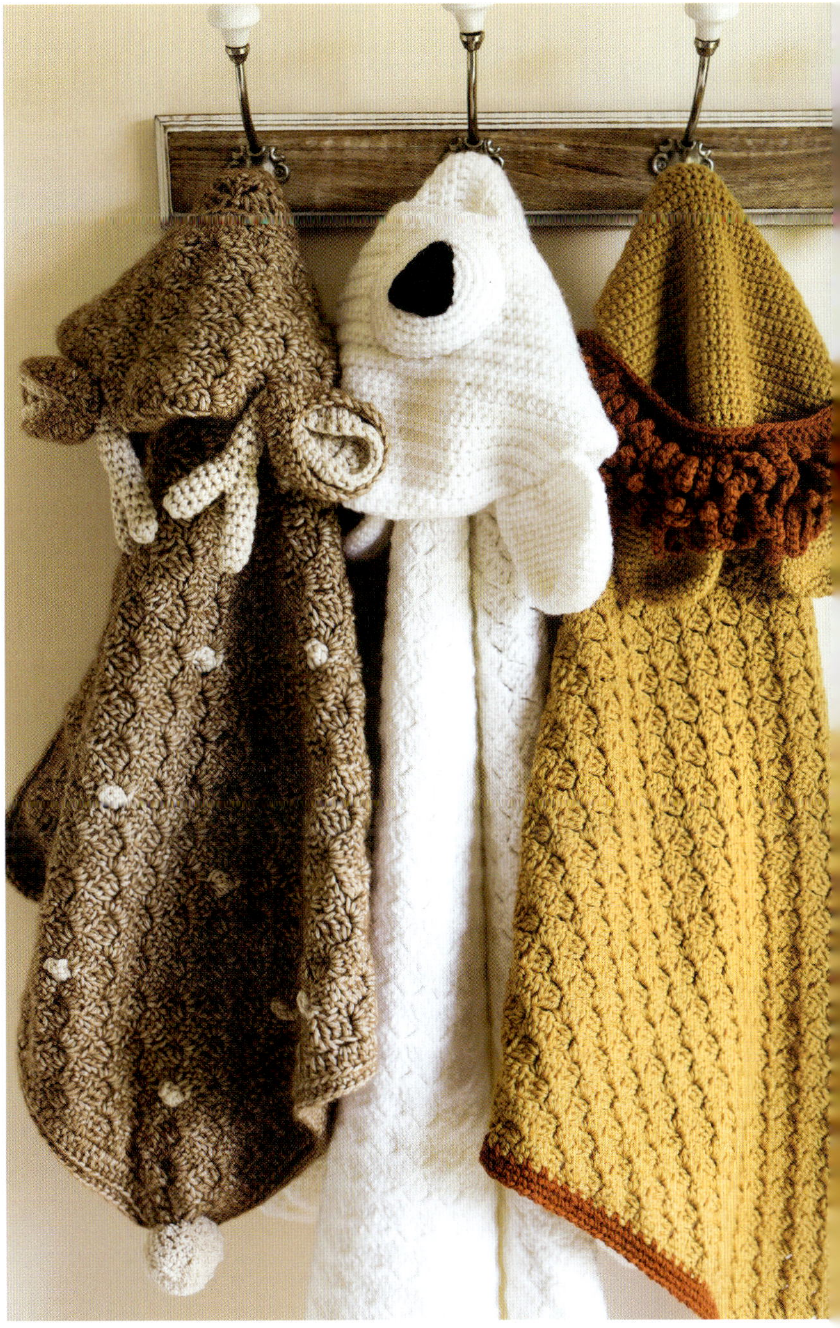

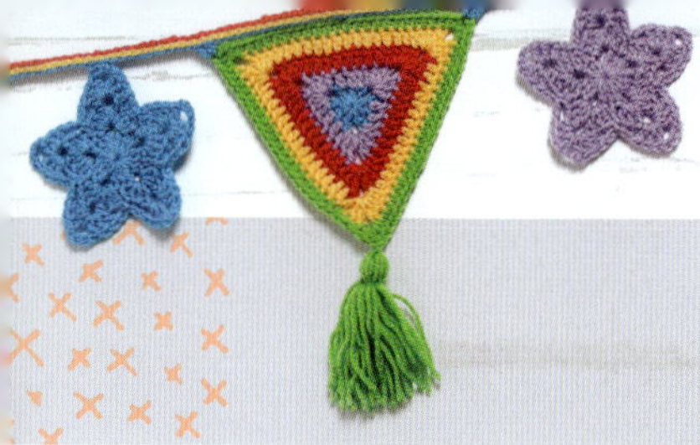

EINLEITUNG

DAS LEBEN SELBST IST DAS WUNDERVOLLSTE MÄRCHEN VON ALLEN.

Hans Christian Andersen

Zu dieser fantasievollen Auswahl an Kuscheldecken haben mich meine Kinder mit ihrer Begeisterung für Verkleidungen und Rollenspiele inspiriert. Und so zaubern diese Decken ein Strahlen in Kinderaugen, während sie ihre liebsten Geschichten und Märchen immer und immer wieder hören und miterleben, herrlich eingekuschelt in warme Wolldecken wie in eine liebevolle Umarmung.

Ich habe zu jeder Decke eine passende Girlande gehäkelt, damit du das Kinderzimmer oder die Leseecke mit deiner Lieblingsgirlande dekorieren kannst – und dann kann die Vorlesestunde beginnen.

Alle Decken werden von Ecke zu Ecke gehäkelt, das ist meine bevorzugte Häkeltechnik. Bei dem gleichmäßigen, sich wiederholenden Rhythmus kann ich nach einem stressigen Tag herrlich entspannen und zur Ruhe kommen. Wenn du dich auf das rhythmische Dahinströmen der Häkelmaschen einlässt, verlangsamt sich dein Herzschlag und du entspannst und beruhigst dich.

Und dann beginnt der Spaß: Mit bunten Zierkanten, Kapuzen, aufgesetzten Taschen für die Hände und vielen liebevollen Details verwandelst du deine Decke in eine niedliche, einzigartige Märchenfigur – einfach perfekt zum Kuscheln. Jetzt noch die passende Girlande dazu und das Kinderzimmer verwandelt sich in einen warmen, einladenden Ort für die tägliche Gute-Nacht-Geschichte.

Ganz sicher findest auch du in diesem Buch deine Lieblingsfiguren aus alten Märchen. Dann musst du nur noch entscheiden, welche du zuerst häkelst! Also schnapp dir deine Häkelnadeln und los geht's mit deinem märchenhaften Häkelabenteuer!

Viel Spaß beim Häkeln!

Lynne x

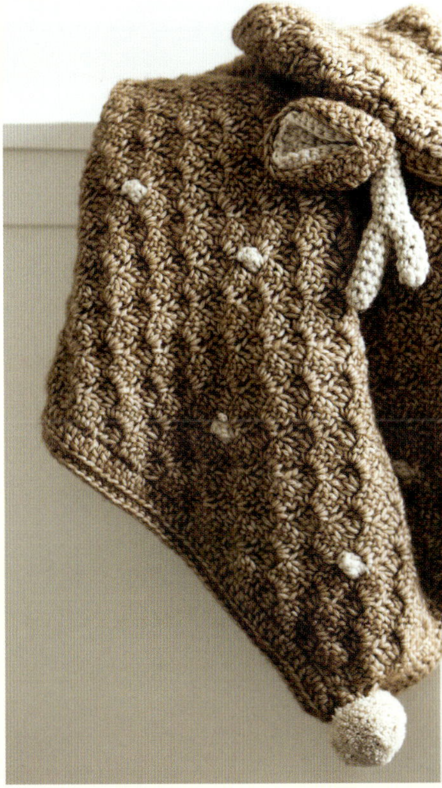
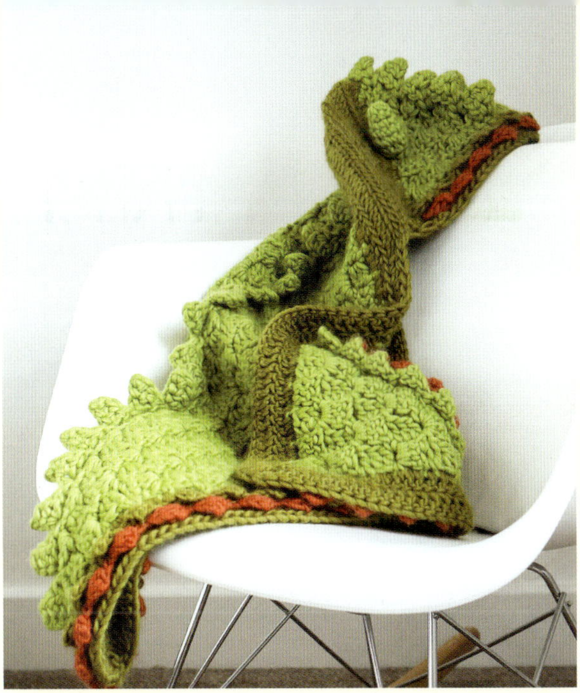
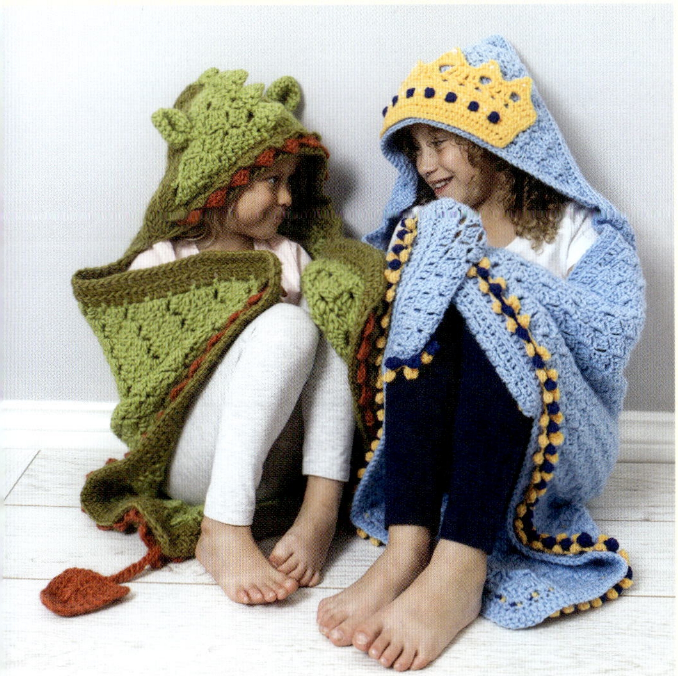
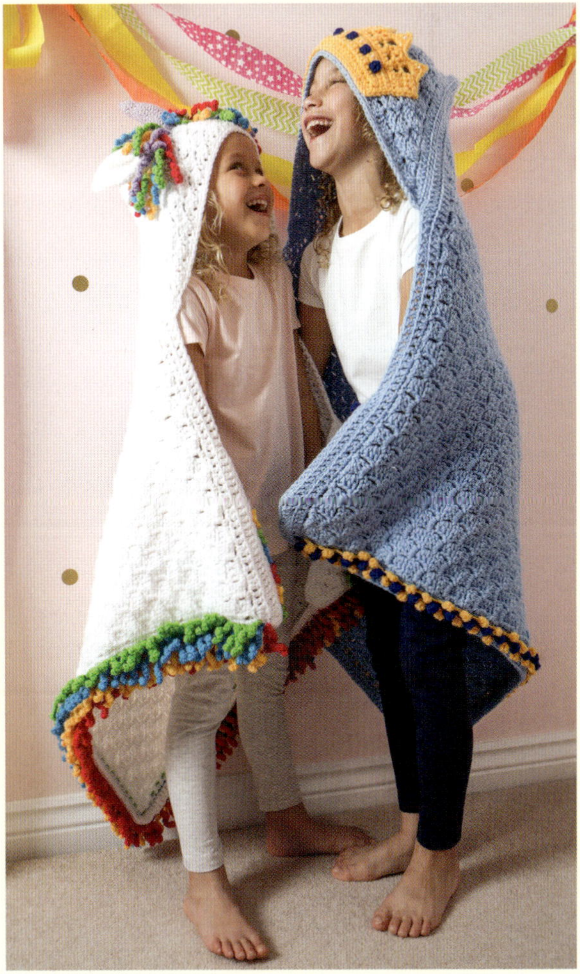

MATERIALIEN & ZUBEHÖR

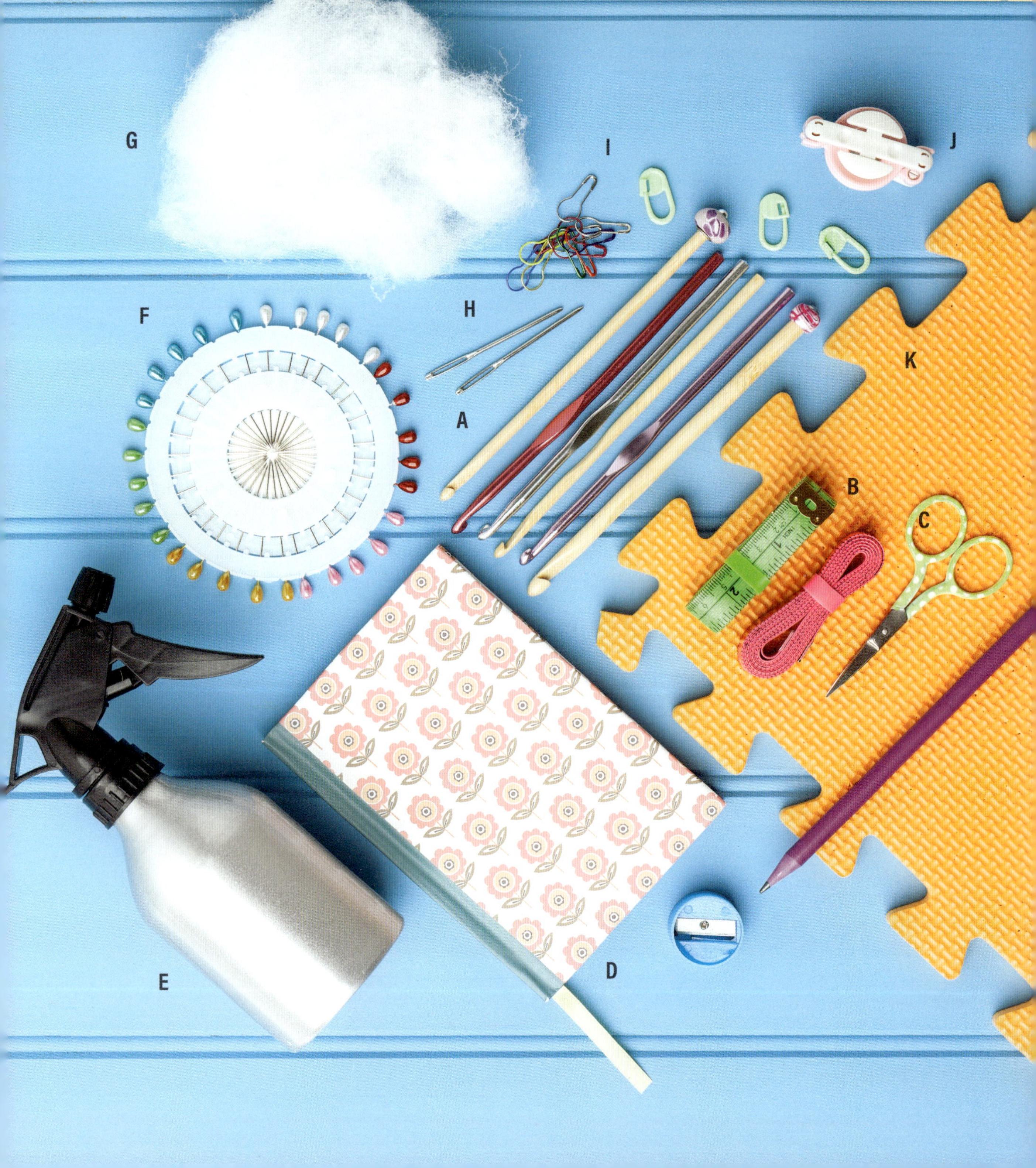

Hier habe ich alles aufgeführt, was du brauchst, um diese märchenhaften Kuscheldecken und die passenden Girlanden zu häkeln. Außerdem findest du einige Tipps und Vorschläge, damit du das Zubehör findest, das am besten passt.

A HÄKELNADELN

Bei den einzelnen Decken und Girlanden werden Häkelnadeln in unterschiedlicher Größe verwendet. Welche Größe(n) du brauchst, hängt von der Stärke des verwendeten Garns ab und wird immer am Anfang der Anleitungen genannt. Bei den meisten Decken sind die angegebenen Nadelstärken kleiner als auf dem Knäuel angegeben. Das soll so sein, damit die Maschen fester und enger werden, sodass eine dichte, warme und kuschelige Decke entsteht.

Es gibt Häkelnadeln aus den unterschiedlichsten Materialien – von Holz oder Bambus bis zu Metall oder Kunststoff. Manche Häkelnadeln bestehen auch aus zwei Materialien, beispielsweise einem Holzgriff mit Metallnadel. Außerdem gibt es ergonomische Nadeln mit einem speziellen, bequemen Griff, um Überlastungen der Hände zu vermeiden. Am besten probierst du verschiedene Nadeln aus, um herauszufinden, mit welcher du am liebsten häkelst. Wenn du mit deiner Häkelnadel bequem arbeiten kannst, werden deine Maschen gleichmäßiger und das Häkeln macht deutlich mehr Spaß.

B MASSBAND

Bei den meisten Decken ist eine bestimmte Länge angegeben, bevor man mit den Abnahmen beginnt, daher brauchst du ein langes Maßband, mit dem du die Seitenkanten oder die Länge der Decke messen kannst. Auch musst du deine Probestücke genau messen können, damit du die korrekte Maschenzahl erreichst. Ich empfehle dir ein ausziehbares Rollmaßband (nicht abgebildet), damit es sich in deinem Handarbeitsbeutel nicht verheddert.

C SCHERE

Eine kleine, scharfe Schere solltest du immer griffbereit haben, um Garn nach einem Farbwechsel abzuschneiden oder Fadenenden zu kürzen. Wenn deine Schere sehr spitz ist, solltest du eine Schutzhülle verwenden – nicht nur, um deine Finger zu schützen, sondern auch die anderen Dinge in deinem Handarbeitsbeutel ebenso wie die Decke. Versuche bitte nicht, das Garn mit den Fingern abzureißen: Dabei kannst du die Arbeit kaputt machen oder dich verletzen.

D NOTIZBUCH UND STIFT

Zu meinen Handarbeitsutensilien gehören unbedingt auch ein Notizbuch und ein Stift, damit ich mir jederzeit Änderungen an den Anleitungen notieren kann und diese nicht vergesse.

E SPRÜHFLASCHE

Alle gehäkelten Teile, die nicht gestärkt werden müssen, werden vor dem Spannen mit Wasser besprüht.

F ROSTFREIE STECKNADELN

Beim Spannen deiner Arbeit sind Stecknadeln einfach unverzichtbar. Stecknadeln mit bunten Köpfen sind leichter zu erkennen und werden in der Häkelarbeit nicht so leicht übersehen.

G FÜLLWATTE

Ich empfehle ganz normale Füllwatte. Auf der Verpackung ist immer angegeben, ob die Füllwatte sicher, hygienisch und waschbar ist. Polyester ist dabei die am häufigsten verwendete Kunstfaser, denn sie kostet nicht viel; aber gibt es auch natürliche oder umweltfreundliche, biologisch abbaubare Alternativen.

H STOPF- ODER WOLLNADEL

Zum Vernähen der Fadenenden brauchst du eine Stopfnadel mit großer Öse. Am besten verwendest du eine Stopfnadel mit stumpfer Spitze, da du mit einer scharfen Spitze dein Garn leicht zerstichst und die Maschen dann nicht mehr schön aussehen.

I MASCHENMARKIERER

Maschenmarkierer bestehen normalerweise aus Kunststoff oder Metall und lassen sich wie eine Sicherheitsnadel öffnen und schließen. In diesem Buch werden sie hauptsächlich verwendet, um mehrere Teile vor dem Zusammennähen aneinanderzustecken; daher solltest du am besten Maschenmarkierer verwenden, die sich einfach entfernen lassen. Dazu legst du die beiden Häkelteile flach aufeinander und steckst sie mit Maschenmarkierern zusammen, bevor du sie zusammenhäkelst oder -nähst. Dafür kannst du auch Sicherheitsnadeln verwenden, aber Vorsicht, die scharfen Spitzen können das Garn zerstechen und einzelne Maschen ruinieren.

J POMPON-MAKER

Pompon-Maker gibt es in verschiedenen Größen, also musst du dir vorher überlegen, wie groß dein Pompon werden soll. Beachte die jeweiligen Herstelleranweisungen.

K SPANNUNTERLAGE

Für die Girlanden brauchst du eine Spannunterlage oder eine Matte, auf der du deine Arbeit flach ausbreiten und unter Spannung mit Stecknadeln fixieren kannst. Diese Unterlagen bestehen meist aus Schaumstoff und werden in 6 oder 9 Einzelteilen geliefert, damit du sie zu einem Streifen oder einer größeren Fläche zusammenlegen kannst.

SPRÜHSTÄRKE

Für die Girlanden empfehle ich Sprühstärke (nicht abgebildet). Damit sprühst du die Rückseite der kleinen Flaggen ein, damit sie steifer werden und sich die Kanten nicht aufrollen. Sprühstärke findest du in der Waschmittel-Abteilung in jedem Supermarkt.

GARN

Neben der Nadelstärke steht am Anfang jeder Anleitung, welches Garn verwendet wird und wie viel du davon benötigst. Damit deine Kuscheldecken gelingen, solltest du ein Garn verwenden, das mit dem angeführten vergleichbar ist. Zuerst ist allgemein angegeben, welches Garn geeignet ist, und dann das genaue Garn, aus dem die für dieses Buch fotografierten Arbeiten gehäkelt wurden. Natürlich kannst du auch Garn einer anderen Marke verwenden, du solltest nur darauf achten, dass die Stärke und die Lauflänge der einzelnen Knäuel dem angegebenen Garn entsprechen (oder größer sind), damit du ausreichend davon hast.

Ich verstaue alles, was ich für ein Projekt brauche, in einer großen Tasche, denn für die Decke brauchst du wirklich viel Platz. Für die kleineren Girlanden reicht natürlich auch ein kleinerer Beutel. Dafür brauchst du keine speziellen Taschen zu kaufen – einfache, wiederverwendbare Einkaufsbeutel reichen völlig aus.

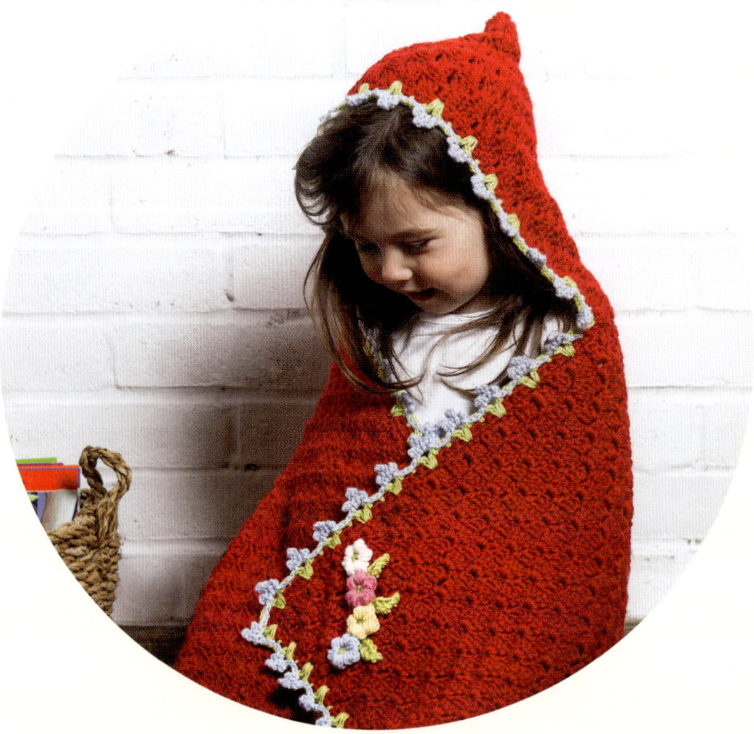

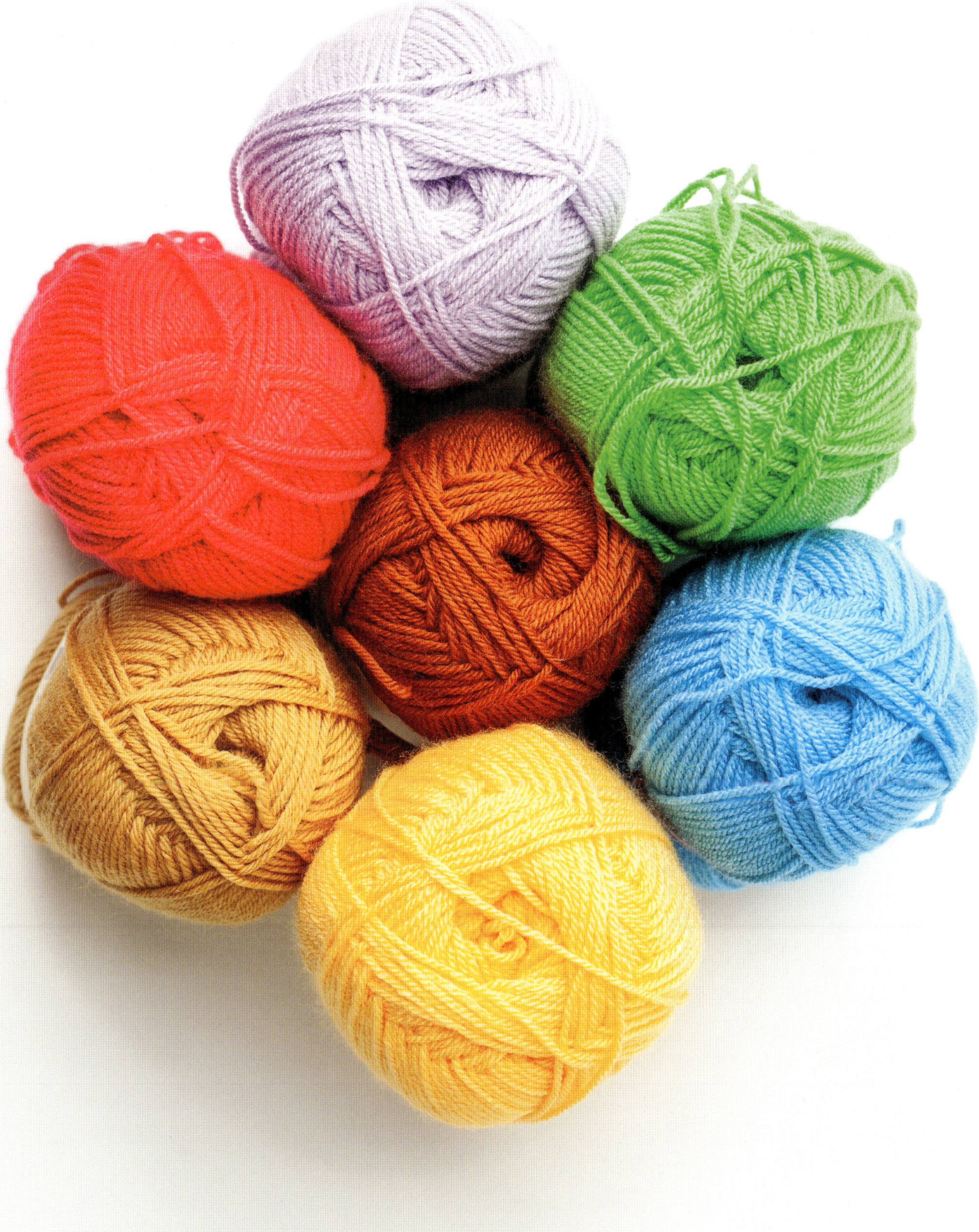

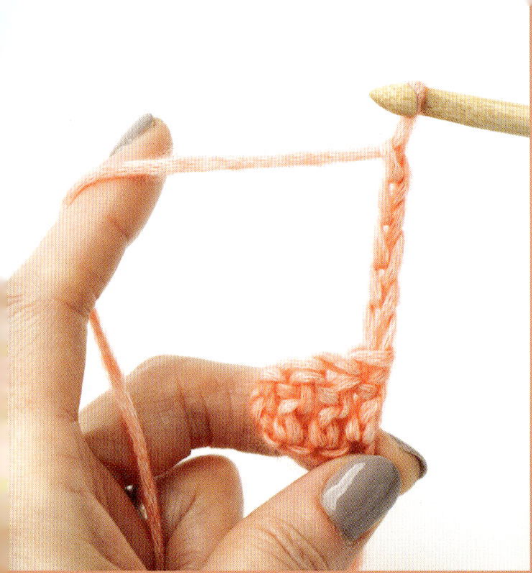
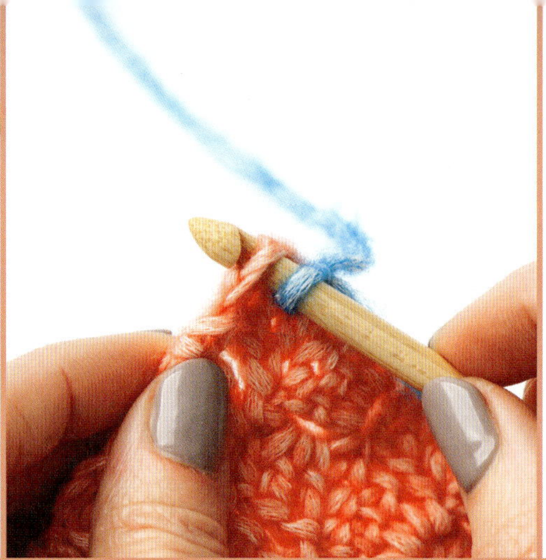
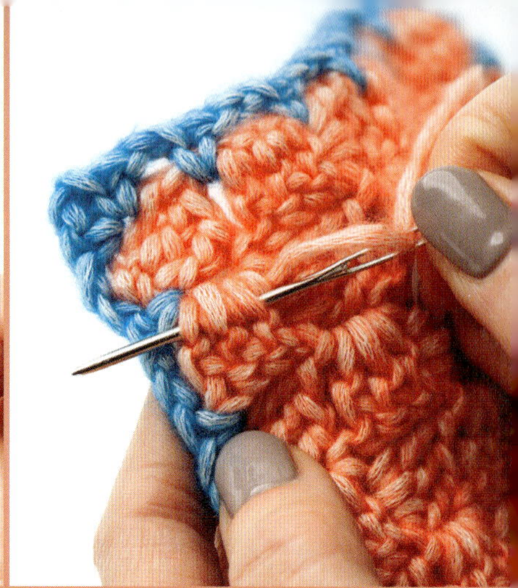

GRUNDLEGENDE TECHNIKEN

In diesem Kapitel erkläre ich alle grundlegenden Maschen und Techniken, die du für die Decken und Girlanden in diesem Buch brauchst. Ich empfehle dir, diesen Abschnitt durchzulesen, bevor du mit einem Projekt beginnst, und auch ein Probestück in der Häkeltechnik „Ecke zu Ecke“ anzufertigen, damit du schon bei deiner ersten Decke mit den grundlegenden Techniken vertraut bist.

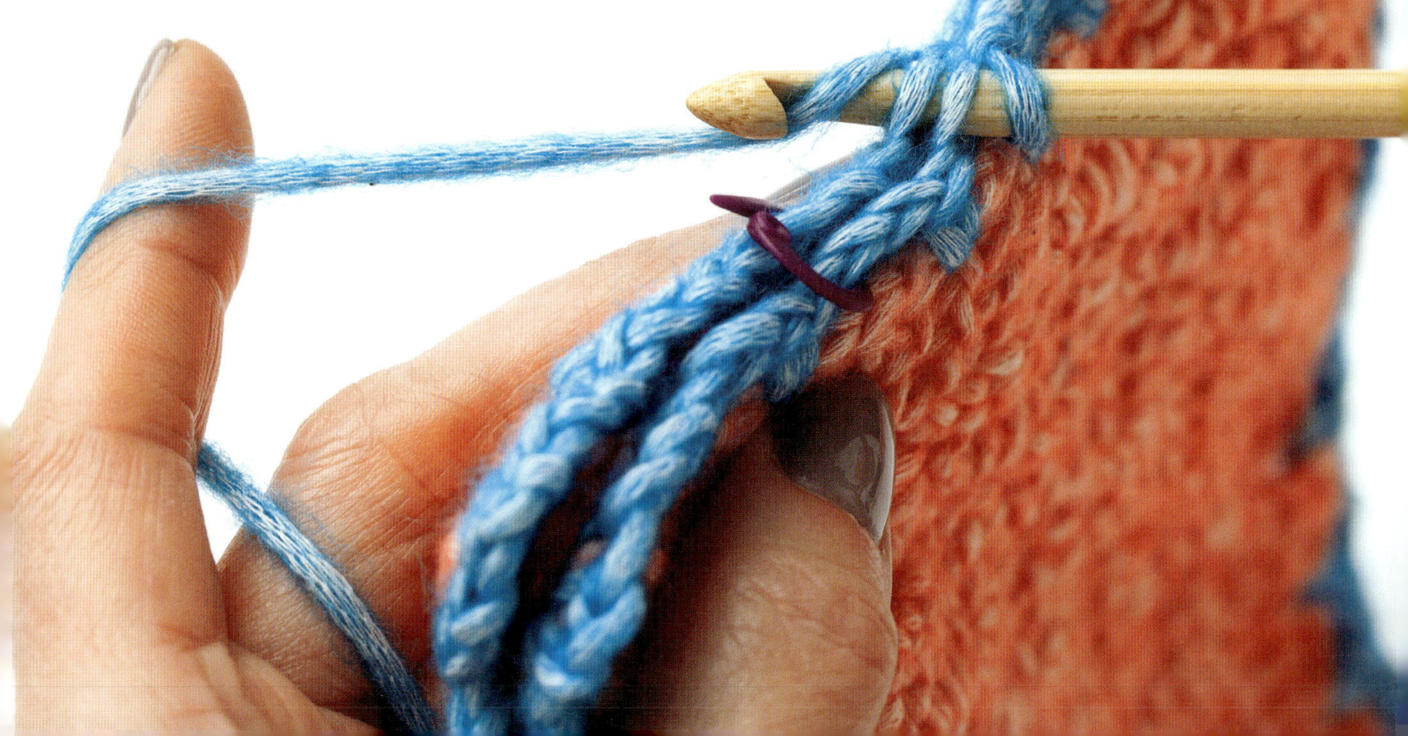

ANFANGSSCHLINGE

Mit einer Anfangsschlinge beginnen in diesem Buch alle Projekte, die mit einer Luftmaschenkette anfangen.

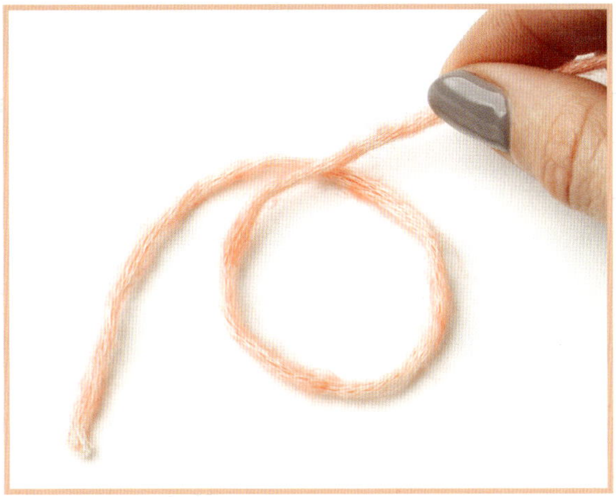

1. Das Garn zu einer Schlinge legen.

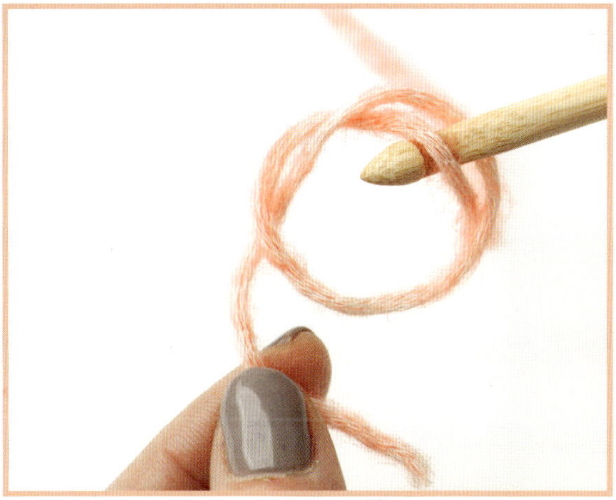

2. Den Arbeitsfaden von hinten durch die Schlinge ziehen und diese neue Schlinge auf die Nadel nehmen.

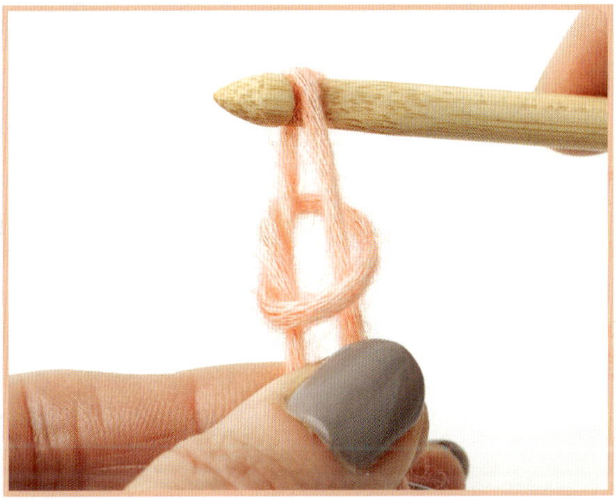

3. An beiden Fadenenden ziehen, sodass die Schlinge fest an der Nadel anliegt.

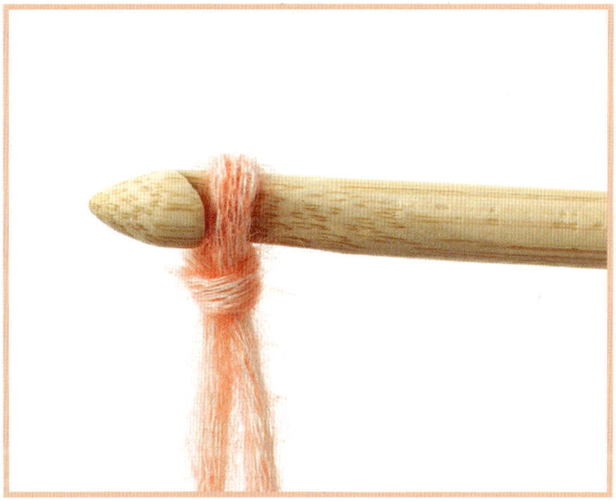

4. Jetzt hast du eine Anfangsschlinge auf der Nadel liegen.

TIPP

Ziehe die Anfangsschlinge nicht zu fest an, damit sich das Garn beim Häkeln der ersten Masche noch problemlos hindurchziehen lässt.

LUFTMASCHE

Die Luftmasche ist die Grundlage für alle flachen Teile, die in diesem Buch gehäkelt werden, also auch für die Decken in der „Ecke-zu-Ecke"-Technik.

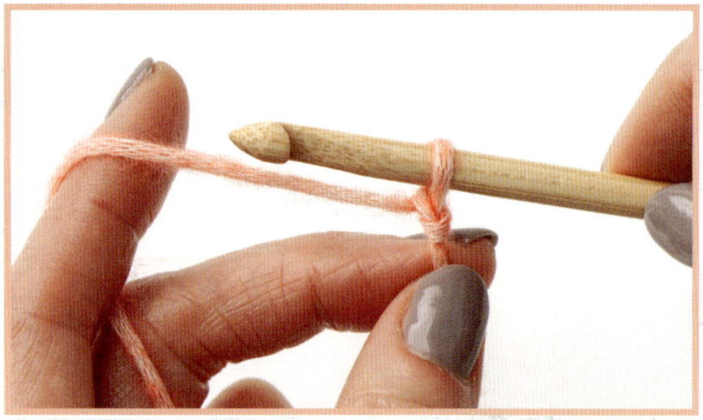

1. Mit einer Anfangsschlinge beginnen. Den Arbeitsfaden über den Zeigefinger legen. Das Fadenende mit Mittelfinger und Daumen direkt unter dem Knoten festhalten.

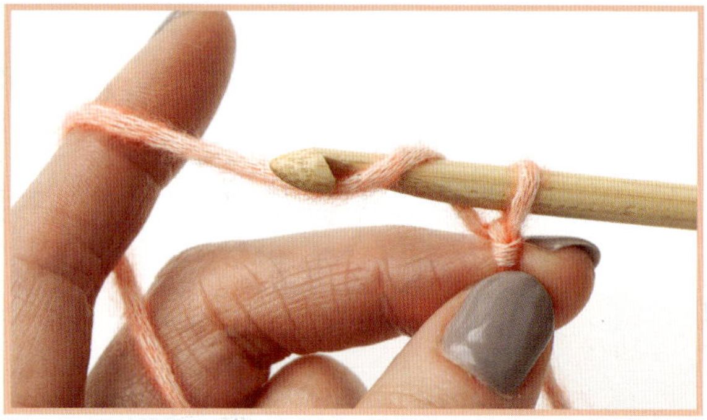

2. Faden über die Nadel legen.

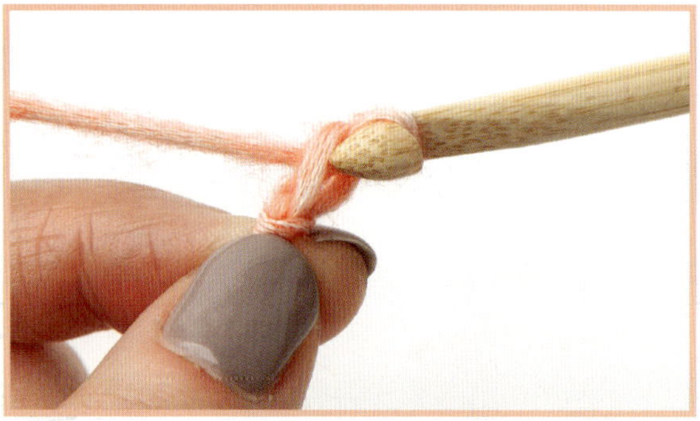

3. Nadel mit dem Garn durch die Schlinge auf der Nadel ziehen.

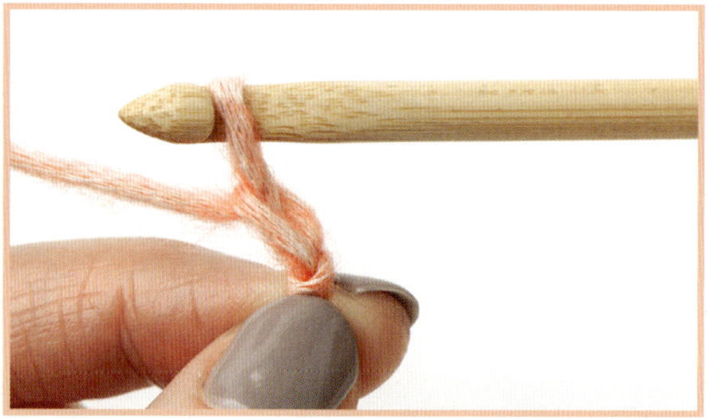

4. Die Masche unter der Nadel ist die erste Luftmasche.

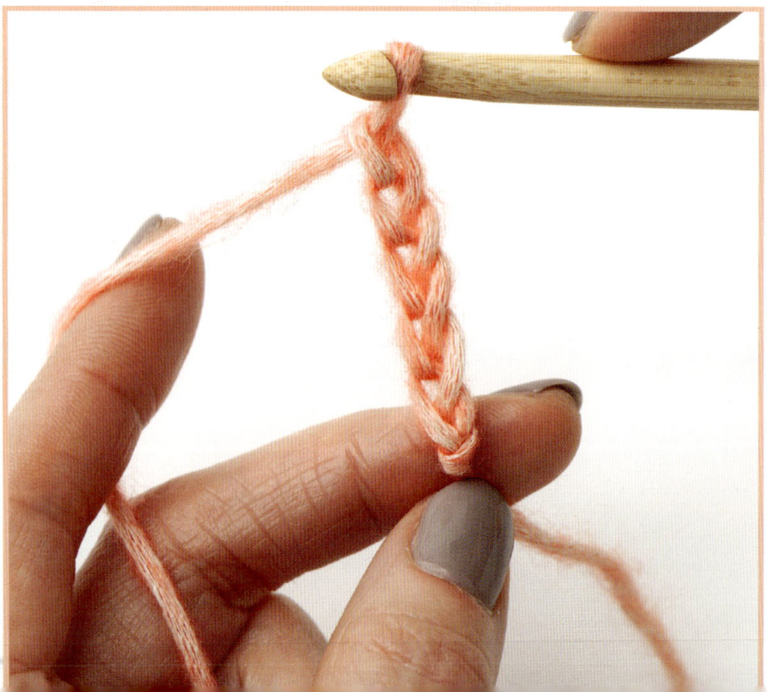

5. Schritte 2 und 3 wiederholen, bis die Luftmaschenkette die gewünschte Länge hat.

TIPP

Die Maschen haben eine V-Form und liegen direkt nebeneinander.

FESTE MASCHE

Eine feste Masche ist eine kurze Masche und ergibt ein festes, dichtes Maschenbild. Daher setze ich sie dazu ein, um einigen Decken und Girlanden Struktur zu verleihen. Ich habe die Kapuze der Löwendecke und die Girlandenmotive von Prinzessin oder Prinz und Wolf aus festen Maschen gehäkelt.

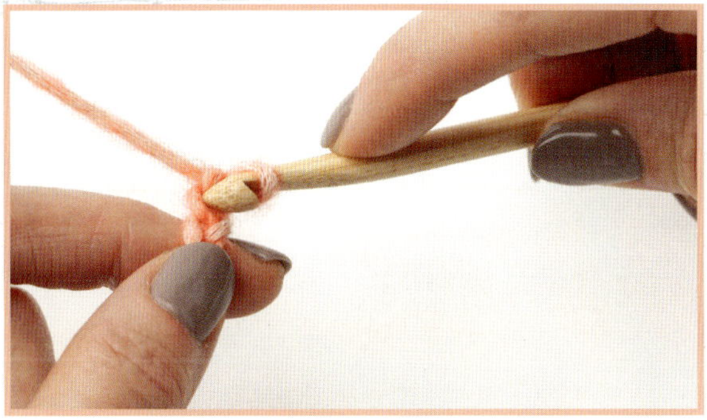

1. Mit einer Luftmaschenkette beginnen.

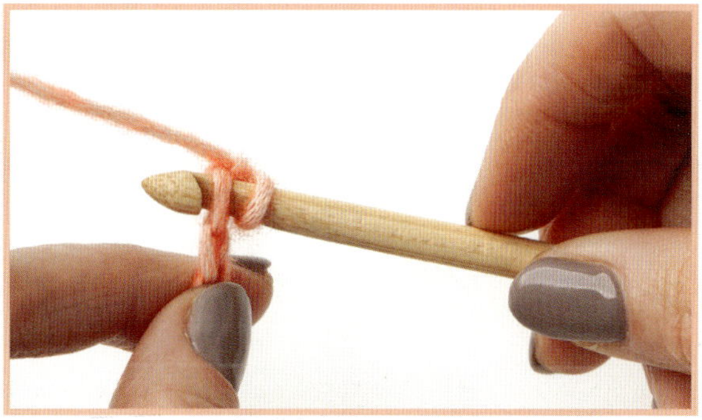

2. Die Nadel in die 2. Masche nach der Häkelnadel einstechen und leicht nach vorne drehen.

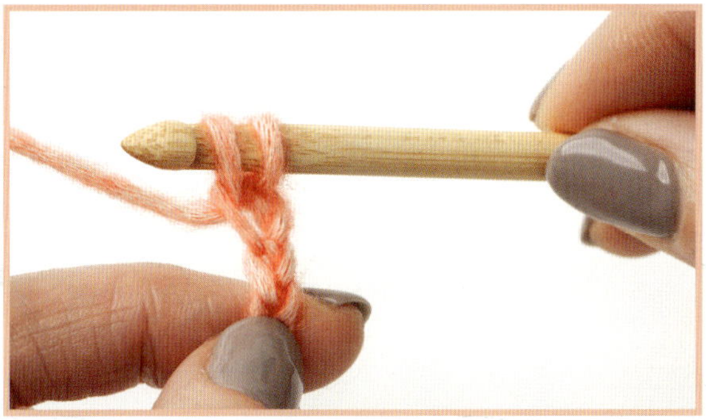

3. Den Faden über die Nadel legen und durch die Masche ziehen, sodass zwei Schlingen auf der Nadel liegen.

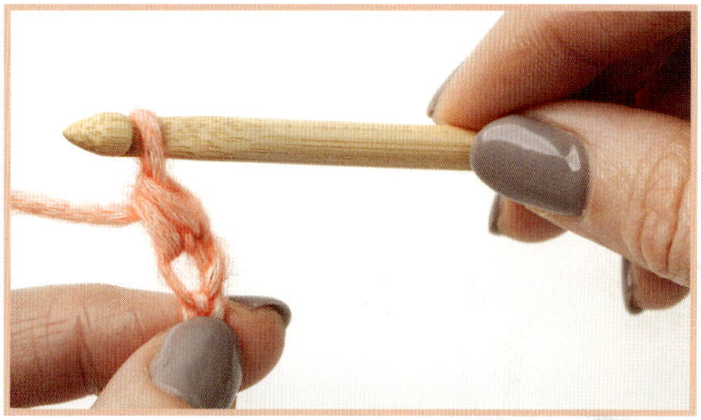

4. Den Faden erneut über die Nadel legen und durch beide Schlingen auf der Nadel ziehen. Jetzt hast du eine feste Masche gehäkelt. Schritte 2-4 über die gesamte Reihe wiederholen, dabei in jede Luftmasche eine feste Masche häkeln.

TIPP

Wenn du mehrere Reihen aus festen Maschen häkelst, achte darauf, die Nadel in beide Schlingen der Masche in der Vorreihe einzustechen. Am Ende einer gehäkelten Reihe, wird die Arbeit gewendet und mit 1 neuen Luftmasche bekonnen. Diese Masche wird nicht gezählt und als Wendeluftmasche bezeichnet. Danach häkelst du die 1. feste Masche in die 1. Masche, die unter der Wendeluftmasche liegt.

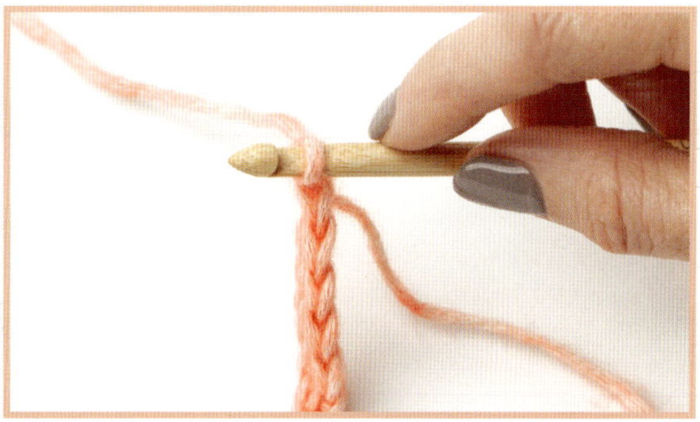

5. Von oben gesehen, haben feste Maschen kleine Vs, die eng nebeneinanderliegen.

HALBES STÄBCHEN

Halbe Stäbchen sind etwas höher als feste Maschen. Ich verwende sie bei einigen Kapuzen und Girlanden, u. a. bei der Wolf- und Eisbärdecke sowie bei der Girlande für den Wolf. Wenn halbe Stäbchen in Reihen oder in geschlossenen Runden gehäkelt werden, beginnt man immer mit 2 Luftmaschen, die das 1. halbe Stäbchen ersetzen.

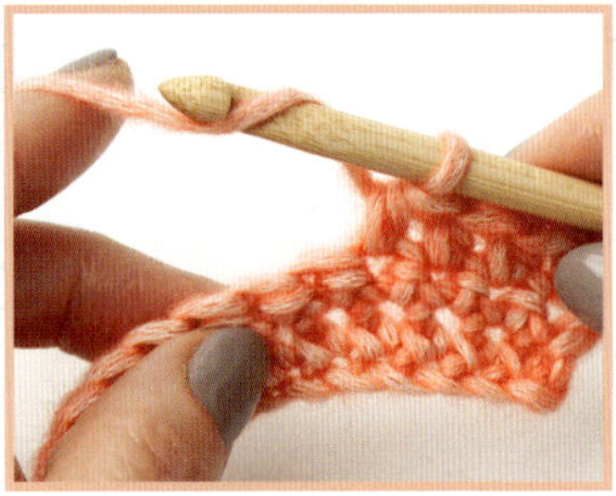

1. Mit einer Luftmaschenkette wie bei der festen Masche beginnen. Faden über die Nadel legen.

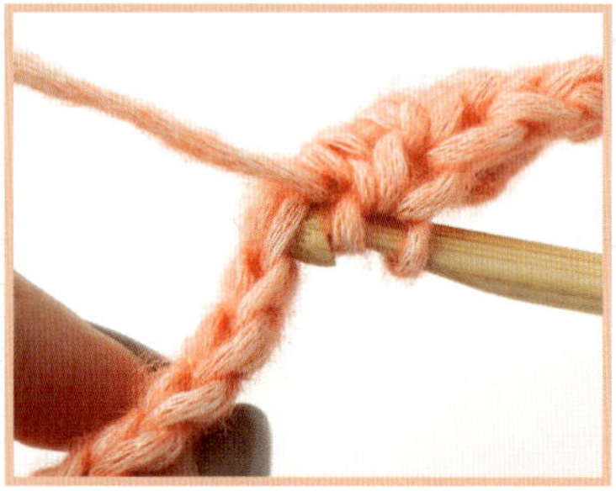

2. Die Nadel in die Masche einstechen.

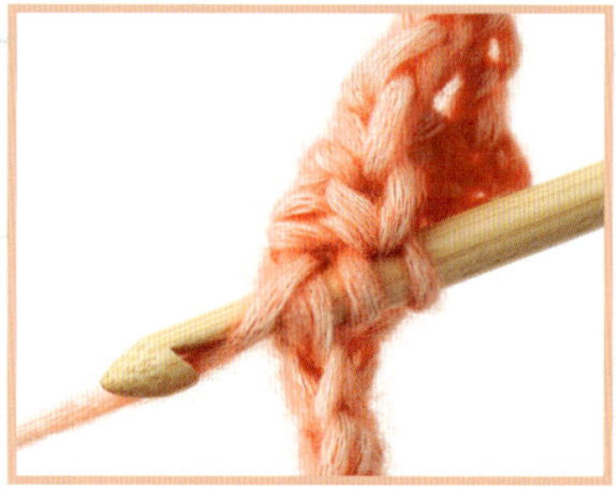

3. Faden über die Nadel legen.

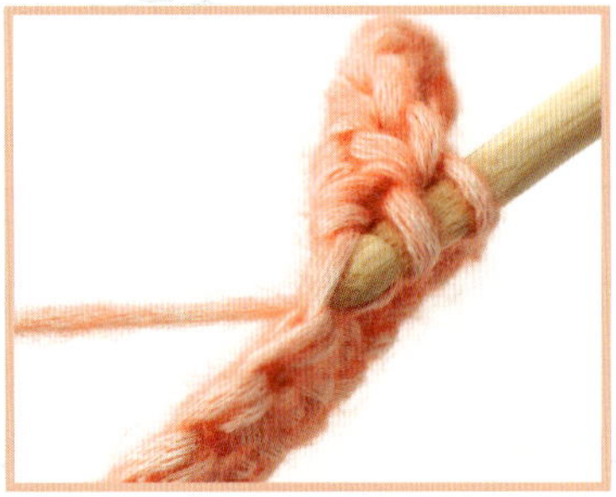

4. Durch die Masche zurückziehen (jetzt liegen drei Schlingen auf der Nadel).

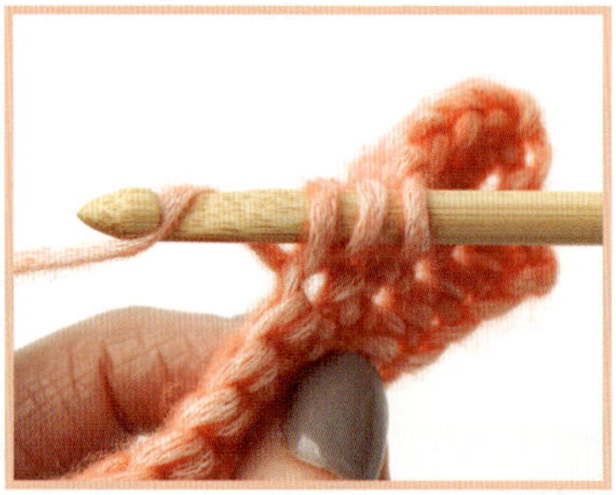

5. Erneut den Faden holen.

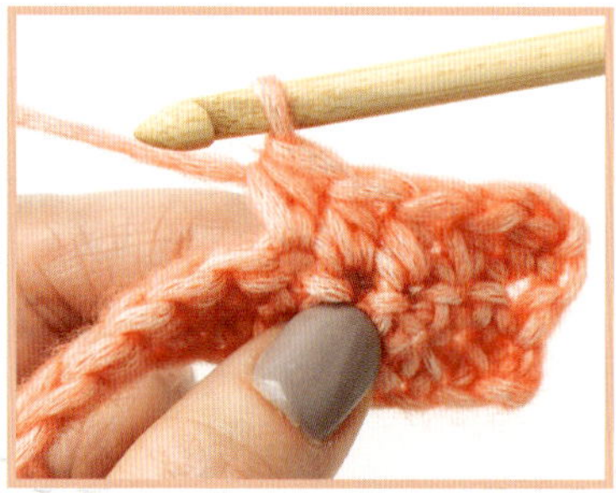

6. Den Faden durch alle drei Schlingen ziehen. Jetzt hast du ein halbes Stäbchen gehäkelt.

STÄBCHEN

Ein Stäbchen ist höher als ein halbes Stäbchen und die wichtigste Masche bei der Ecke-zu-Ecke-Häkeltechnik. Stäbchen lassen ein weiches Maschenbild entstehen, das wunderbar für Decken geeignet ist. Stäbchen werden zudem bei vielen Zierkanten und Girlandenmotiven verwendet, u. a. bei der Fisch- und der Einhorndecke. Wenn Stäbchen in Reihen oder in geschlossenen Runden gehäkelt werden, beginnt man immer mit 3 Luftmaschen, die als 1. Stäbchen zählen.

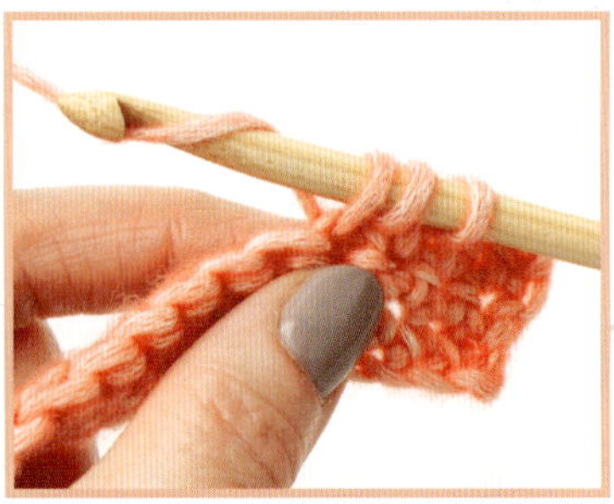

1. Schritte 1-4 wie beim halben Stäbchen arbeiten, bis 3 Schlingen auf der Nadel liegen. Faden holen.

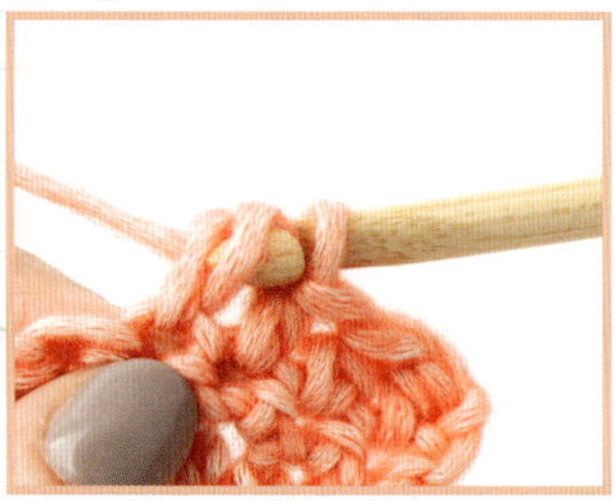

2. Die Nadel nur durch die ersten beiden Schlingen ziehen.

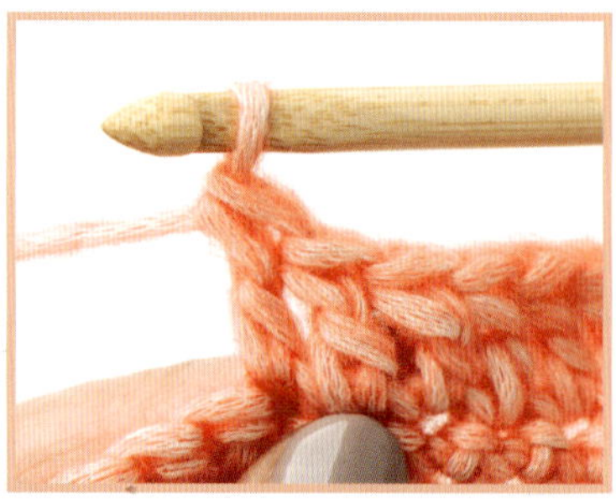

3. Erneut den Faden holen und durch die letzten beiden Schlingen ziehen. Jetzt ist ein Stäbchen fertig.

DOPPELSTÄBCHEN

Doppelstäbchen sind noch höhere Maschen als Stäbchen und werden oftmals zusammen mit anderen Maschen verwendet, um eine Wellenkante oder die Spitze eines Dreiecks zu häkeln. Es kommt nur in wenigen Anleitungen vor, beispielsweise beim Schwanz an der Drachendecke, bei der Krone für die Prinzessinnendecke und den Ohren des Rentiers. Wenn Doppelstäbchen in Reihen oder in geschlossenen Runden gehäkelt werden, beginnt man immer mit 4 Luftmaschen, die das 1. Doppelstäbchen ersetzen.

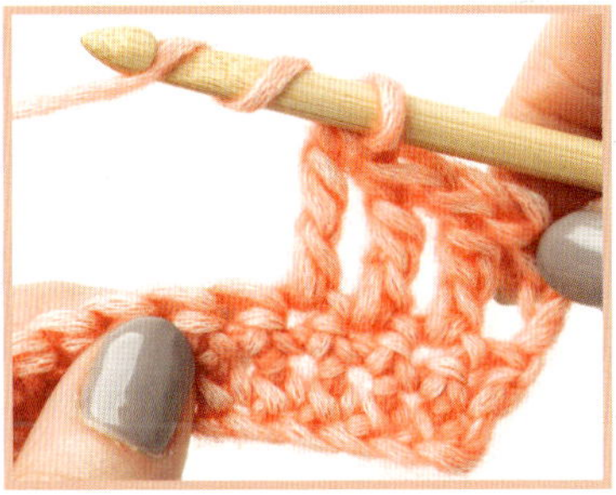

1. Zwei Umschläge auf die Nadel legen.

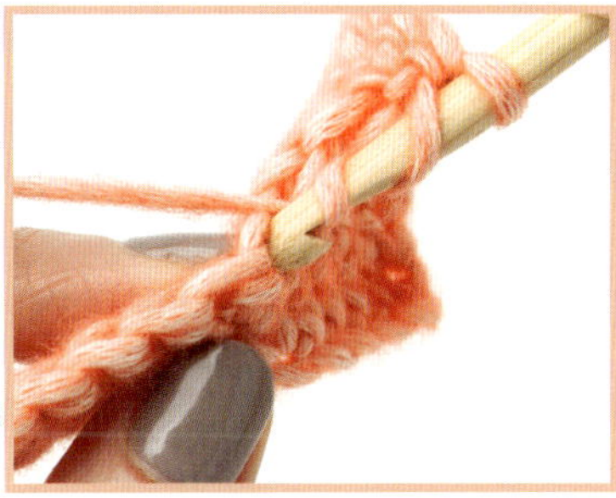

2. Die Nadel in die nächste Masche einstechen.

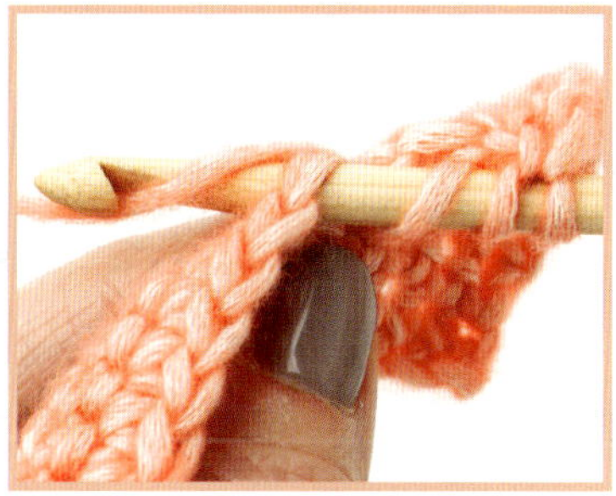

3. Faden holen und durch die Masche zurückziehen (jetzt liegen 4 Schlingen auf der Nadel).

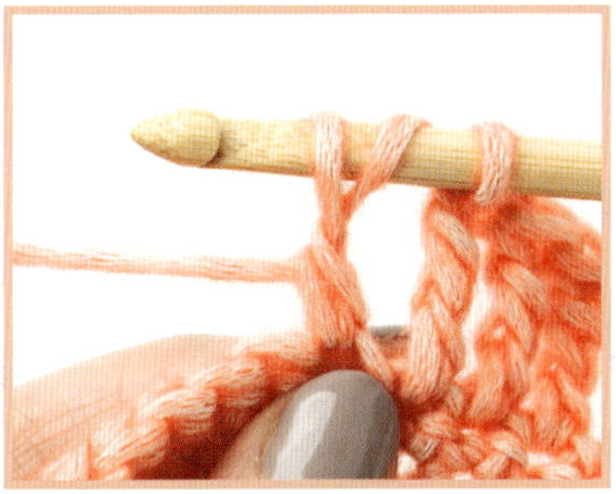

4. Faden holen und durch die ersten 2 Schlingen ziehen (jetzt liegen 3 Schlingen auf der Nadel).

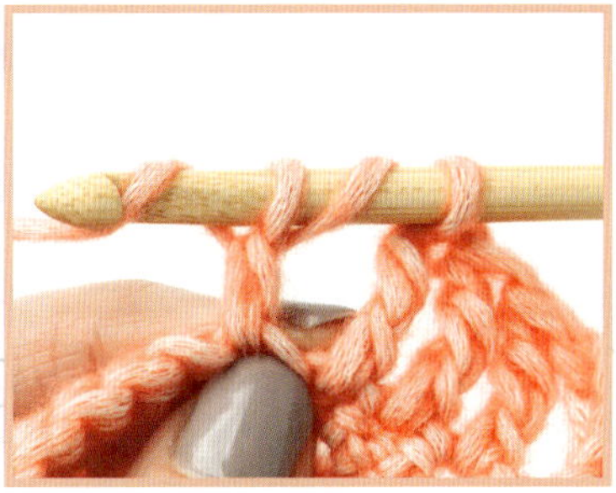

5. Faden holen und durch die nächsten 2 Schlingen ziehen.

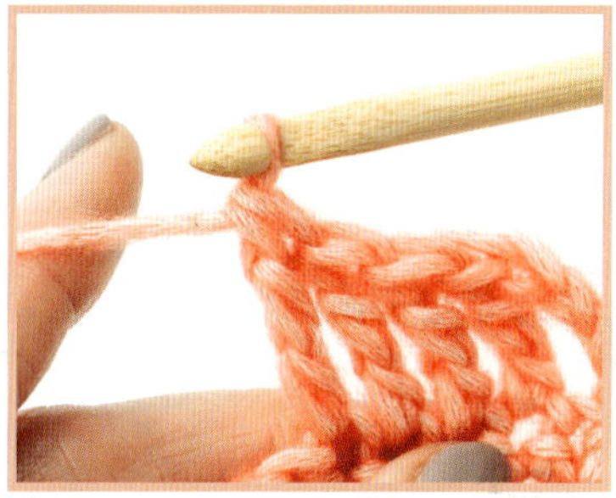

6. Faden holen und durch die letzten 2 Schlingen ziehen. Jetzt ist ein Doppelstäbchen fertig.

TIPP

Wenn du die Arbeit direkt unter der Nadel festhältst, hast du sie beim Häkeln besser im Griff.

ZUNAHMEN BEI DER ECKE-ZU-ECKE-TECHNIK

Bei der Ecke-zu-Ecke-Technik beginnst du in einer Ecke und nimmst diagonal zu, bis die gewünschte Breite erreicht ist. Für diese Häkeltechnik brauchst du Luftmaschen, Stäbchen und Kettmaschen.

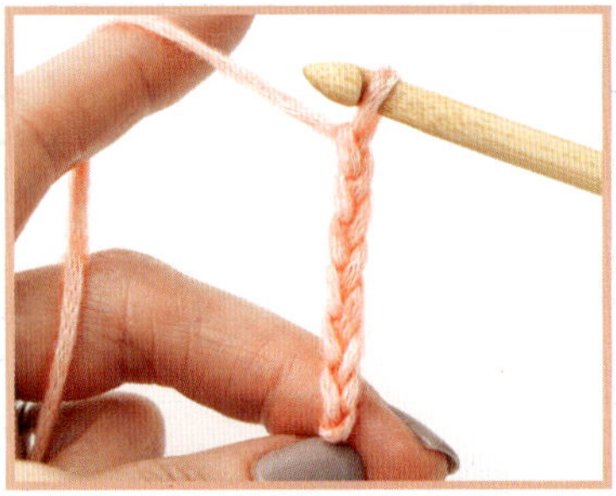

1. Für die 1. Reihe 6 Luftmaschen häkeln.

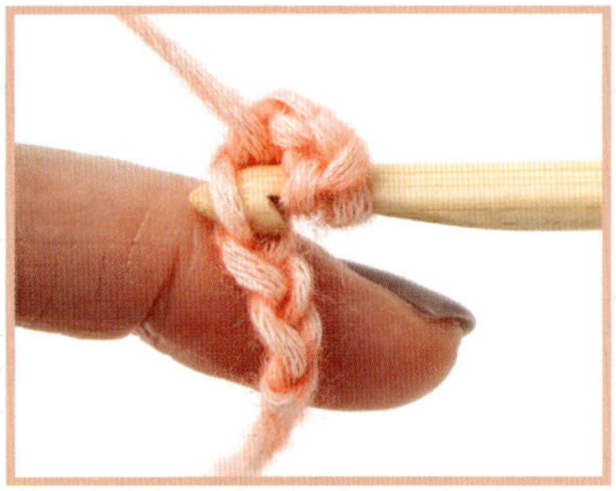

2. 1 Stäbchen in die 4. Luftmasche von der Nadel aus arbeiten.

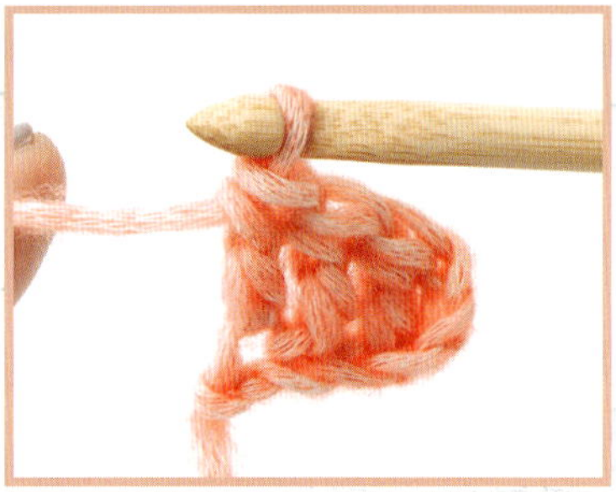

3. In jede der nächsten 2 Luftmaschen jeweils 1 Stäbchen häkeln. Damit ist das 1. Ecke-zu-Ecke-Quadrat fertig.

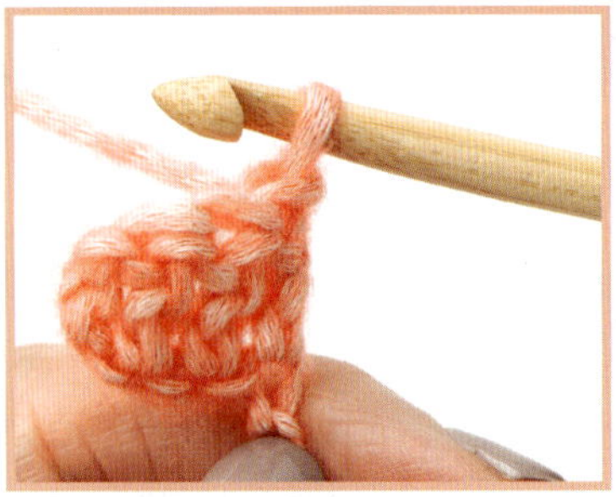

4. Die Arbeit drehen, sodass die Stäbchen links von der Nadel liegen.

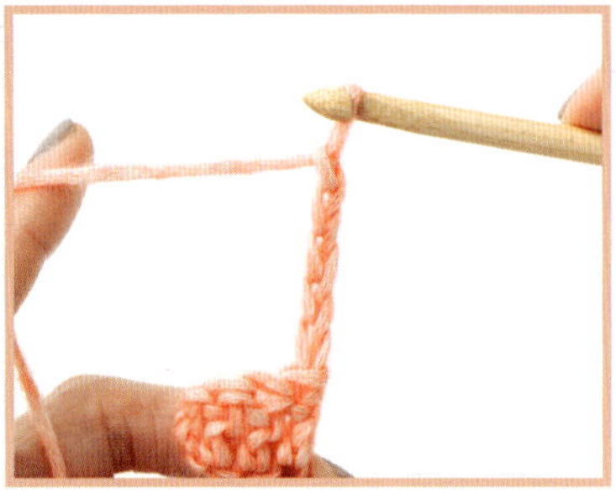

5. Für die 2. Reihe 6 Luftmaschen häkeln.

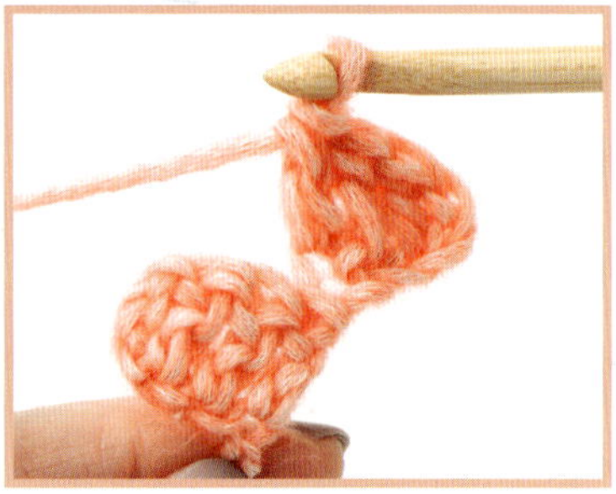

6. Schritte 2 und 3 wiederholen, bis das 1. Ecke-zu-Ecke-Quadrat in der 2. Reihe fertig ist.

TIPP

Bei den Zunahmen in der Ecke-zu-Ecke-Technik befinden sich in jeder Reihe immer so viele Quadrate, wie die Nummer der Reihe angibt: Nach der 1. Reihe hast du 1 Quadrat, nach der 2. Reihe 2 Quadrate, nach der 3. Reihe 3 Quadrate und so weiter.

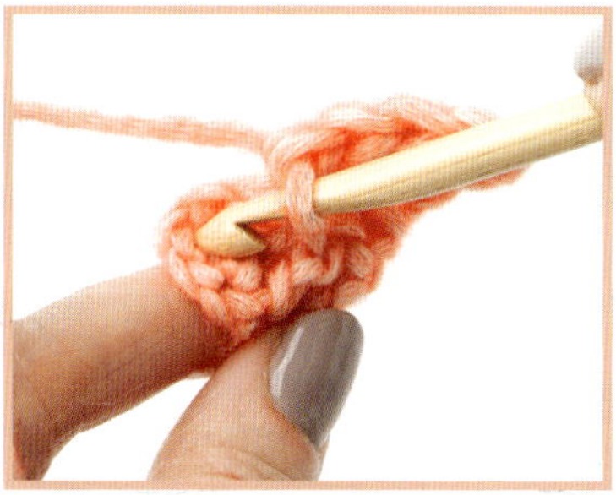

7. 1 Kettmasche um die erste der 3 Luftmaschen am Ende des Quadrats links von der Nadel arbeiten.

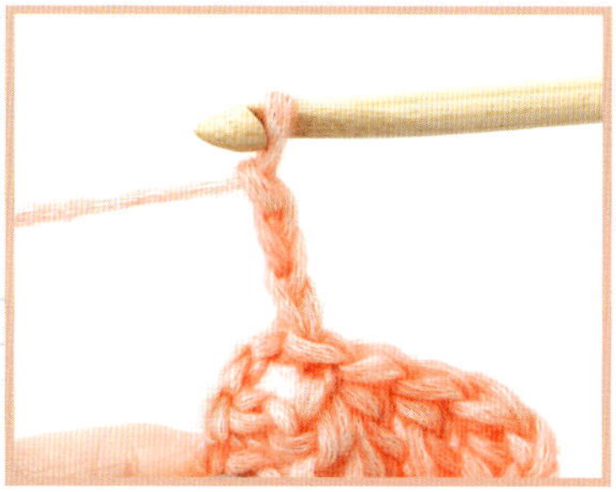

8. 3 Luftmaschen häkeln.

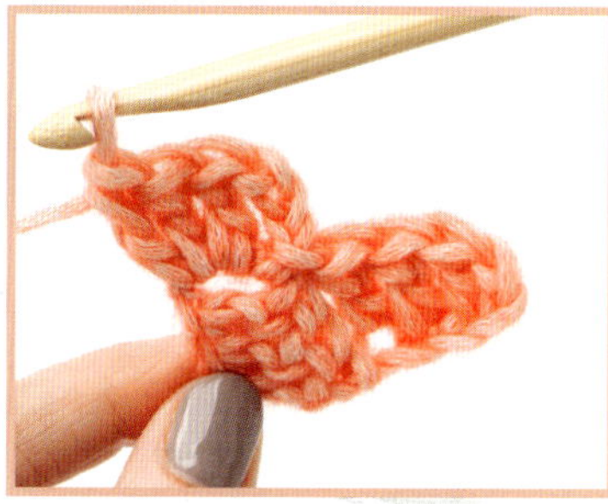

9. 3 Stäbchen um den 3-Luftmaschen-Bogen des Quadrats links von der Nadel häkeln, dann ist das nächste Ecke-zu-Ecke-Quadrat der 2. Reihe fertig.

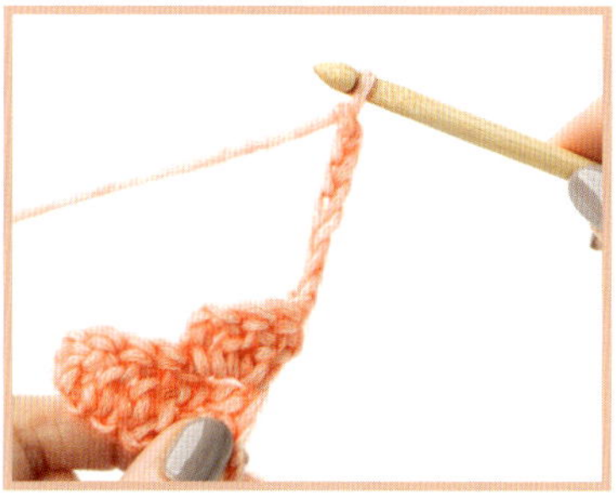

10. Die Arbeit wenden. Für die 3. Reihe 6 Luftmaschen häkeln.

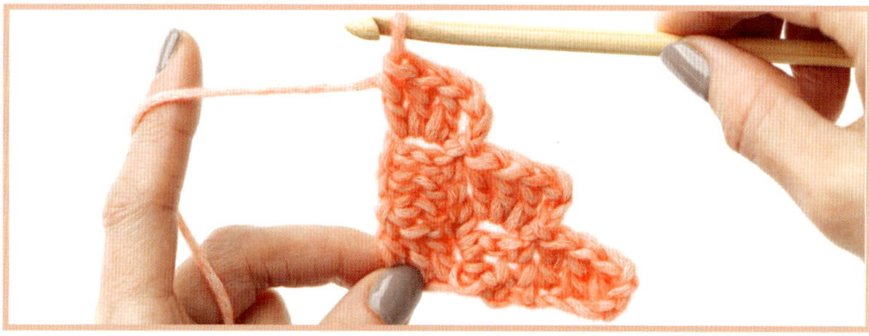

11. Schritte 6-9 für die ersten 2 Quadrate wiederholen, dann die Schritte 7-9 für das letzte Quadrat wiederholen. Die Arbeit wenden.

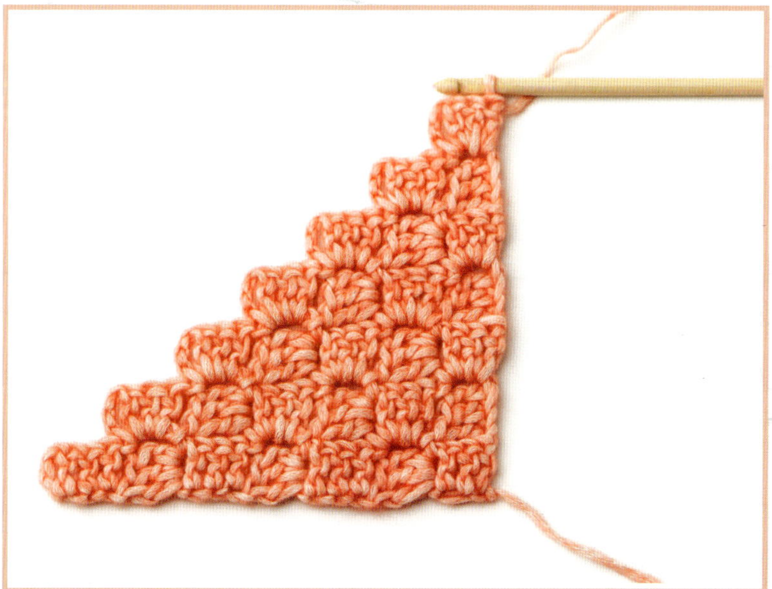

12. In allen folgenden Reihen die Schritte 5 und 6 wiederholen, dann die Schritte 7-9 bis zum Ende der Reihe wiederholen. Die Arbeit wenden. So kommt in jeder Reihe ein weiteres Quadrat dazu.

ABNAHMEN BEI DER ECKE-ZU-ECKE-TECHNIK

Sobald die erforderliche Breite oder Länge der Decke erreicht ist, beginnst du mit den Abnahmen:

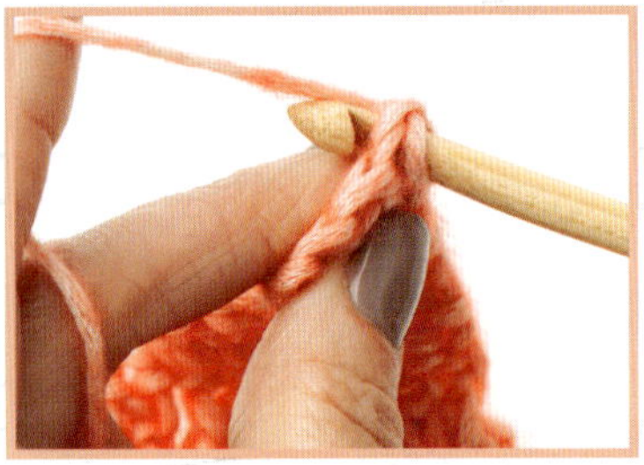

1. Nächste Reihe. Je 1 Kettmasche in die nächsten 3 Stäbchen häkeln.

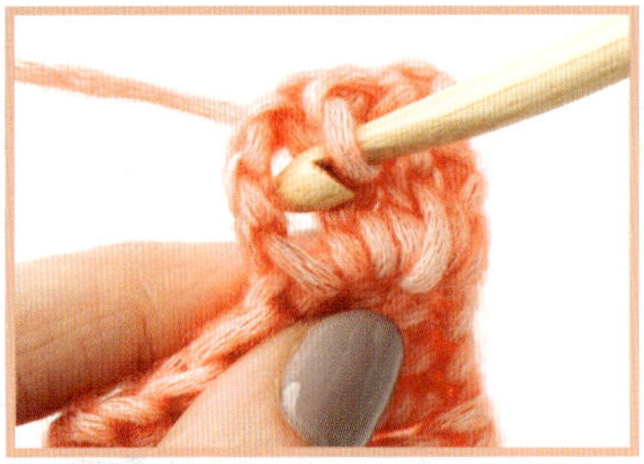

2. 1 Kettmasche um die erste der 3 Luftmaschen am Ende des Quadrats der Vorreihe häkeln.

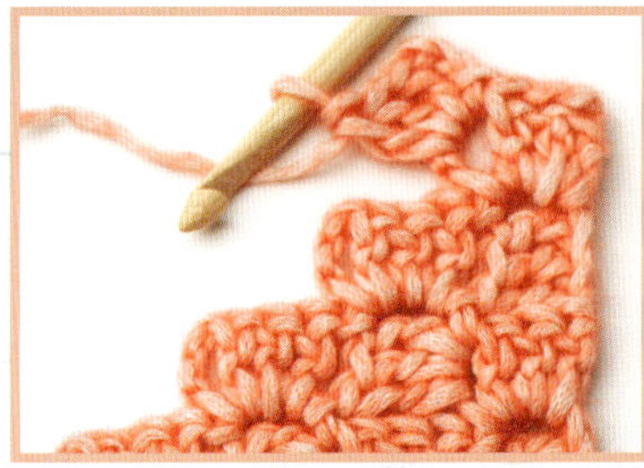

3. 3 Luftmaschen und 3 Stäbchen um denselben 3-Luftmaschen-Bogen häkeln (1 Quadrat fertig).

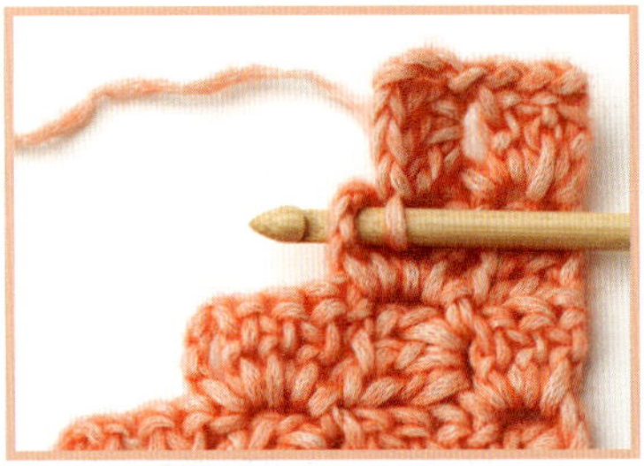

4. 1 Kettmasche um die erste der 3 Luftmaschen am Ende des nächsten Quadrats häkeln.

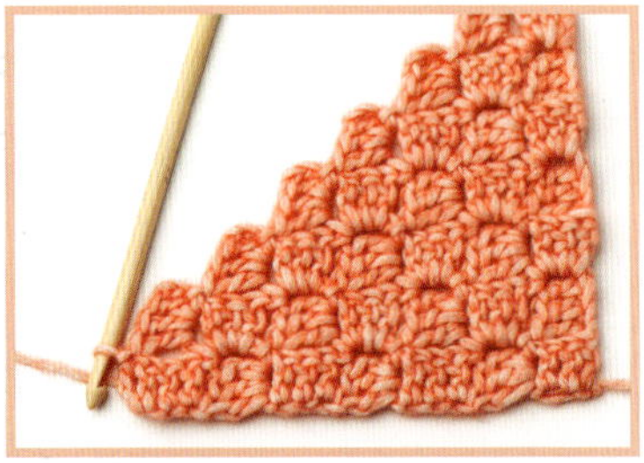

5. Schritte 3 und 4 in jedem Quadrat bis zum letzten Quadrat wiederholen. (Kein Quadrat in das letzte Quadrat arbeiten.) Die Arbeit wenden.

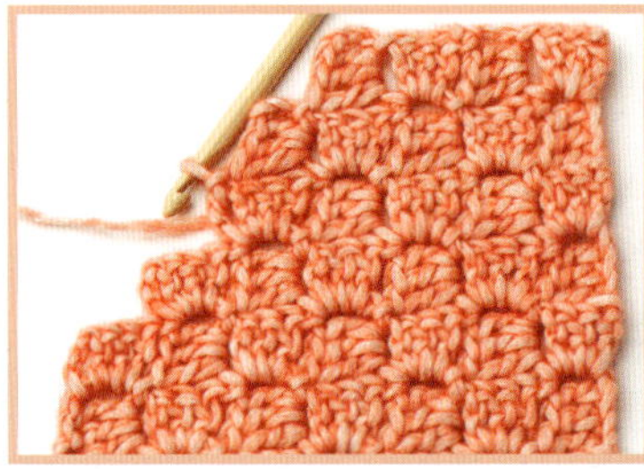

6. Schritte 1-5 in jeder Reihe wiederholen, bis nur noch 1 Quadrat übrig ist.

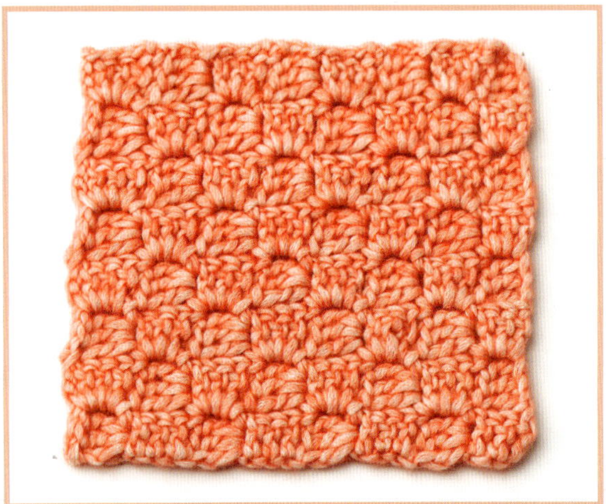

7. Sobald nur noch 1 Quadrat übrig ist, ist die quadratische Decke fertig. Faden abschneiden und zum Abmaschen durch die Schlinge auf der Nadel ziehen, danach die Fadenenden vernähen.

Auf den vorangegangenen Seiten wurde die Ecke-zu-Ecke-Technik für quadratische Decken beschrieben.

Für eine rechteckige Decke musst du wie folgt vorgehen:

Zunächst nach den Schritten für Zunahmen bei der Ecke-zu-Ecke-Technik (Seiten 18-19) arbeiten, bis die gewünschte Kantenlänge der Decke erreicht ist. Von jetzt an werden Anfang und Ende jeder Reihe ein wenig anders gearbeitet. So bleibt die Anzahl der Quadrate in jeder Reihe konstant und die Kante der Decke wird gerade. Am besten zählst du die Quadrate in jeder Reihe nach, damit alle Reihen dieselbe Länge haben.

Gerade Reihen (ohne Zu- oder Abnahmen):

Nächste Reihe: 6 Lm, 1 Stb in die 4. Lm von der Nd aus, je 1 Stb in die nächsten 2 Lm (ein Quadrat fertig), * die nächsten 3 Stb überspringen und 1 Km um die erste der 3 Lm am Ende des nächsten Quadrats, (3 Lm, 3 Stb) in denselben Lm-Bogen (2. Quadrat fertig); ab * wdh, bis nur noch 1 Quadrat übrig ist, 1 Km um die erste der 3 Lm am Ende des letzten Quadrats, wenden (ohne ein weiteres Quadrat an diese Stelle zu häkeln).

Nächste Reihe: 1 Km um die erste der 3 Lm am Ende des Quadrats, * (3 Lm, 3 Stb) in denselben 3-Lm-Bogen (1 Quadrat fertig), 1 Km um die erste der 3 Lm am Ende des nächsten Quadrats links von der Nd; ab * bis zum Ende wdh (in den letzten Lm-Bogen ebenfalls 1 Quadrat häkeln), wenden.

Diese 2 R wdh, bis die gewünschte Länge des Rechtecks erreicht ist.

Dann geht es weiter mit Abnahmen bei der Ecke-zu-Ecke-Technik (Seite 20).

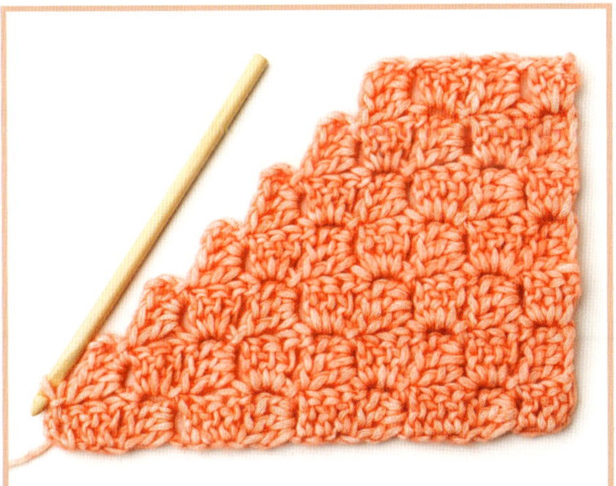

Wenn du die beiden geraden Reihen wiederholst, entsteht ein gerades Stück, sodass die Decke eine rechteckige Form bekommt.

STANDARDHÄKELMASCHEN – ABNAHMEN ARBEITEN

In diesem Buch werden Abnahmen mit Standardhäkelmaschen folgendermaßen gearbeitet:

2 feste Maschen zusammenhäken: * Nadel in angegebene Masche oder Luftmaschen-Bogen einstechen, Faden holen und durchziehen (2 Schlingen auf der Nadel); ab * noch 1x in der nächsten Masche oder im nächsten Luftmaschen-Bogen wiederholen (3 Schlingen auf der Nadel), Faden holen und durch alle 3 Schlingen ziehen.

2 halbe Stb zusammenhäken: * Umschlag, Nadel in angegebene Masche oder Luftmaschen-Bogen einstechen, Faden holen und durchziehen (3 Schlingen auf der Nadel), Umschlag, Nadel in nächste Masche oder Luftmaschen-Bogen einstechen, Faden holen und durchziehen (5 Schlingen auf der Nadel), Umschlag, Faden holen und durch alle 5 Schlingen ziehen.

2 Stb zusammenhäken: * Umschlag, Nadel in angegebene Masche oder Luftmaschen-Bogen einstechen, Faden holen und durchziehen (3 Schlingen auf der Nadel), Umschlag, Faden holen und nur durch die ersten 2 Schlingen ziehen; ab * noch 1x in der nächsten Masche oder im nächsten Luftmaschen-Bogen wiederholen (3 Schlingen auf der Nadel), Umschlag, Faden holen und durch alle 3 Schlingen ziehen.

2 DStb zusammenhäken: * 2 Umschläge, Nadel in angegebene Masche oder Luftmaschen-Bogen einstechen, Faden holen und nur durch die ersten 2 Schlingen ziehen, Umschlag, Faden holen und durch die nächsten 2 Schlingen ziehen (2 Schlingen auf der Nadel); ab * noch 1x in der nächsten Masche oder im nächsten Luftmaschen-Bogen wiederholen (3 Schlingen auf der Nadel), Faden holen und durch alle 3 Schlingen ziehen.

KETTMASCHE

Die Kettmasche ist die kürzeste Häkelmasche. Eine Reihe aus Kettmaschen hat keine Höhe und wird hauptsächlich bei der Ecke-zu-Ecke-Technik verwendet oder um Runden zu schließen (wenn in Runden gearbeitet wird). Außerdem kannst du Häkelteile mit Kettmaschen zusammenhäkeln.

TIPP

Wenn du Teile mit Kettmaschen zusammenhäkelst, solltest du darauf achten, möglichst locker zu häkeln, damit die Kettmaschen die gleiche Fadenspannung haben wie die zusammengehäkelten Teile.

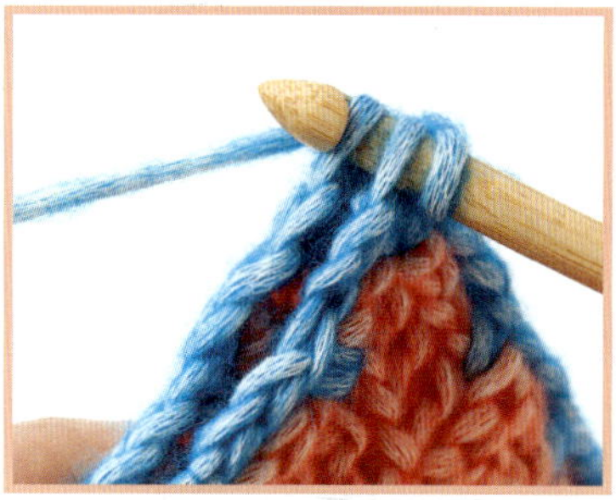

1. Nadel in die angegebene Masche oder den angegebenen Luftmaschen-Bogen einstechen.

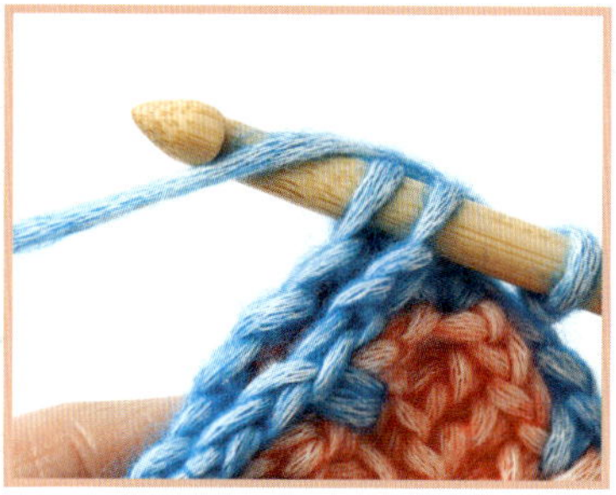

2. Faden um die Nadel schlingen.

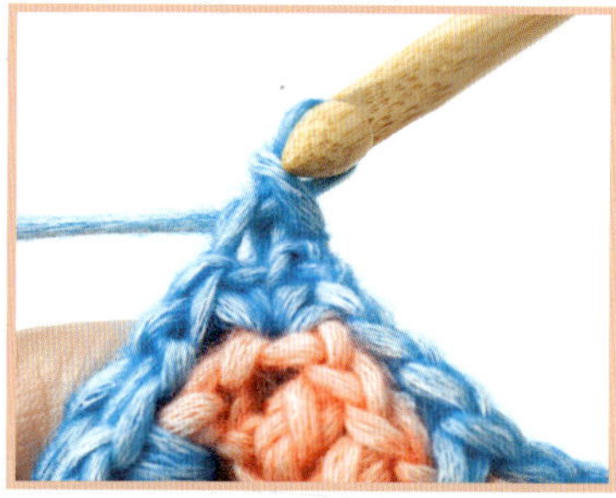

3. Faden durch die Masche oder den Luftmaschen-Bogen und durch die Schlinge auf der Nadel ziehen.

FADENENDEN VERNÄHEN

Sowohl bei den Decken als auch bei den Girlanden müssen viele Fadenenden vernäht werden. Hier zeige ich die Technik, die ich am liebsten verwende, damit sich die Fadenenden nicht mehr lösen.

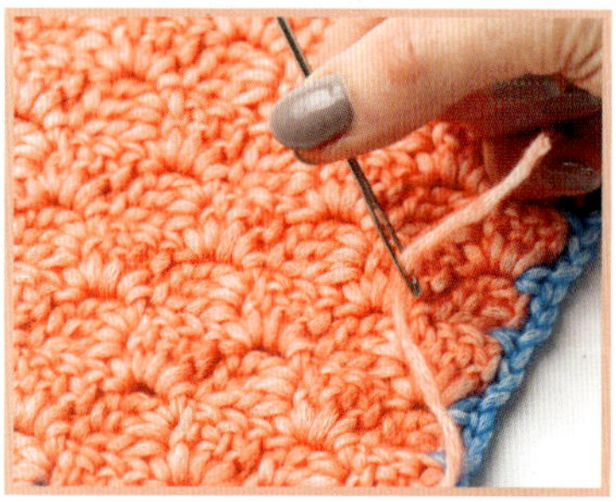

1. Fadenende in eine Stopfnadel fädeln.

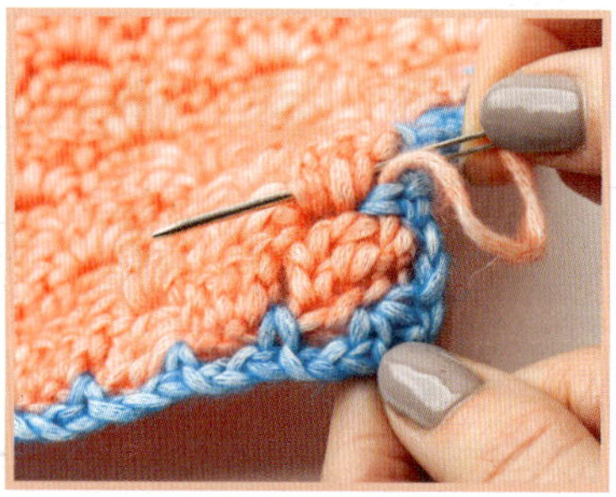

2. Die Nadel unten durch die nächsten Stäbchen führen.

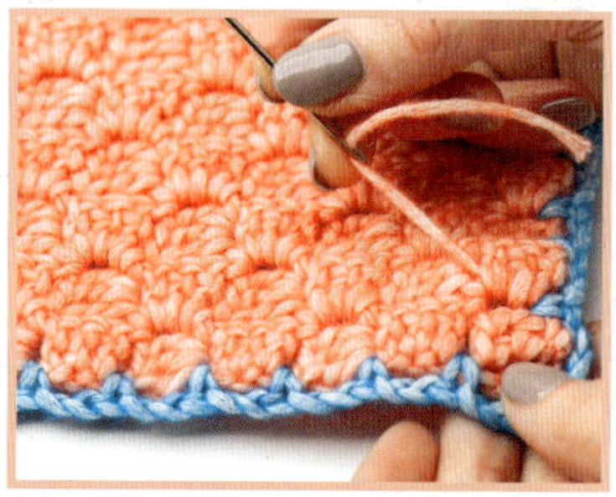

3. Den Faden ganz hindurchziehen.

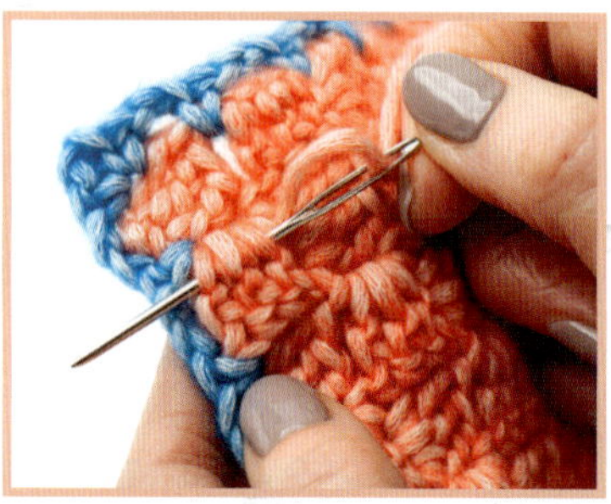

4. Arbeit drehen, die Nadel durch dieselben Maschen führen, jedoch die 1. Masche überspringen. Faden festziehen und abschneiden.

TIPP

Am besten vernähst du die Fäden immer auf der Rückseite der Arbeit, damit sie von vorne nicht zu sehen sind.

GRUNDRUNDE FÜR DIE ZIERKANTE

Jede Decke wird mit einer Grundrunde umhäkelt, auf der dann die Zierkante der jeweiligen Decke gehäkelt wird.

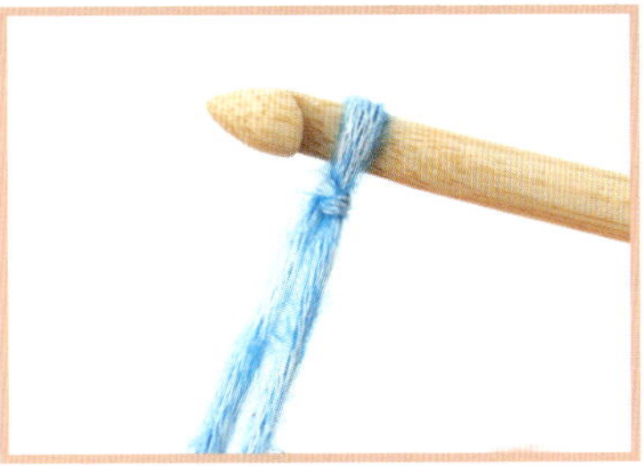

1. Eine Anfangsschlinge machen.

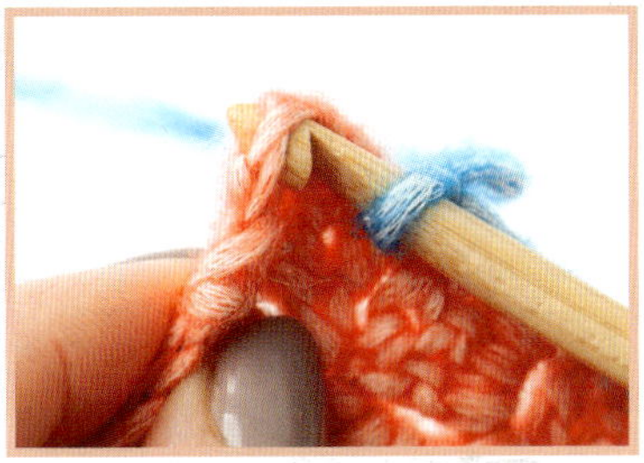

2. 1 Kettmasche in die Eckmasche arbeiten.

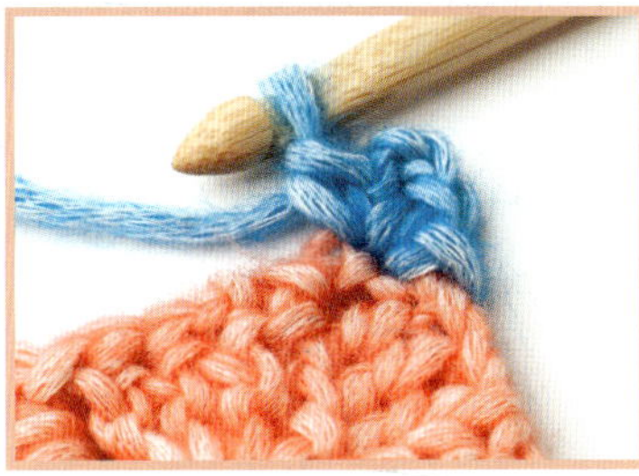

3. 1 Luftmasche (zählt nicht als Masche), (1 feste Masche, 2 Luftmaschen, 1 feste Masche) in dieselbe Masche, um die Ecke zu umhäkeln.

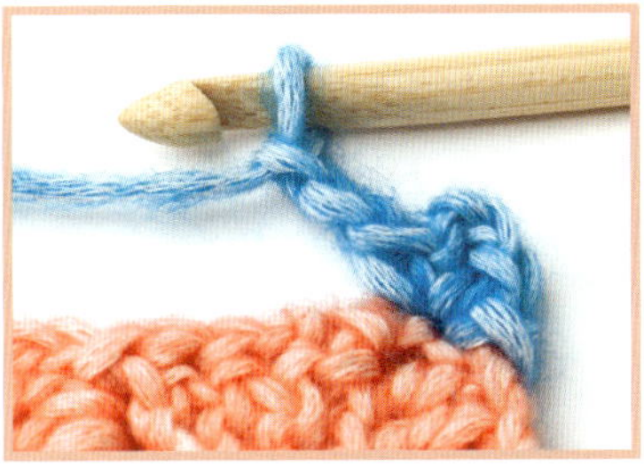

4. 2 Luftmaschen häkeln.

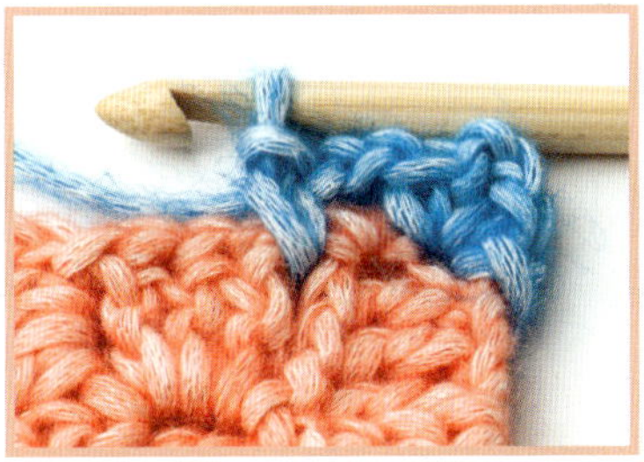

5. 1 feste Masche zwischen die nächsten 2 Quadrate (in den Luftmaschen-Bogen zwischen den Quadraten) arbeiten.

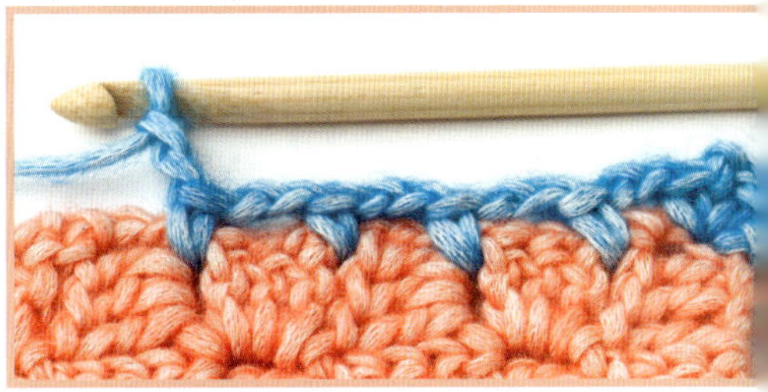

6. Schritte 4 und 5 wiederholen, bis die nächste Ecke erreicht ist.

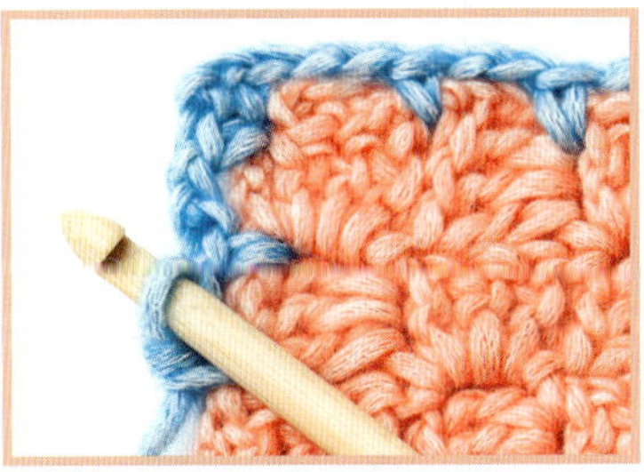

7. 2 Luftmaschen, (1 feste Masche, 2 Luftmaschen, 1 feste Masche) in die Eckmasche.

TIPP

Die 2 Luftmaschen zwischen den festen Maschen müssen flach an der Kante der Decke anliegen.

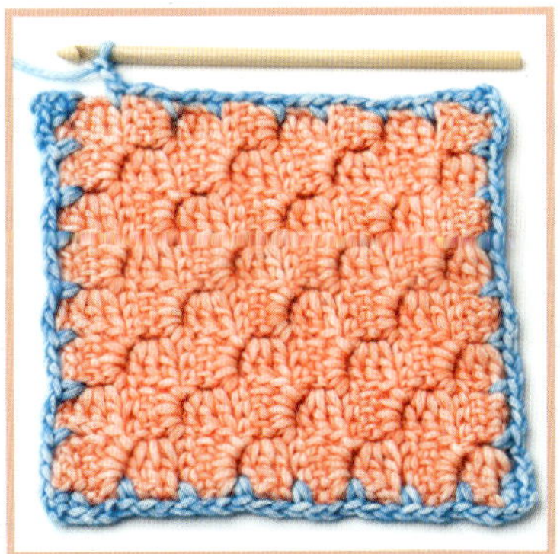

8. Schritte 4-7 noch 2x wiederholen. Schritte 4 und 5 wiederholen, bis du an der Stelle angekommen bist, an der du mit der Grundrunde begonnen hast.

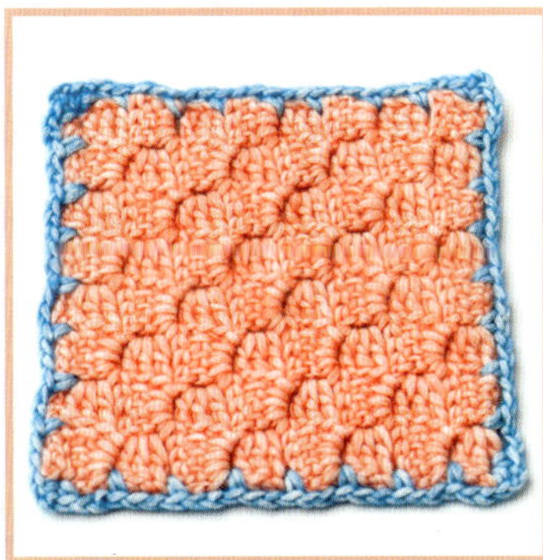

9. Mit 1 Kettmasche in die 1. feste Masche schließen. Faden abschneiden und zum Abmaschen durch die letzte Schlinge ziehen.

SPANNEN

Bei einigen Teile rollen sich die Kanten oder Ecken auf, daher müssen sie gespannt werden. Dies ist vor allem bei den Fähnchen der Girlanden der Fall. Beim Spannen werden die Kanten geglättet, und mit etwas Sprühstärke auf der Rückseite kannst du die Fähnchen steifer machen.

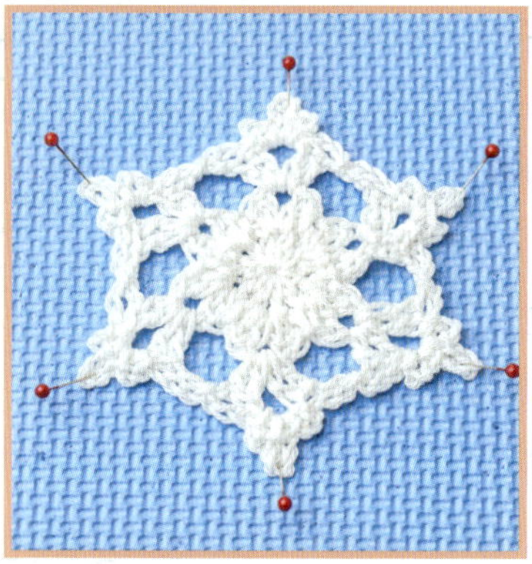

1. Die gehäkelten Motive mit der Vorderseite nach oben auf das Spannbrett legen und mit rostfreien Stecknadeln so feststecken, dass die Motive die angegebenen Maße haben. Dabei die Häkelmaschen vorsichtig glatt streichen, aber nicht verziehen. Die Kanten müssen ganz gerade oder gebogen sein, je nachdem, welches Motiv du gerade spannst.

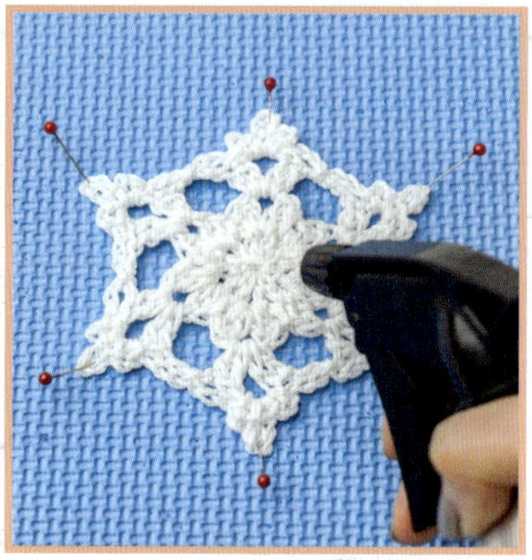

2. Die gehäkelten Motive mit kaltem Wasser einsprühen, sodass sie feucht, aber nicht völlig durchnässt sind. Trocknen lassen und die Stecknadeln abnehmen.

TIPP

Wenn du die Motive (z. B. die Applikationen für die Girlanden) steifer machen möchtest, empfehle ich dir Sprühstärke. Wie beschrieben spannen, dann umdrehen, sodass die Rückseite oben liegt, die Stecknadeln herausziehen und die Motive mit Sprühstärke einsprühen. Vollständig trocknen lassen.

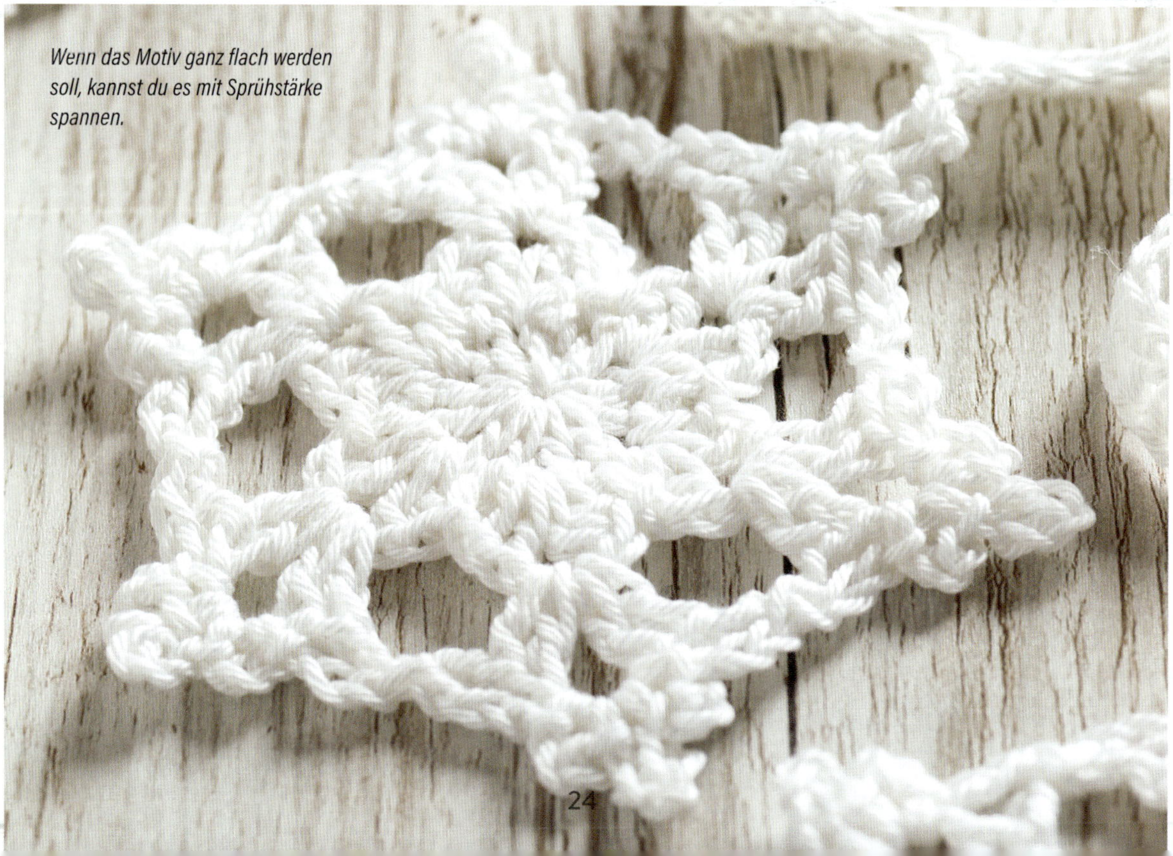

Wenn das Motiv ganz flach werden soll, kannst du es mit Sprühstärke spannen.

TEILE ZUSAMMENNÄHEN (mit Überwendlingsstichen)

Die Häkelteile lassen sich ganz einfach mit einer Stopfnadel und passendem Garn zusammennähen. Normalerweise wird dabei im Überwendlingsstich durch die hinteren Schlingen der Maschen genäht, damit die Naht dehnbar bleibt.

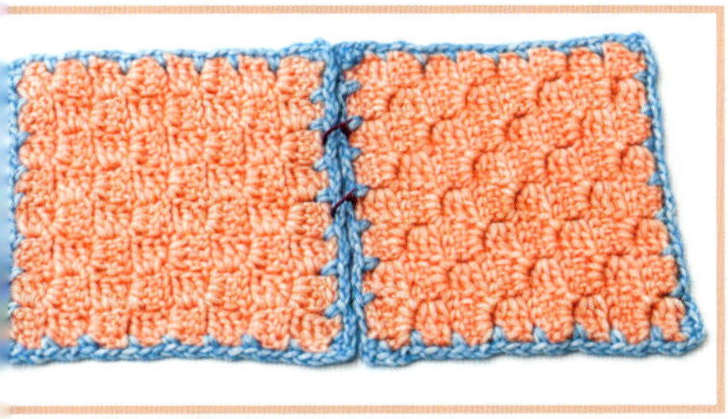

1. Die Teile passend aneinanderlegen und mit Maschenmarkierern verbinden.

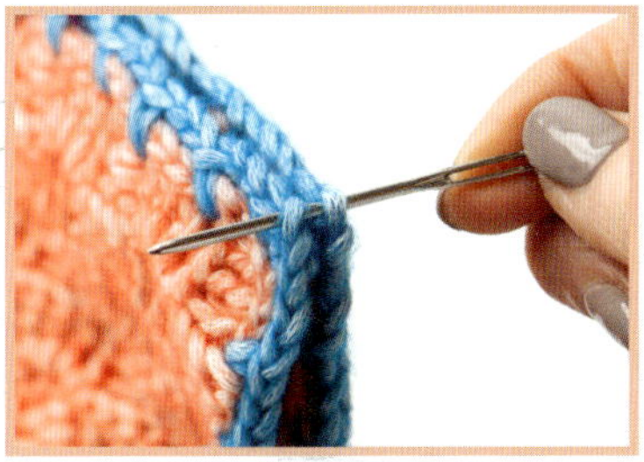

2. Die Teile mit den Rückseiten aufeinanderlegen. An einem Ende beginnen und die Stopfnadel durch die hinteren Schlingen beider Teile stechen.

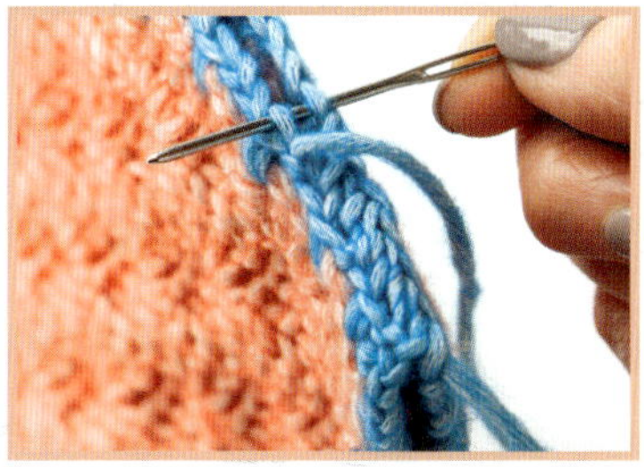

3. Die Nadel hindurchziehen und wieder durch die hinteren Schlingen der nächsten beiden Maschen stechen. Über die gesamte Länge der Naht wiederholen.

TEILE ZUSAMMENHÄKELN (mit Kettmaschen)

Du kannst die Teile auch zusammenhäkeln: Wenn du Kettmaschen ebenfalls nur durch die hinteren Schlingen der Maschen häkelst, erhältst du eine dehnbare Naht.

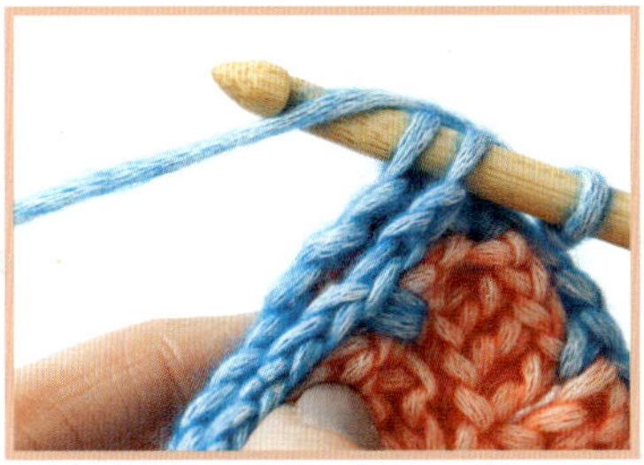

1. Die Häkelnadel durch die hinteren Schlingen der ersten 2 Maschen stechen, die zusammengehäkelt werden sollen. Faden um die Nadel legen (Faden holen).

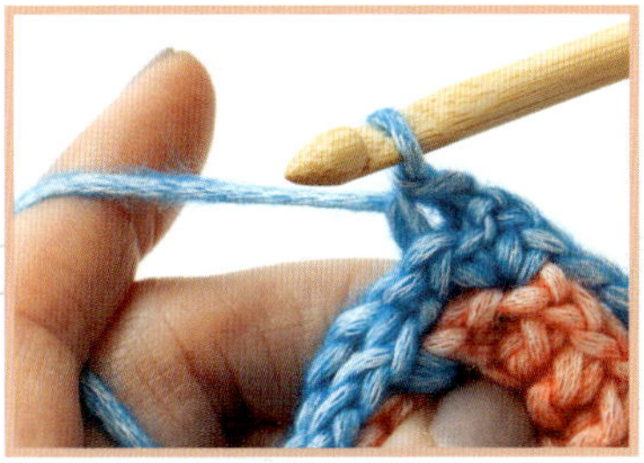

2. Faden durch die Schlingen der Maschen und durch die Schlinge auf der Nadel durchziehen.

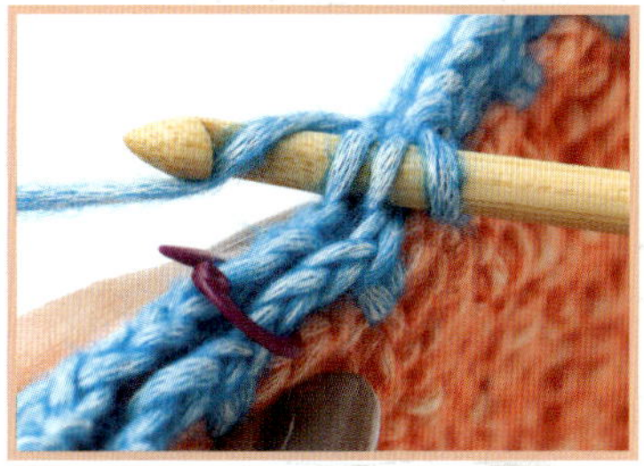

3. Die Häkelnadel durch die hinteren Schlingen der nächsten 2 Maschen stechen, die zusammengehäkelt werden sollen. Wieder den Faden holen und Schritt 2 wiederholen. Schritt 3 so oft wiederholen, bis die Naht geschlossen ist.

Wenn du durch die hinteren Schlingen der Maschen häkelst, entsteht eine flache Naht.

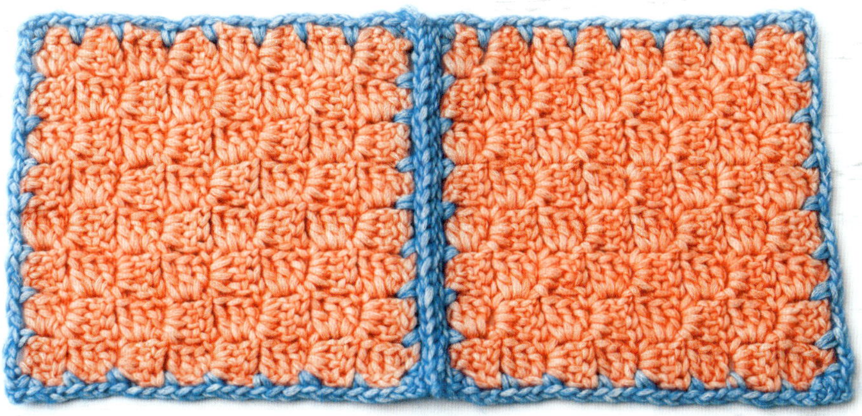

FRANSEN ANBRINGEN

Mit einer Häkelnadel kannst du schnell und einfach Fransen anbringen. Das geht folgendermaßen:

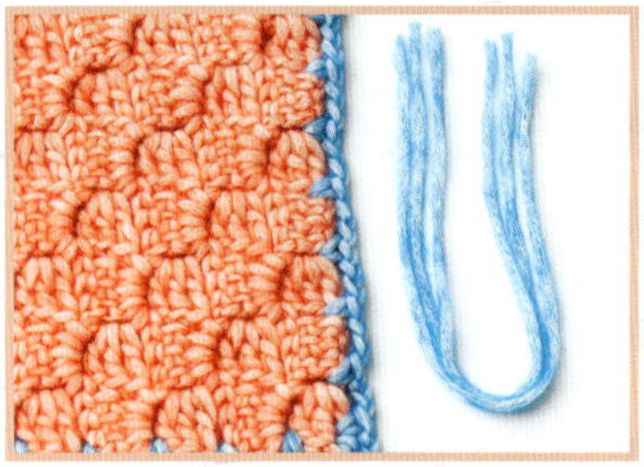

1. 3 oder 4 Fäden in der angegebenen Länge abschneiden. Die Fäden doppelt legen.

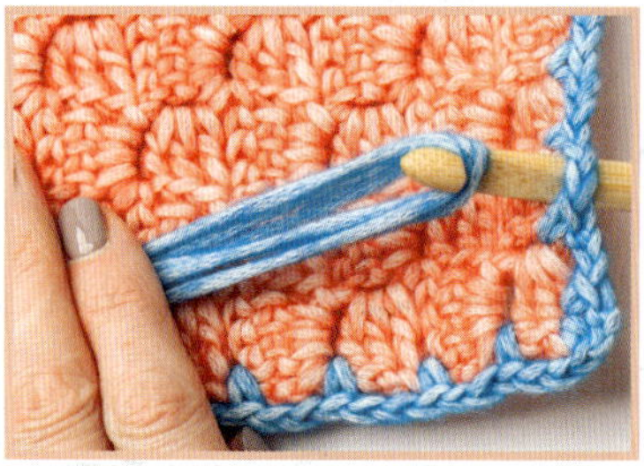

2. Nadel von hinten nach vorne einstechen und den Mittelpunkt der doppelt gelegten Fäden auf die Nadel legen.

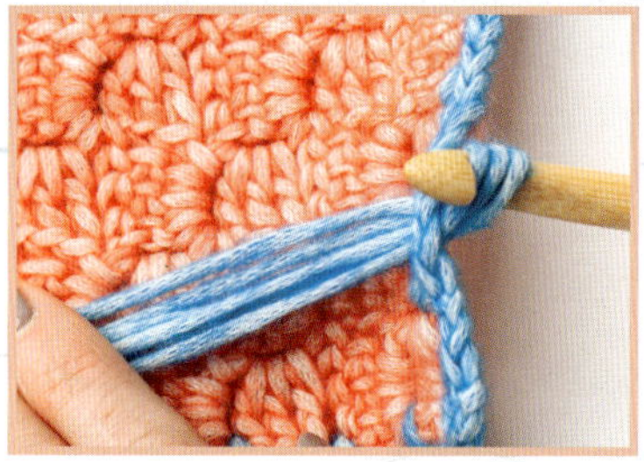

3. Die Nadel etwa 1 cm durch die Masche ziehen, sodass eine kleine Schlinge entsteht.

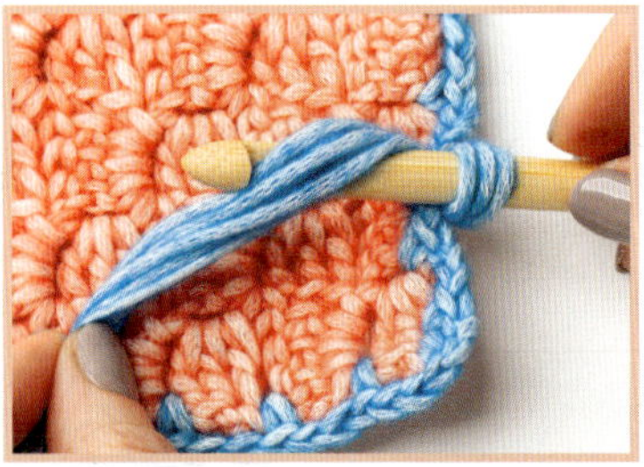

4. Die offenen Fadenenden um die Nadel schlingen.

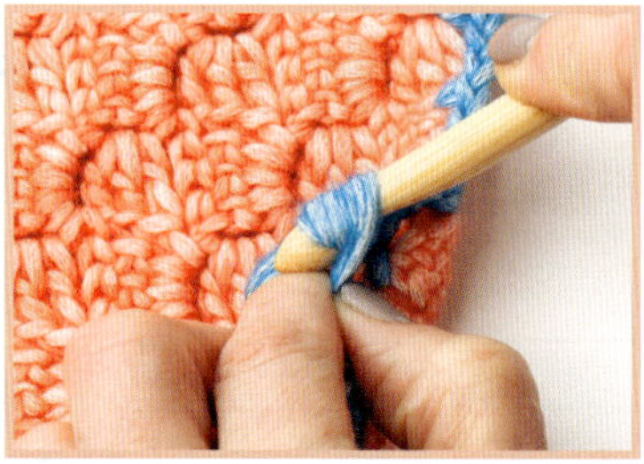

5. Durch die Schlinge ziehen, sodass ein Knoten entsteht.

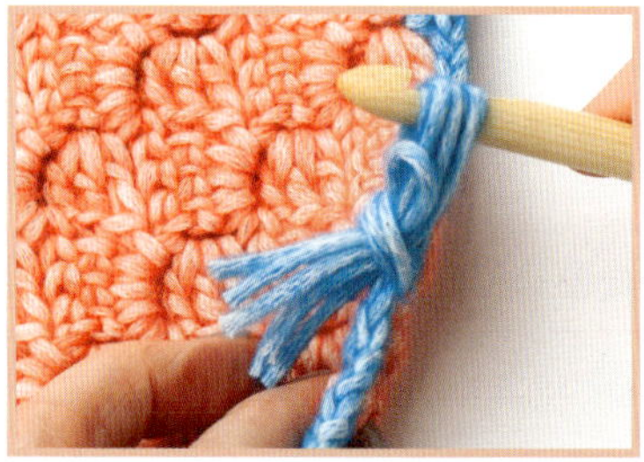

6. Den Knoten festziehen und die Enden gerade abschneiden.

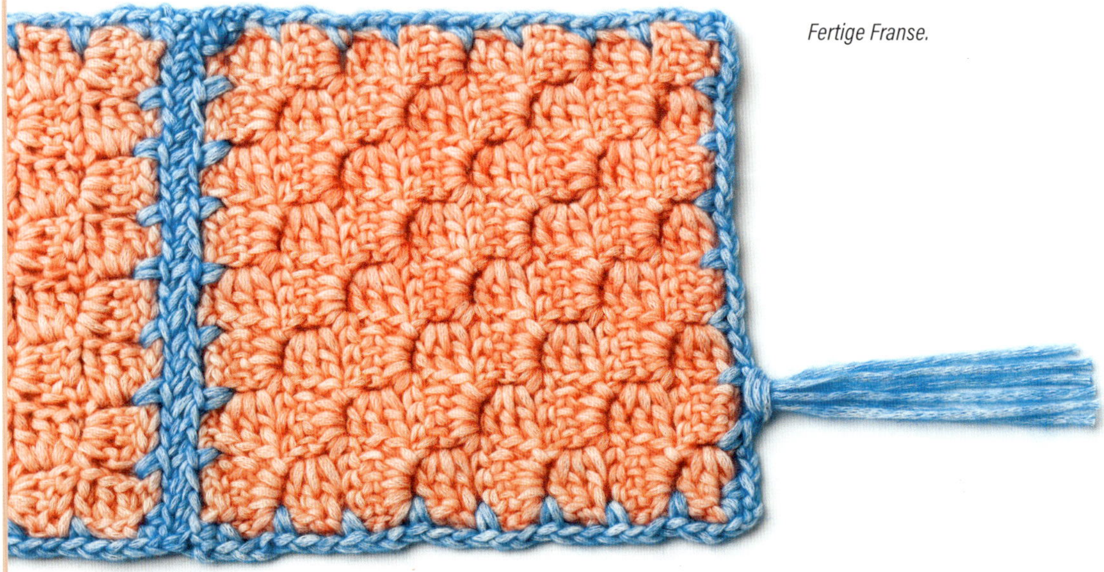

Fertige Franse.

HÄKELSCHRIFT LESEN

Die Rentier- und die Wolfsdecke werden in verschiedenen Farben gehäkelt. Diese Farbwechsel sind in einer Häkelschrift dargestellt. Jedes Kästchen in dieser Häkelschrift entspricht einem gehäkelten Quadrat in der Ecke-zu-Ecke-Technik.

Die Häkelschrift beginnt in der rechten unteren Ecke. Eine ungerade Reihe wird diagonal von rechts oben nach links unten gelesen, anschließend arbeitet man eine gerade Reihe von links unten nach rechts oben. So nimmt man ein Quadrat pro Reihe zu, wie es bei der Anleitung für die Zunahmen bei der Ecke-zu-Ecke-Technik beschrieben ist. Wenn genügend Quadrate zugenommen wurden, häkelt man entweder ein Rechteck (für den Wolf) oder beginnt mit den Abnahmen (für das Rentier) und arbeitet dabei weiterhin nach der Häkelschrift.

SYMBOLE: Garn A Garn B

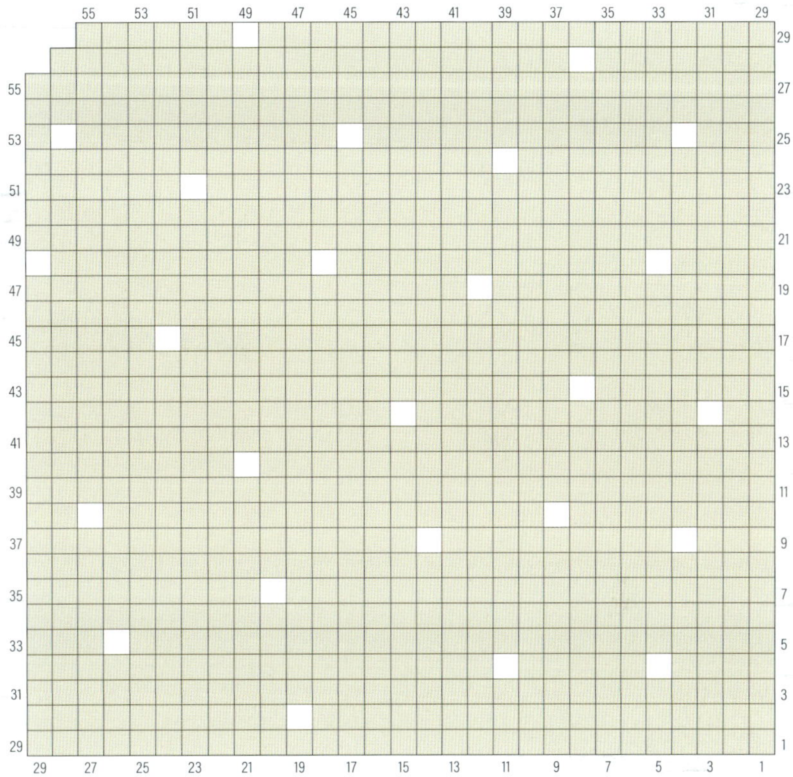

FARBWECHSEL BEIM HÄKELN NACH DER HÄKELSCHRIFT

Diese Technik wird für die Punkte beim Rentier und die Streifen beim Wolf verwendet. Wenn die Farbe gewechselt werden muss, geht man beim letzten Schritt des letzten Stäbchens im Quadrat vor dem Farbwechsel folgendermaßen vor:

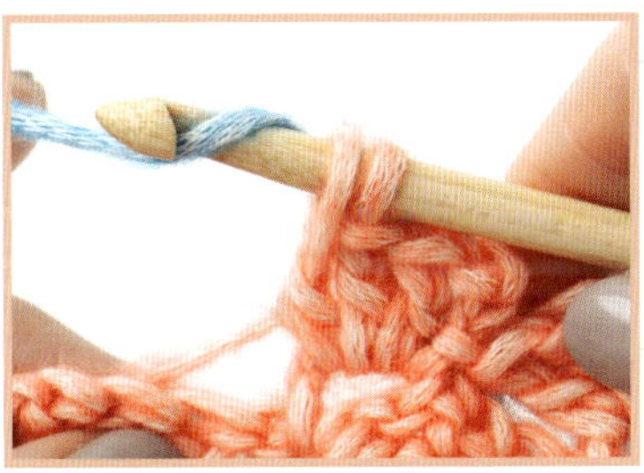

1. Wenn nur noch 2 Schlingen auf der Nadel liegen, den Faden beiseitelegen und einen Faden in der neuen Farbe über die Nadel schlingen.

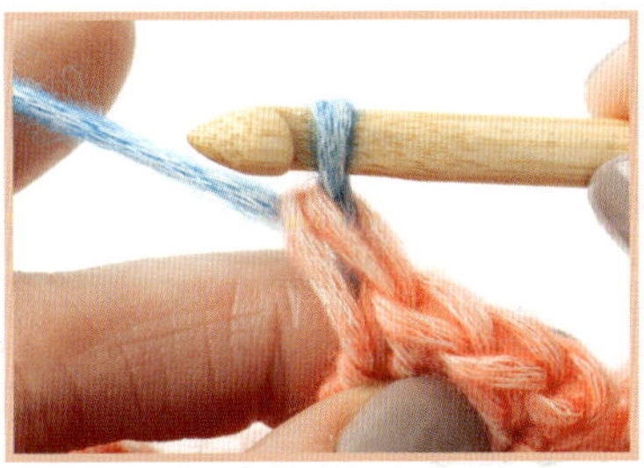

2. Den neuen Faden durch die letzten beiden Schlingen ziehen, um das letzte Stäbchen fertigzustellen.

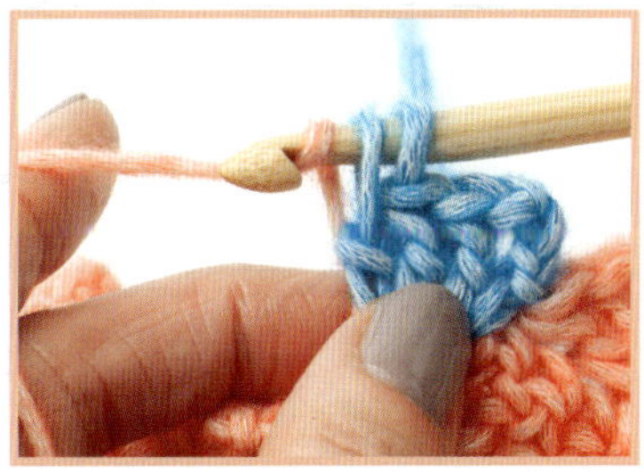

3. Weiter geht's in der Ecke-zu-Ecke-Technik bis zum nächsten Farbwechsel. Dann wieder die Schritte 1 und 2 wiederholen.

So sieht es aus, wenn du die Farbe gewechselt hast.

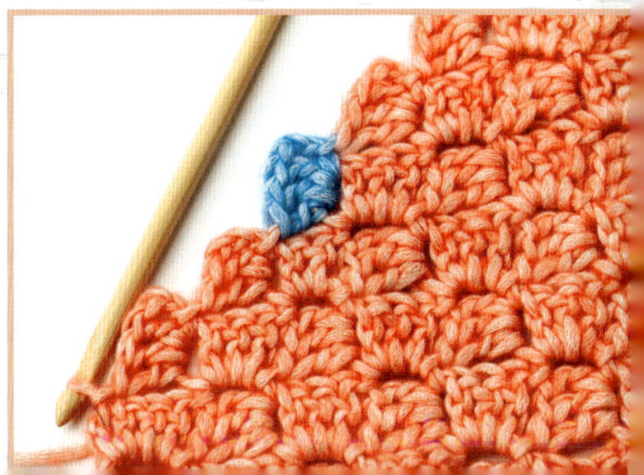

EINE ZICKZACKKANTE BEGRADIGEN

Diese Technik ist ganz wichtig, da sie bei den meisten Decken verwendet wird, insbesondere bei den Kapuzen und Taschen. Sobald du die gewünschte Breite erreicht hast, kannst du mit dieser Reihe die Zickzackkante in eine gerade Kante verwandeln.

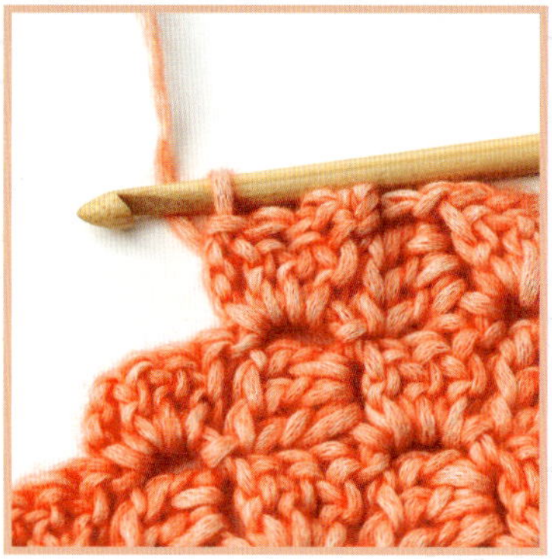

1. Je 1 Kettmasche in die nächsten 3 Stäbchen häkeln. 1 Kettmasche oben in die 3 Luftmaschen am Ende des Quadrats häkeln.

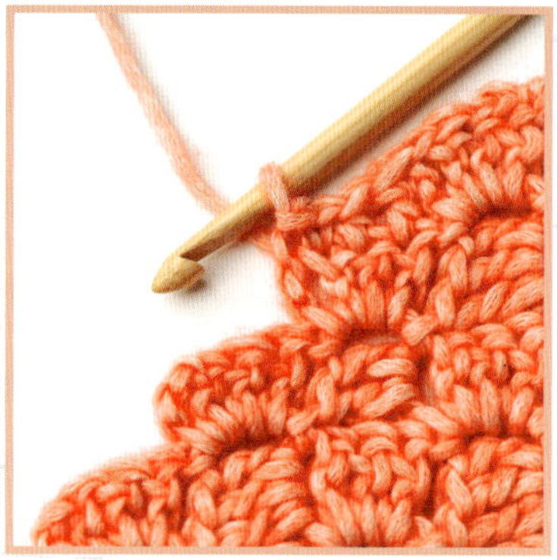

2. 1 Stäbchen in die nächste Masche, 1 halbes Stäbchen in die nächste Masche, 1 feste Masche in die nächste Masche, 1 Kettmasche oben in die 3 Luftmaschen am Ende des Quadrats häkeln.

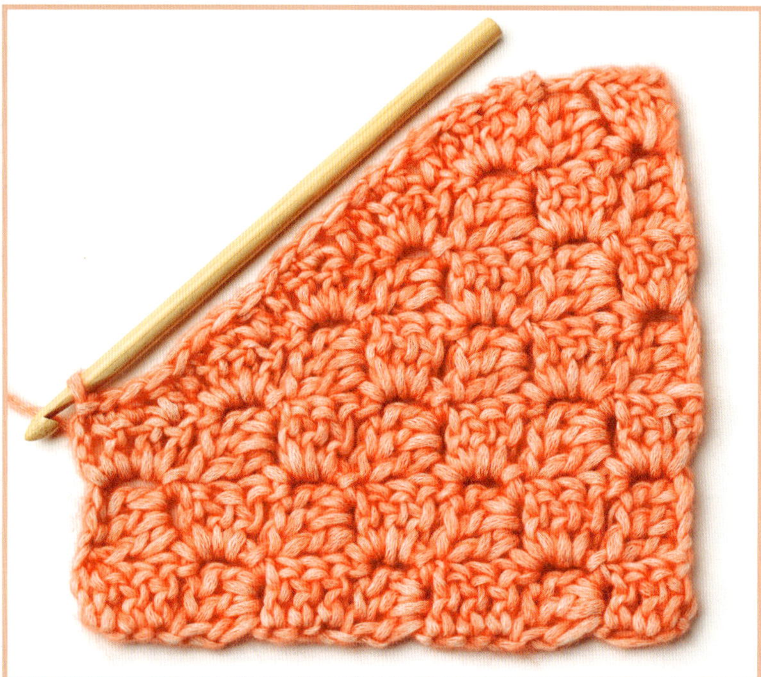

3. Schritt 3 wiederholen, bis alle Quadrate begradigt sind.

TIPP

Bei dieser Methode füllst du die Zwischenräume zwischen den Zacken auf: Mit einem Stäbchen (einer langen Masche), einem halben Stäbchen (einer etwas kürzeren Masche), einer festen Masche (einer kurzen Masche) und schließlich einer Kettmasche (der kürzesten Masche). Pass gut auf, dass du nicht versehentlich Maschen vergisst.

IN SPIRALRUNDEN HÄKELN – SO FUNKTIONIERT DER FADENRING

Einige Häkelteile werden in Spiralrunden gearbeitet. Die einzelnen Runden werden also nicht geschlossen. Am schönsten sieht es aus, wenn du die 1. Runde in einen Fadenring häkelst. Diesen Ring kannst du so fest zusammenziehen, dass kein Loch in der Mitte mehr zu sehen ist. Mit einem Maschenmarkierer in der jeweils ersten Masche einer Runde verlierst du niemals den Überblick, wo du gerade bist.

TIPP

Vielleicht musst du den Fadenring ein paar Mal ausprobieren, aber wenn du diese Technik beherrschst, sehen die Mittelpunkte deiner Häkelarbeit sehr schön aus.

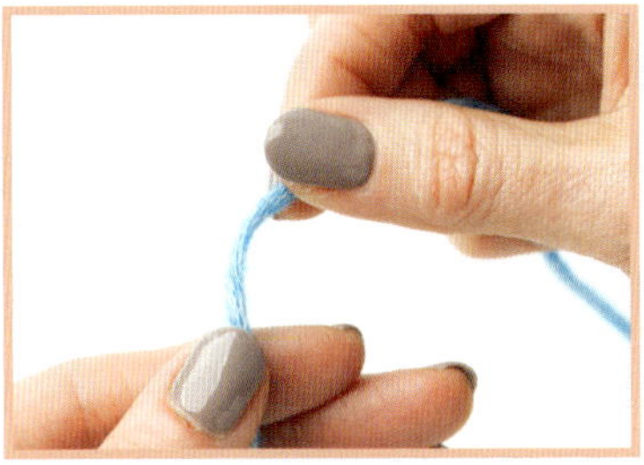

1. Das Fadenende zwischen Daumen und Zeigefinger festhalten.

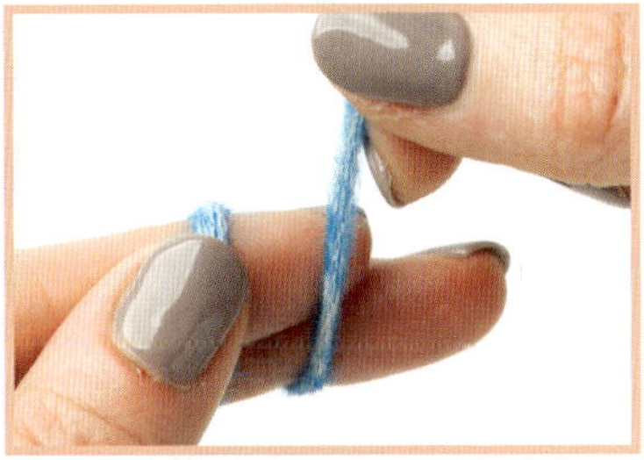

2. Den Faden, der vom Knäuel kommt, um Zeige- und Mittelfinger schlingen.

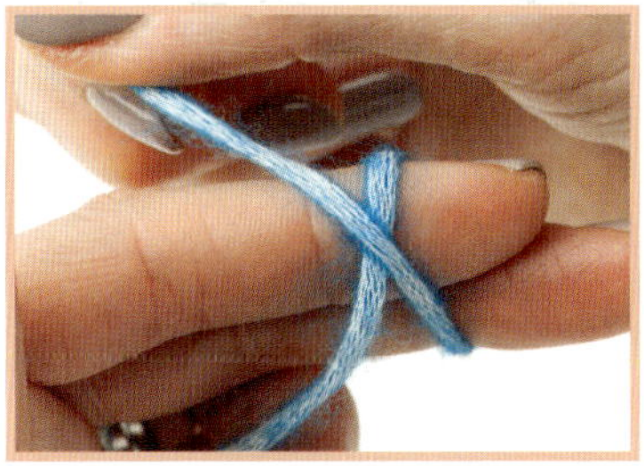

3. Den Faden überkreuzen und den Daumen über diese Stelle legen.

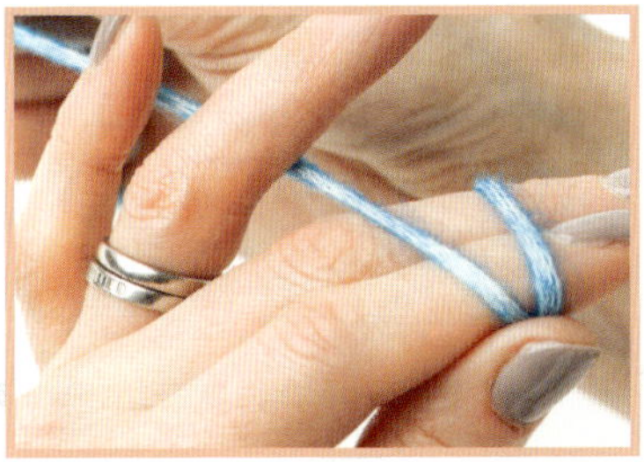

4. Den Faden, der vom Knäuel kommt, unter den kleinen Finger legen und festhalten. Jetzt liegen zwei Fäden über deinen Fingern.

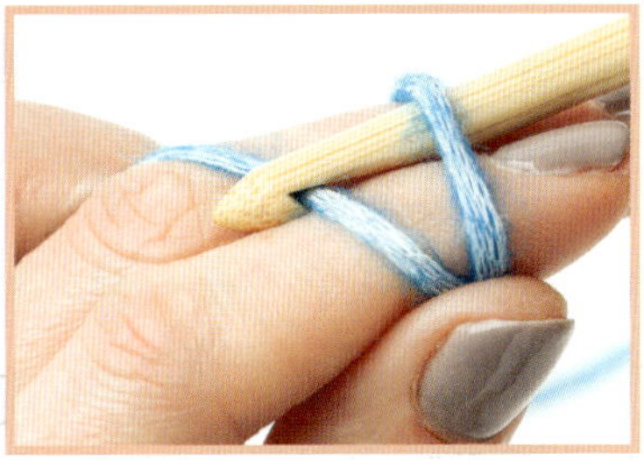

5. Die Häkelnadel unter den ersten Faden schieben. Den zweiten Faden mit der Häkelnadel aufnehmen und unter dem ersten Faden hindurchziehen.

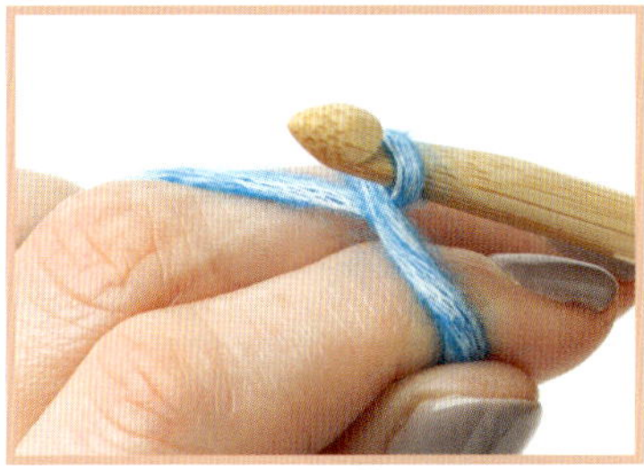

6. Jetzt hast du eine Schlinge auf der Nadel.

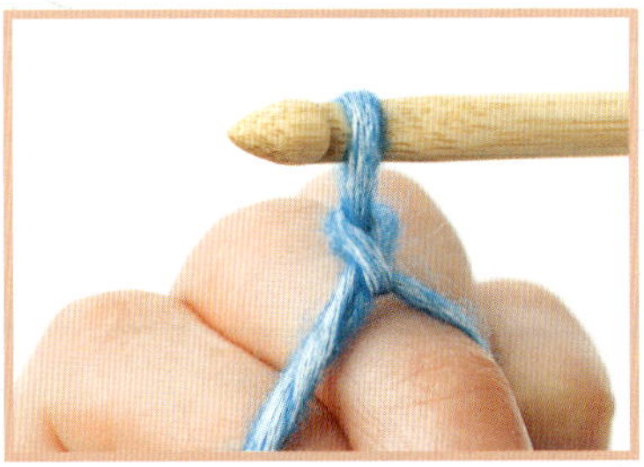

7. Die Nadel über den ersten Faden führen, den zweiten Faden noch einmal aufnehmen und durch die Schlinge auf der Nadel ziehen, sodass eine Luftmasche entsteht. Das ist die erste Luftmasche, die in der Anleitung genannt ist.

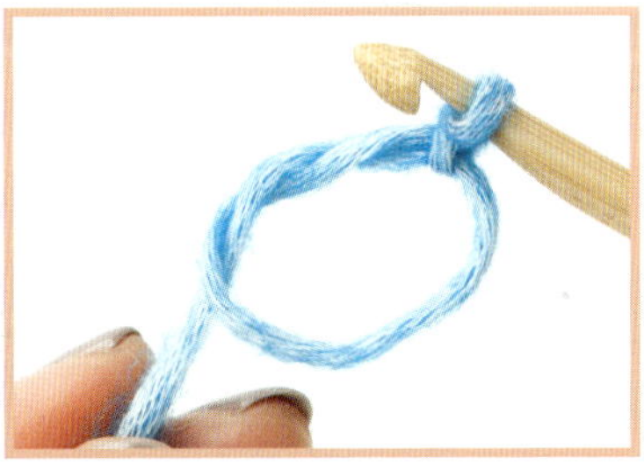

8. Jetzt ist eine Fadenschlinge entstanden, die in der Mitte verdreht ist. Nun nach der Anleitung über diese verdrehten Fäden in den Ring häkeln.

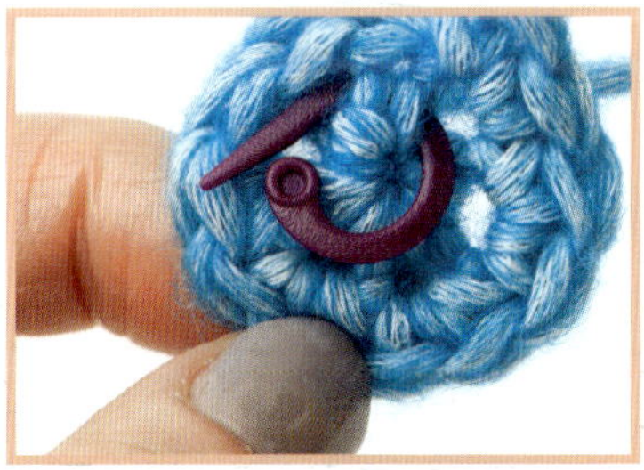

9. Nach der ersten Runde am besten einen Maschenmarkierer in der ersten Masche einhängen, um den Rundenanfang zu kennzeichnen. Ab jetzt wird in Spiralrunden gehäkelt, ohne die einzelnen Runden zu schließen. Nach jeder Runde den Maschenmarkierer versetzen.

DIE DECKEN

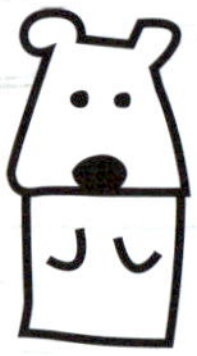

ALLES, WAS DU SIEHST,
KANN ZU EINEM MÄRCHEN
WERDEN, UND ES ENTSPINNT
SICH EINE GESCHICHTE AUS
ALLEM, WAS DU BERÜHRST.

Hans Christian Andersen

Jetzt hast du die grundlegenden Techniken erlernt und kannst anfangen, die erste Decke und dann viele weitere zu häkeln.
Stell' dir vor: Ihr macht es euch zum Vorlesen mit dem Lieblingsbuch deiner Kinder gemütlich und sie kuscheln sich in warme Decken, die du liebevoll selbst gehäkelt hast.
Die Decken gibt es in zwei Größen, die sich ungefähr für Zwei- bis Vierjährige bzw. Fünf- bis Siebenjährige eignen, damit keine Geschwister zu kurz kommen.
Du kannst auch gerne kreativ werden und verschiedene Farben ausprobieren: Häkle einen Fuchs aus der Anleitung für den Wolf, einen Grizzlybären anstelle des Eisbären oder mache aus dem Weihnachtself eine gestreifte Decke in deinen Lieblingsfarben.
Diese Decken sind perfekte Erbstücke und herrliche Erinnerungen an gemütliche Schmökerstunden.

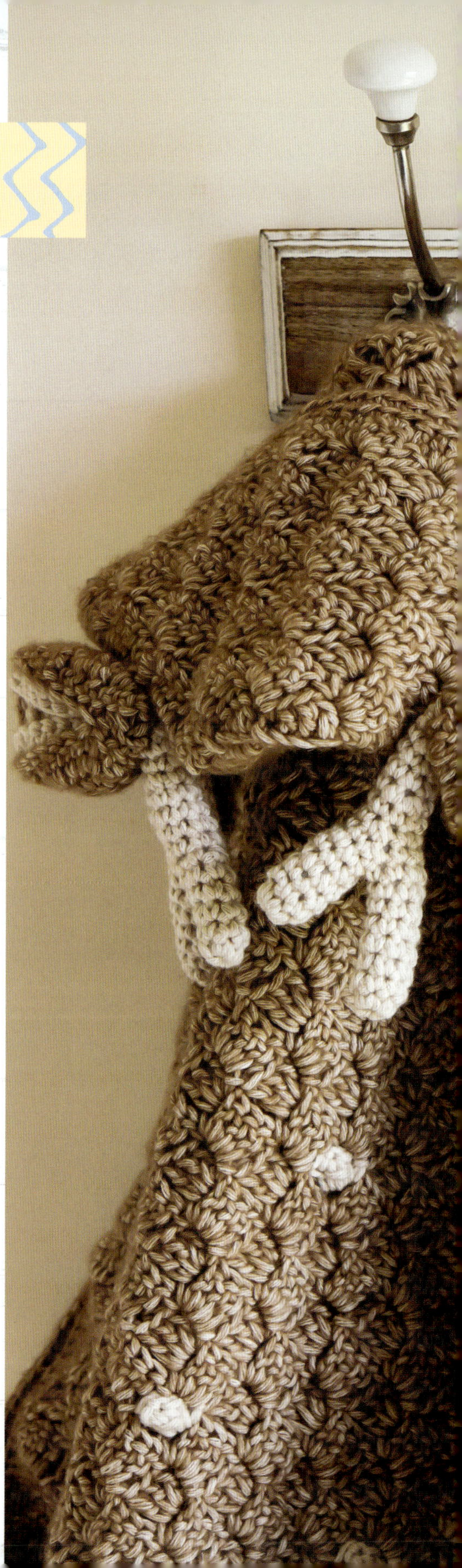

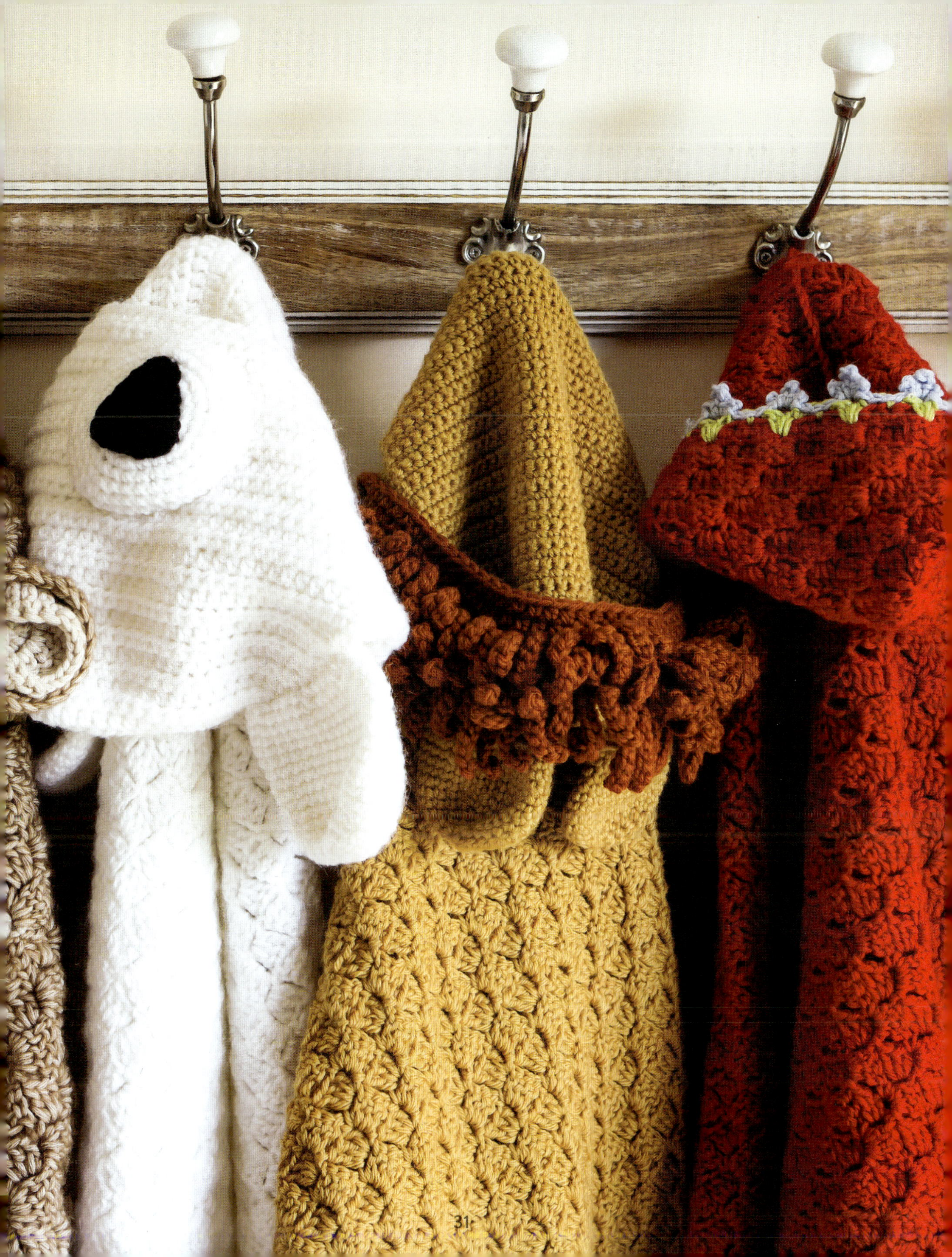

STANDARDANLEITUNGEN

Alle Decken in diesem Buch sind nach der Ecke-zu-Ecke-Technik gehäkelt. Diese Technik ist im Kapitel Grundlegende Techniken erklärt, in dem du Schritt-für-Schritt-Abbildungen und detaillierte Erklärungen findest. Nach den folgenden Anleitungen kannst du eine quadratische und eine rechteckige Standarddecke häkeln. Alle anderen Teile, Schmuckelemente und Girlanden sind bei den einzelnen Anleitungen erklärt. In den einzelnen Anleitungen findest du auch die Größe der jeweiligen Decke sowie Angaben zum verwendeten Garn und der benötigten Nadelstärke.

Quadratische Decke

Aus dem angegebenen Garn mit der entsprechenden Nadel eine Anfangsschlinge machen.

REIHEN MIT ZUNAHMEN

1. R (Hinreihe): 6 Lm, 1 Stb in die 4. M von der Nd aus, je 1 Stb in die nächsten 2 Lm, wenden (ein Quadrat ist fertig; siehe Grundlegende Techniken: Zunahmen bei der Ecke-zu-Ecke-Technik, Schritte 1-4).

2. R: 6 Lm, 1 Stb in die 4. M von der Nd aus, je 1 Stb in die nächsten 2 Lm (ein Quadrat ist fertig), die nächsten 3 Stb des nächsten Quadrats überspringen, 1 Km um die erste der 3 Lm am Ende des Quadrats, (3 Lm, 3 Stb) in den 3-Lm-Bogen (ein Quadrat ist fertig), wenden (2 Quadrate insgesamt; siehe Grundlegende Techniken: Zunahmen bei der Ecke-zu-Ecke-Technik, Schritte 5-9).

3. R: 6 Lm, 1 Stb in die 4. M von der Nd aus, je 1 Stb in die nächsten 2 Lm (ein Quadrat ist fertig), * die nächsten 3 Stb des nächsten Quadrats überspringen, 1 Km um die erste der 3 Lm am Ende des Quadrats, (3 Lm, 3 Stb) in den 3-Lm-Bogen (ein Quadrat ist fertig); ab * bis zum Ende wdh, wenden (3 Quadrate insgesamt; siehe Grundlegende Techniken: Zunahmen bei der Ecke-zu-Ecke-Technik, Schritte 10 und 11).

Die 3. Reihe zeigt deutlich das Ecke-zu-Ecke-Muster, bei dem am Anfang jeder Reihe ein Quadrat dazukommt.

Weiter die 3. R wdh, also in jeder Reihe 1 Quadrat zunehmen, bis du die angegebene Anzahl Reihen gehäkelt oder die angegebene Länge der Decke erreicht hast, wie es in der Anleitung beschrieben ist.

Jetzt geht's weiter mit den Abnahmen:

REIHEN MIT ABNAHMEN

Nächste Reihe: 1 Km in die nächsten 3 Stb, * 1 Km in die 1. Lm der nächsten 3 Lm am Ende des Quadrats, (3 Lm, 3 Stb) in denselben Lm-Bogen (1 Quadrat ist fertig); ab * wdh, bis noch 1 Quadrat übrig ist, 1 Km in den 3-Lm-Bogen am Ende des letzten Quadrats, wenden (ohne ein weiteres Quadrat zu häkeln; siehe Grundlegende Techniken: Abnahmen bei der Ecke-zu-Ecke-Technik, Schritte 1-5).

Die letzte Reihe wdh, bis nur noch 1 Quadrat übrig ist (siehe Grundlegende Techniken: Abnahmen bei der Ecke-zu-Ecke-Technik, Schritt 6).

Abmaschen.

TIPP

Wenn du deine Decke abmisst, musst du immer an den geraden Kanten der Decke messen (also nicht entlang der diagonalen Reihe, die du gerade häkelst).

QUADRATISCHE DECKEN

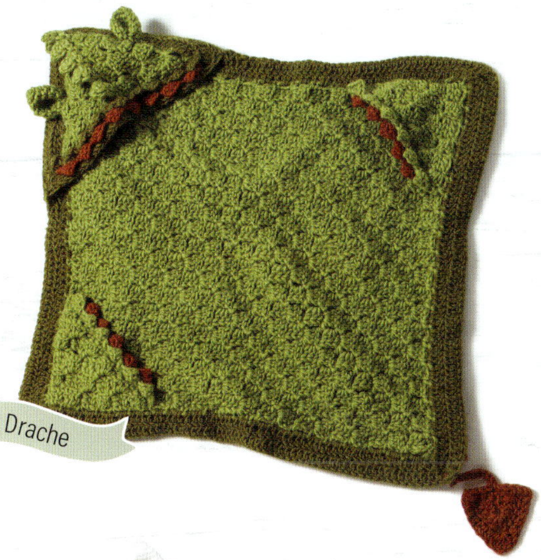

Drache

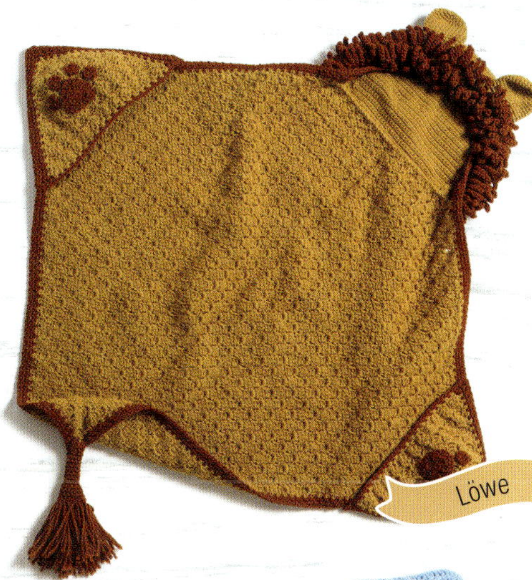

Löwe

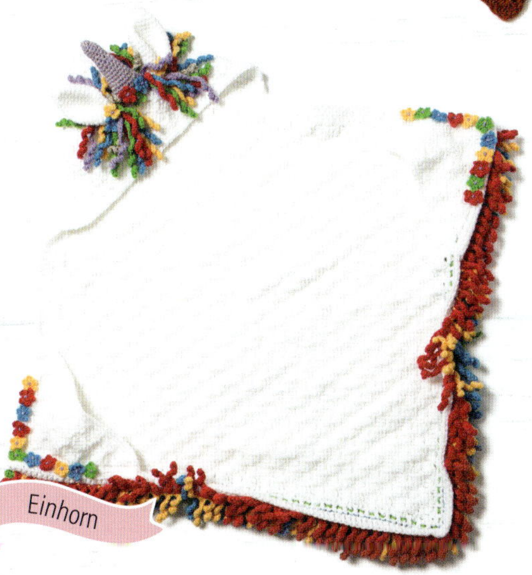

Einhorn

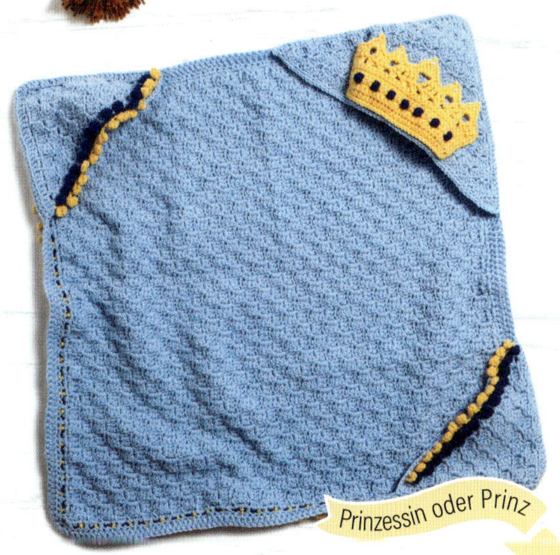

Prinzessin oder Prinz

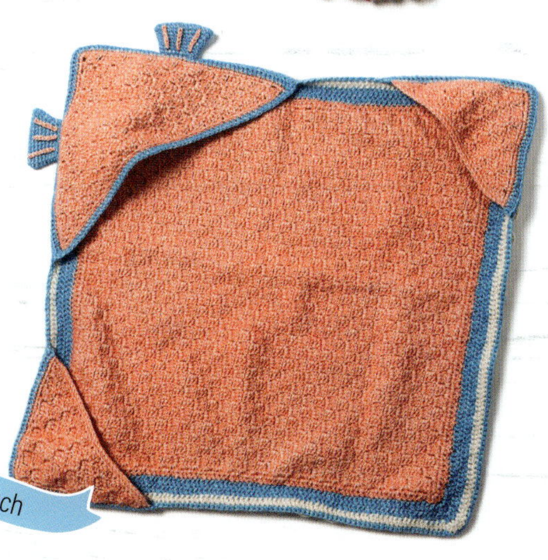

Fisch

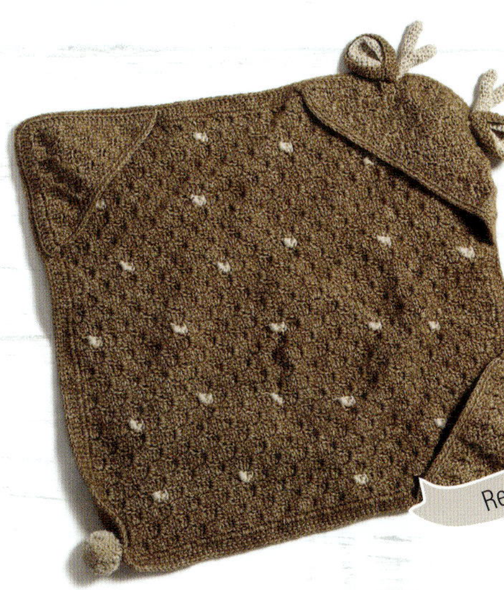

Rentier

Rechteckige Decke

Aus dem angegebenen Garn mit der entsprechenden Nadel eine Anfangsschlinge machen.

REIHEN MIT ZUNAHMEN

1. R (Hinr): 6 Lm, 1 Stb in die 4. M von der Nd aus, je 1 Stb in die nächsten 2 Lm, wenden (ein Quadrat ist fertig; siehe Grundlegende Techniken: Zunahmen bei der Ecke-zu-Ecke-Technik, Schritte 1-4).

2. R: 6 Lm, 1 Stb in die 4. M von der Nd aus, je 1 Stb in die nächsten 2 Lm (ein Quadrat ist fertig), die nächsten 3 Stb des nächsten Quadrats überspringen, 1 Km um die erste der 3 Lm am Ende des Quadrats, (3 Lm, 3 Stb) in den 3-Lm-Bogen (ein Quadrat ist fertig), wenden (2 Quadrate insgesamt; siehe Grundlegende Techniken: Zunahmen bei der Ecke-zu-Ecke-Technik, Schritte 5-9).

3. R: 6 Lm, 1 Stb in die 4. M von der Nd aus, je 1 Stb in die nächsten 2 Lm (ein Quadrat ist fertig), * die nächsten 3 Stb des nächsten Quadrats überspringen, 1 Km in die erste der 3 Lm am Ende des Quadrats, (3 Lm, 3 Stb) in den 3-Lm-Bogen (ein Quadrat ist fertig); ab * bis zum Ende wdh, wenden (3 Quadrate insgesamt; siehe Grundlegende Techniken: Zunahmen bei der Ecke-zu-Ecke-Technik, Schritte 10 und 11).

Die 3. Reihe zeigt deutlich das Ecke-zu-Ecke-Muster, bei dem am Anfang jeder Reihe ein Quadrat dazukommt.

Weiter die 3. R wdh, also in jeder R 1 Quadrat zunehmen, bis du die angegebene Anzahl Reihen gehäkelt oder die angegebene Länge der Decke erreicht hast, wie es in der Anleitung beschrieben ist.

Damit die Decke rechteckig wird, häkelst du in den folgenden Reihen immer dieselbe Anzahl an Quadraten und zwar in der Anzahl Reihen, die in der Anleitung angegeben ist. So entstehen die langen geraden Kanten der rechteckigen Decke.

GERADE REIHEN

1. gerade R: 6 Lm, 1 Stb in die 4. Lm von der Nd aus, 1 Stb in jede der nächsten 2 Lm (ein Quadrat fertig), * die nächsten 3 Stb überspringen und 1 Km um die erste der 3 Lm am Ende des nächsten Quadrats, (3 Lm, 3 Stb) in denselben Lm-Bogen (2. Quadrat fertig); ab * wdh, bis nur noch 1 Quadrat übrig ist, 1 Km um die erste der 3 Lm am Ende des letzten Quadrats, wenden (ohne ein weiteres Quadrat zu häkeln).

2. gerade R: 1 Km um die erste der 3 Lm am Ende des Quadrats, * (3 Lm, 3 Stb) in denselben Lm-Bogen (1 Quadrat fertig), 1 Km um die erste der 3 Lm am Ende des nächsten Quadrats links; ab * bis zum Ende wdh (in den letzten Lm-Bogen ebenfalls 1 Quadrat häkeln), wenden.

Die letzten 2 R wdh, bis die gewünschte Länge in dieser Breite der Decke erreicht ist, wie es in der Anleitung angegeben ist.

REIHEN MIT ABNAHMEN

Nächste Reihe: 1 Km in die nächsten 3 Stb, * 1 Km in die 1. Lm der nächsten 3 Lm am Ende des Quadrats, (3 Lm, 3 Stb) in denselben Lm-Bogen (1 Quadrat ist fertig); ab * wdh, bis noch 1 Quadrat übrig ist, 1 Km in den 3-Lm-Bogen am Ende des letzten Quadrats, wenden (ohne ein weiteres Quadrat zu häkeln; siehe Grundlegende Techniken: Abnahmen bei der Ecke-zu-Ecke-Technik, Schritte 1-5).

Die letzte Reihe wdh, bis nur noch 1 Quadrat übrig ist (siehe Grundlegende Techniken: Abnahmen bei der Ecke-zu-Ecke-Technik, Schritt 6).

Abmaschen.

ÜBRIGENS ...

In dieser allgemeinen Anleitung habe ich die Maschenzählung absichtlich weggelassen, da in jeder Anleitung für die entsprechende Breite oder Länge der jeweiligen Decke eine andere Anzahl Reihen angegeben ist. Die Anleitungen für die Zierkanten funktionieren jedoch bei allen Deckengrößen.

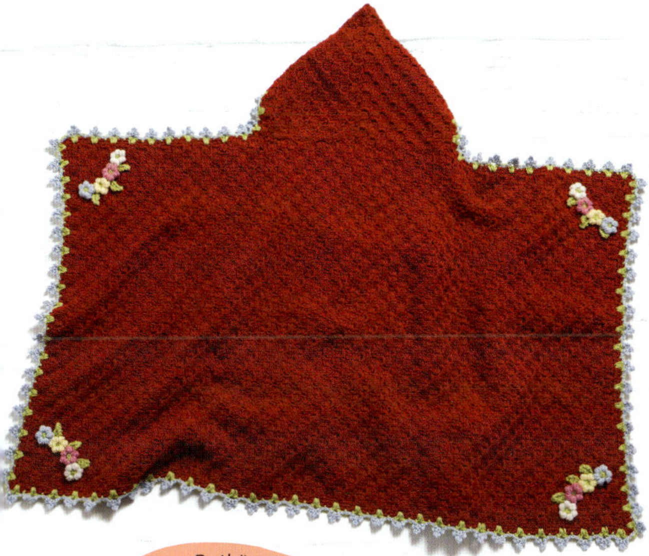

Rotkäppchen

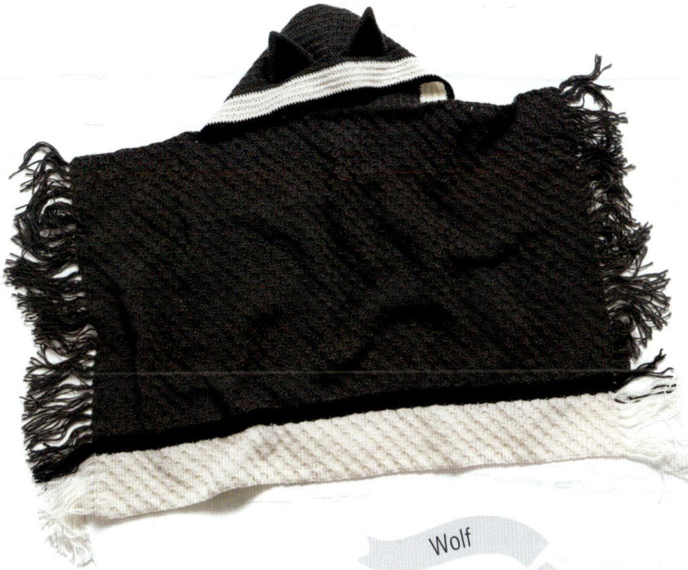

Wolf

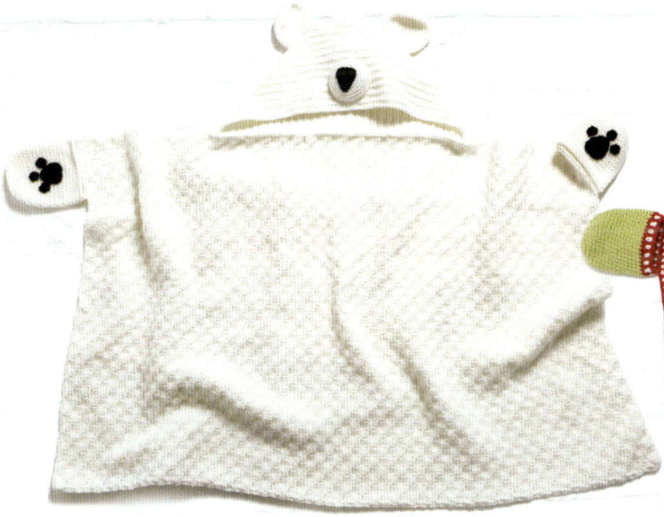

Eisbär

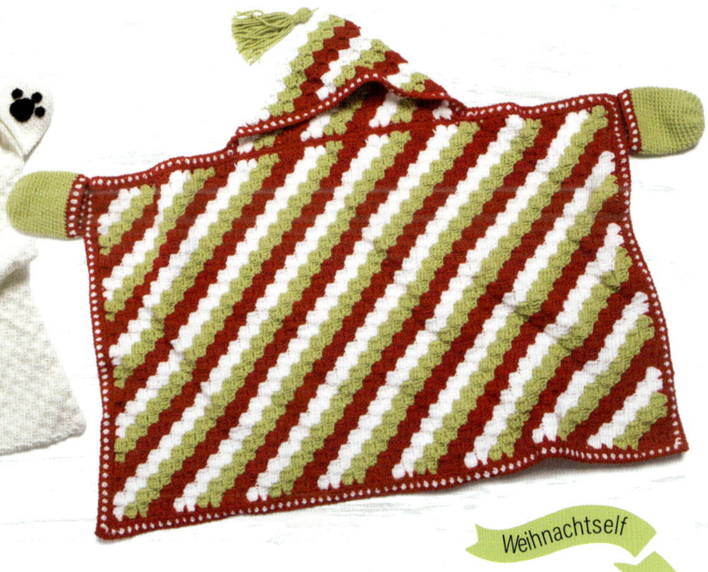

Weihnachtself

Eisbär

Eingekuschelt in diese weiche, warme Decke spielen kleine Kinder gerne Eisbärbabys, während sie knurrend und neugierig auf allen Vieren herumtapsen. Eisbär-Geschichten spielen oft in der Weihnachtszeit, daher kannst du zu diesem knuddeligen Bären noch einen Weihnachtself häkeln – ein lustiges festliches Duo! Oder du verwendest eine andere Farbe und häkelst einen mächtigen Grizzlybären.

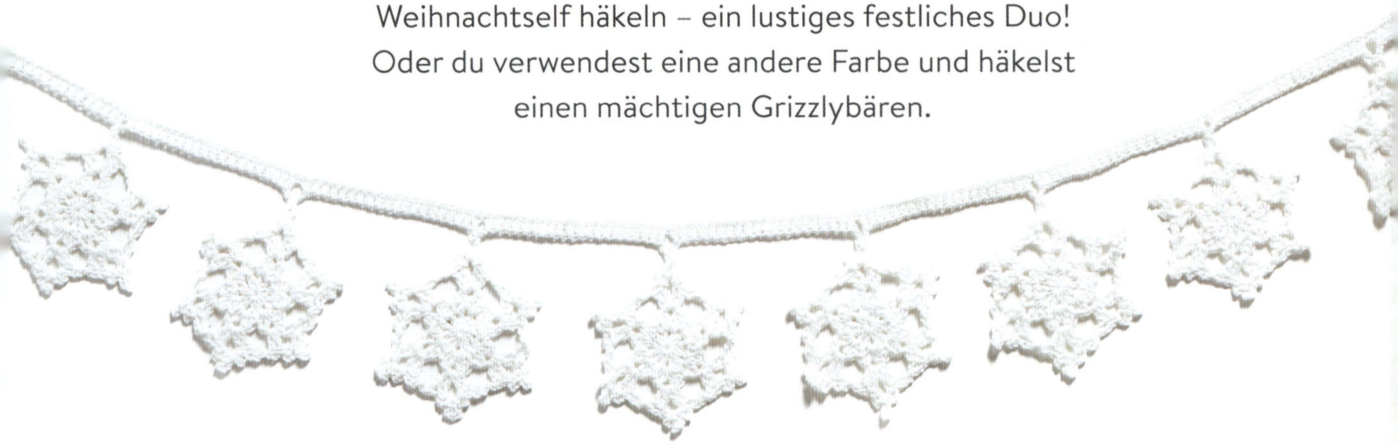

AUFBAU

Eine rechteckige Decke in der Ecke-zu-Ecke-Technik. Kapuze, Ohren, Nase und Pfoten werden separat gehäkelt und zum Schluss angesetzt.

Mit einer Schneeflocken-Girlande

Die Kapuze sitzt sehr locker (over-sized).

SCHWIERIGKEITSGRAD

Einfach bis mittel – 2/3

GRÖSSE

Alter: 2-4 [5-7] Jahre

Kleidergröße: Etwa 92-104 cm [110-122 cm]

DECKENMASS

65 x 101,5 cm [76 x 116 cm] ohne Pfoten und ohne Kapuze

Die Kapuze ist an der breitesten Stelle etwa 49,5 cm [52 cm] breit (flach ausgebreitet).

GIRLANDE

Eine Schneeflocke hat einen Durchmesser von 11,5 cm.

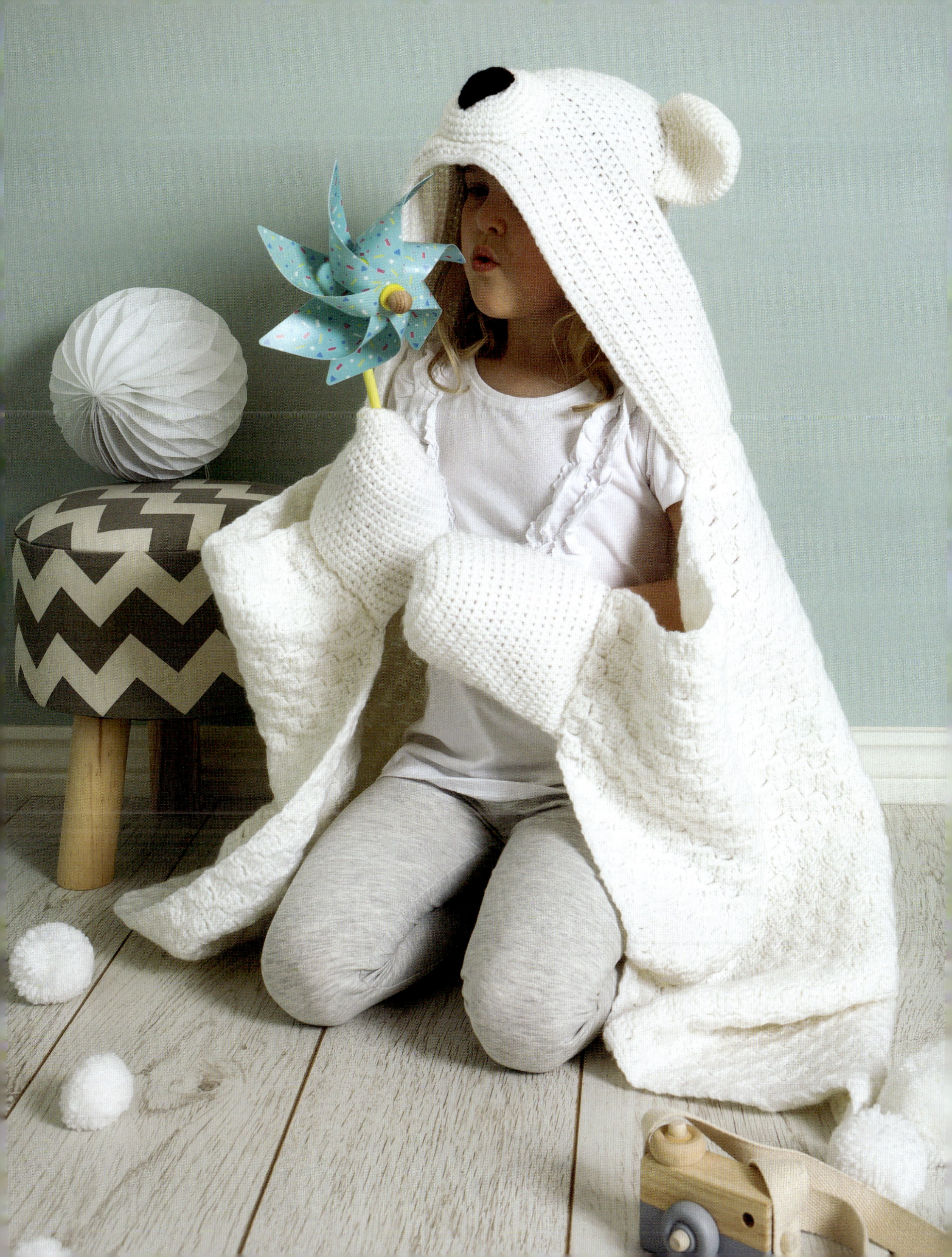

DAS BRAUCHST DU

GARN

FÜR DIE DECKE:

2 [2] Knäuel Aran (10-fädig/worsted) Garn in Weiß (A); 800 m/400 g

Garnreste Aran (10-fädig/worsted) in Schwarz (B); 200 m/100 g

FÜR DIE GIRLANDE:

2 Knäuel 4-fädiges (4-fädig/fingering) Baumwollgarn in Weiß (C); 125 m/50 g

HINWEISE ZUM GARN

ICH HABE VERWENDET:

Garn A: Wendy Aran with Wool (20 % Wolle, 80 % Acryl, LL 800 m/400 g) in Weiß (Fb 5500)

Garn B: Rowan Pure Wool Superwash Worsted (100 % Schurwolle, LL 200 m/100 g) in Schwarz (Fb 109)

Garn C: Yarn and Colors Must-Have (100 % Baumwolle, LL 125 m/50 g) in Weiß (Fb 1)

DAS BRAUCHST DU NOCH

Häkelnadeln 3,5 mm und 4,0 mm

Füllwatte

Maschenmarkierer

Sprühstärke

MASCHENPROBE

Garn A, etwa 5,5 Quadrate mit Häkelnd 4,0 mm = 10 cm x 10 cm; mit Häkelnd 4,0 mm 15 hStb und 13 R = 10 cm x 10 cm

ÜBRIGENS ...

Hier wird nach der Standardanleitung für eine rechteckige Decke gehäkelt (Seite 34).

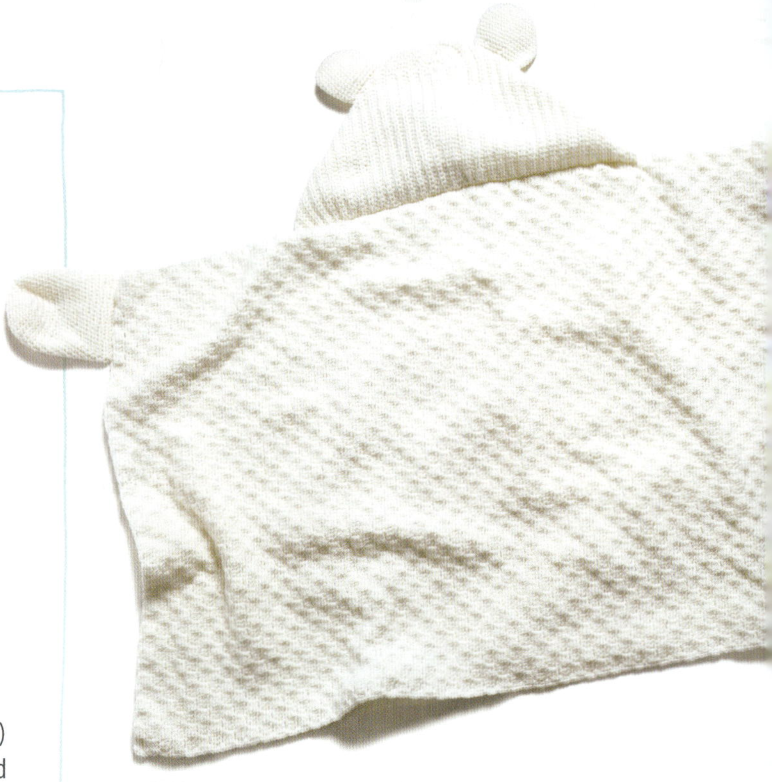

Anleitung

DECKE

Mit Garn A und Häkelnd 4,0 mm eine Anfangsschlinge machen.

Nach der Standardanleitung eine rechteckige Decke häkeln:

- Bis auf 36 [42] Quadrate zunehmen (oder bis die geraden Seitenkanten 65 cm [76 cm] lang sind).
- Dann 20 [22] R ohne Zu- und ohne Abnahmen weiterhäkeln (oder bis die Decke an der breitesten Stelle 101,5 cm [116 cm] breit ist).
- Bis auf 1 Quadrat abnehmen, nicht abmaschen.

Nun eine Grundrunde für die Zierkante um die gesamte Decke herum häkeln.

GRUNDRUNDE FÜR DIE ZIERKANTE

Mit dieser Rd wird die Kante deiner Decke schön gerade (siehe Grundlegende Techniken: Grundreihe für die Zierkante, Schritte 3-9).

1. Rd: 1 Lm (zählt nicht als M), (1 fM, 2 Lm, 1 fM) in dieselbe Eck-M, 2 Lm, * 1 fM in den Lm-Bogen zwischen den nächsten Quadraten, 2 Lm; ab * bis zur nächsten Ecke wdh **, (1 fM, 2 Lm, 1 fM) in die Eck-M, 2 Lm ***; ab * bis *** noch 2x wdh, dann ab * bis ** noch 1x wdh, mit 1 Km in die 1. fM schließen.

Abmaschen.

KAPUZE

Für eine kleine Decke

Mit Garn A und Häkelnd 4,0 mm 32 Lm häkeln.

1. R (Hinr): 1 hStb in die 2. Lm von der Nd aus (die übersprungene Lm zählt nicht als M), je 1 hStb in die nächsten 29 M, 4 hStb in die letzte M, wenden und an der anderen Seite der Lm-Kette je 1 hStb in die nächsten 30 M, wenden (= 64 M).

2. R: 1 Lm (zählt hier und in allen weiteren R nicht als M), je 1 hStb in die nächsten 30 M, je 2 hStb in die nächsten 4 M, je 1 hStb in die nächsten 30 M, wenden (= 68 M).

3. R: 1 Lm, je 1 hStb in die nächsten 30 M, * 2 hStb in die nächste M, 1 hStb in die nächste M; ab * noch 2x wdh, 2 hStb in die nächste M, je 1 hStb in die nächsten 31 M, wenden (= 72 M).

4. R: 1 Lm, je 1 hStb in die nächsten 30 M, * 2 hStb in die nächste M, je 1 hStb in die nächsten 2 M; ab * noch 2x wdh, 2 hStb in die nächste M, je 1 hStb in die nächsten 32 M, wenden (= 76 M).

5. R: 1 Lm, je 1 hStb in die nächsten 30 M, * 2 hStb in die nächste M, je 1 hStb in die nächsten 3 M; ab * noch 2x wdh, 2 hStb in die nächste M, je 1 hStb in die nächsten 33 M, wenden (= 80 M).

6. R: 1 Lm, je 1 hStb in die nächsten 30 M, * 2 hStb in die nächste M, je 1 hStb in die nächsten 4 M; ab * noch 2x wdh, 2 hStb in die nächste M, je 1 hStb in die nächsten 34 M, wenden (= 84 M).

7.-32. R: 1 Lm, 1 hStb in jede M bis zum R-Ende, wenden.

33. R: in jede M 1 Km bis zum R-Ende.

Abmaschen.

Für eine große Decke

Wie die Kapuze für eine kleine Decke bis Ende der 6. R arb (= 84 M).

7. R: 1 Lm, je 1 hStb in die nächsten 30 M, * 2 hStb in die nächste M, je 1 hStb in die nächsten 5 M; ab * noch 2x wdh, 2 hStb in die nächste M, je 1 hStb in die nächsten 35 M, wenden (= 88 M).

8. R: 1 Lm, je 1 hStb in die nächsten 30 M, * 2 hStb in die nächste M, je 1 hStb in die nächsten 6 M; ab * noch 2x wdh, 2 hStb in die nächste M, je 1 hStb in die nächsten 36 M, wenden (= 92 M).

9.-36. R: 1 Lm, je 1 hStb in jede M bis zum R-Ende, wenden.

37. R: 1 Km in jede M bis zum R-Ende.

Abmaschen.

OHREN (2x)

Für eine kleine Decke

Mit Garn A und Häkelnd 4,0 mm einen Fadenring häkeln. In Spiral-Rd arb, ohne die Rd am Ende zu schließen. Einen Maschenmarkierer in die 1. M der Rd einhängen und in jeder weiteren Rd versetzen (siehe Grundlegende Techniken: In Spiralrunden häkeln – so funktioniert der Fadenring).

1. Rd: 6 fM in den Fadenring (= 6 M).

2. Rd: 2 fM in jede M (= 12 M).

3. Rd: (2 fM in die nächste M, 1 fM in die nächste M) 6x (= 18 M).

4. Rd: (2 fM in die nächste M, je 1 fM in die nächsten 2 M) 6x (= 24 M).

5. Rd: (2 fM in die nächste M, je 1 fM in die nächsten 3 M) 6x (= 30 M).

6.-13. Rd: 1 fM in jede M.

14. Rd: (2 fM zus, je 1 fM in die nächsten 3 M) 6x, mit 1 Km in die nächste M schließen (= 24 M).

Abmaschen.

Für eine große Decke

Wie die Ohren für eine kleine Decke bis Ende der 5. R arb (= 30 M).

6. Rd: (2 fM in die nächste M, je 1 fM in die nächsten 4 M), 6x (= 36 M).

7.-15. Rd: 1 fM in jede M.

16. Rd: (2 fM zus, je 1 fM in die nächsten 4 M) 6x, mit 1 Km in die nächste M schließen (= 30 M).

Abmaschen.

Die Ohren seitlich an die Kapuze nähen, dabei ein paar R unter der oberen Kapuzenkante beginnen.

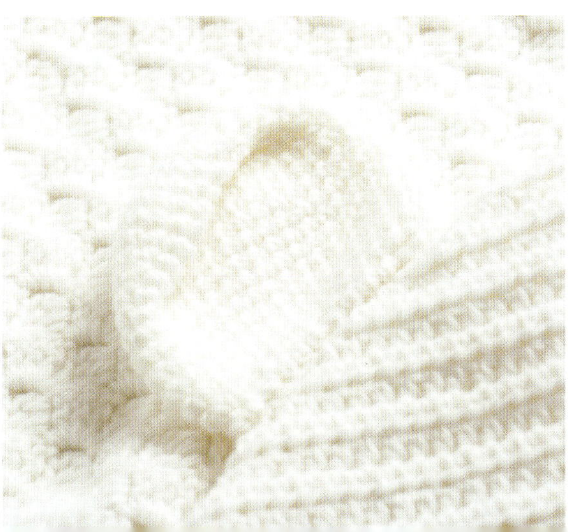

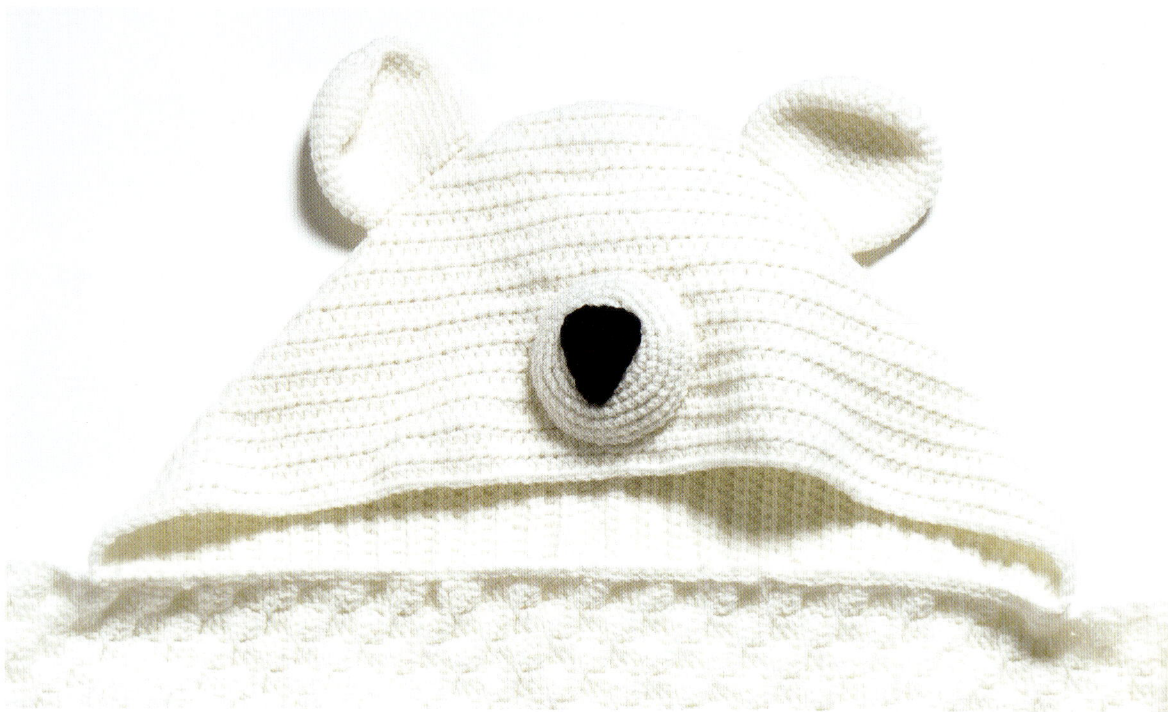

SCHNAUZE

Mit Garn A und Häkelnd 4,0 mm einen Fadenring häkeln. In Spiral-Rd arb, ohne die Rd am Ende zu schließen. Einen Maschenmarkierer in die 1. M der Rd einhängen und in jeder weiteren Rd versetzen (siehe Grundlegende Techniken: In Spiralrunden häkeln – so funktioniert der Fadenring).

1. Rd: 6 fM in den Fadenring (= 6 M).

2. Rd: 2 fM in jede M (= 12 M).

3. Rd: (2 fM in die nächste M, 1 fM in die nächste M) 6x (= 18 M).

4. Rd: (2 fM in die nächste M, je 1 fM in die nächsten 2 M) 6x (= 24 M).

5. Rd: (2 fM in die nächste M, je 1 fM in die nächsten 3 M) 6x (= 30 M).

6. Rd: (2 fM in die nächste M, je 1 fM in die nächsten 4 M) 6x (= 36 M).

7. Rd: (2 fM in die nächste M, je 1 fM in die nächsten 5 M) 6x (= 42 M).

8.-10. Rd: 1 fM in jede M, am Ende der Rd mit 1 Km in die nächste M schließen und abmaschen.

NASE

Mit Garn B und Häkelnd 4,0 mm 10 Lm häkeln.

1. R (Hinr): 1 fM in die 2. Lm von der Nd aus, 1 fM in jede M bis zum R-Ende, wenden (= 9 M).

2. R: 1 Lm (zählt nicht als M), 2 fM zus, 1 fM in jede M bis zum R-Ende, wenden (= 8 M).

3.-8. R: Die 2. R wdh (= 2 M).

Nächste R: 2 fM zus, wenden, nicht abmaschen.

Mit der Außenseite nach oben hinlegen und 1 Km in jede M oder jedes R-Ende arb, damit die Kante schön gleichmäßig wird. Abmaschen. Mittig auf die Schnauze legen und mit Garn B festnähen. Die Schnauze in der Mitte vorne auf die Kapuze legen, sodass die Unterkante der Schnauze etwa 2 R von der Kapuzenkante entfernt ist. Feststecken und mit Überwendlingsstichen annähen, dabei mit Füllwatte ausstopfen.

Die Decke mit der Innenseite (also der linken Seite) nach oben flach hinlegen und die Kante der Kapuze an der Oberkante der Decke ausrichten. Mit einer Stecknadel oder einem Maschenmarkierer fixieren. Die Kapuze gleichmäßig feststecken und mit Km an die Decke häkeln, dabei durch die M von Kapuze und Decke arb (siehe Grundlegende Techniken: Teile zusammennähen). Abmaschen und Fadenenden vernähen.

PFOTEN (2x)

Mit Garn A und Häkelnd 4,0 mm einen Fadenring häkeln. In Spiral-Rd arb, ohne die Rd am Ende zu schließen. Einen Maschenmarkierer in die 1. M der Rd einhängen und in jeder weiteren Rd versetzen (siehe Grundlegende Techniken: In Spiralrunden häkeln – so funktioniert der Fadenring).

1. Rd: 10 hStb in den Fadenring (= 10 M).

2. Rd: 2 hStb in jede M (= 20 M).

3. Rd: (2 hStb in die nächste M, 1 hStb in die nächste M) 10x (= 30 M).

4. Rd: (2 hStb in die nächste M, je 1 hStb in die nächsten 2 M) 10x (= 40 M).

5. Rd: (2 hStb in die nächste M, je 1 hStb in die nächsten 9 M) 4x (= 44 M).

6.-19. Rd: 1 hStb in jede M, in der letzten Rd mit 1 Km in die nächste M schließen und abmaschen.

GROSSE BALLEN (2x)

Mit Garn B und Häkelnd 4,0 mm einen Fadenring häkeln.

1. Rd: 3 Lm (zählt als 1. Stb), 1 hStb in den Ring, (1 Stb, 1 hStb) 7x in den Ring, mit 1 Km oben in die 3 Anfangs-Lm schließen (= 16 M).

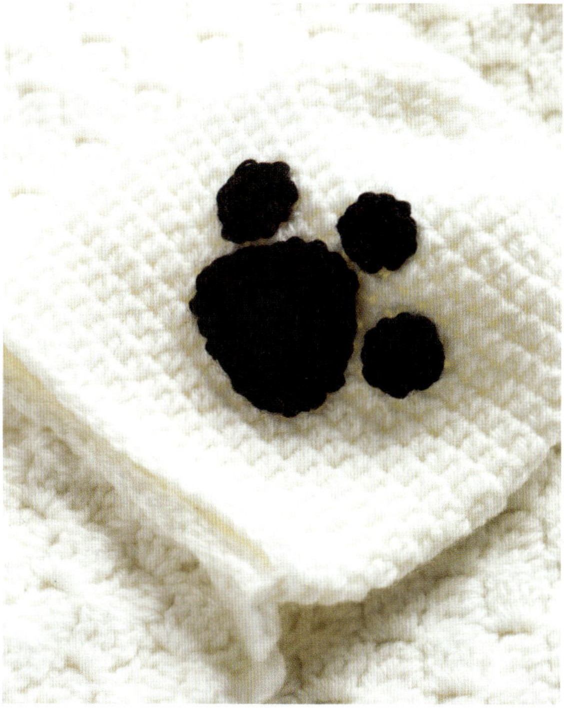

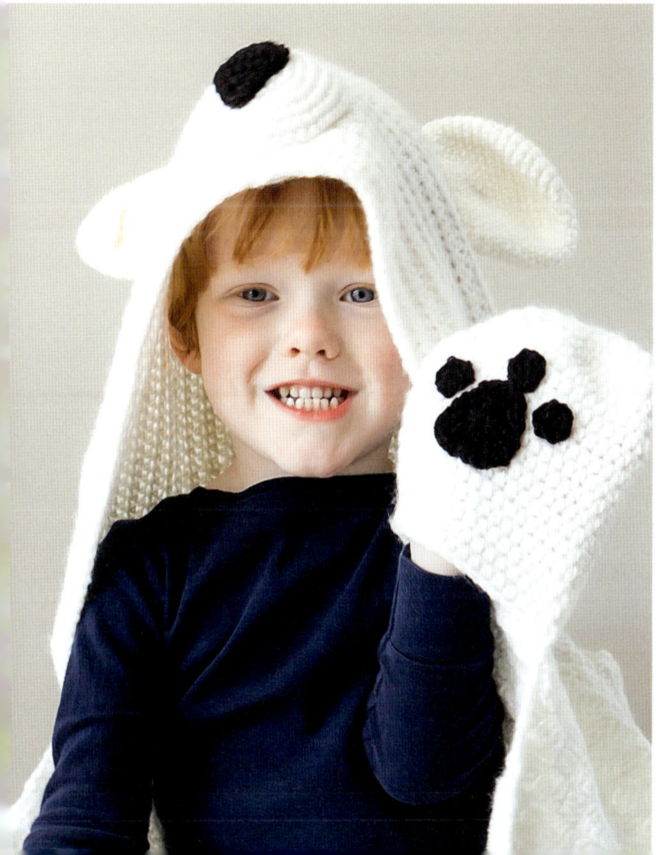

Den Fadenring am Fadenende fest zusammenziehen, bis kein Loch mehr zu sehen ist.

2. Rd: 3 Lm (zählt als 1. Stb), 1 Stb unten in dieselbe M wie die 3 Anfangs-Lm, 1 hStb in die nächste M, 1 fM in die nächste M, 1 hStb in die nächste M, (2 Stb in die nächste M) 2x, 1 hStb in die nächste M, je 1 fM in die nächsten 2 M, 1 hStb in die nächste M, (2 Stb in die nächste M) 2x, 1 hStb in die nächste M, 1 fM in die nächste M, 1 hStb in die nächste M, 2 Stb in die nächste M, mit 1 Km oben in die 3 Anfangs-Lm schließen (= 22 M).

Abmaschen und Fadenenden vernähen.

KLEINE BALLEN (6x)

Mit Garn B und Häkelnd 4,0 mm einen Fadenring häkeln.

1. Rd: (1 fM, 1 hStb) 5x in den Ring, mit 1 Km in die 1. fM schließen und abmaschen.

Den Fadenring am Fadenende fest zusammenziehen, bis kein Loch mehr zu sehen ist.

Einen großen Ballen mittig auf die Pfote legen und festnähen. Die 3 kleinen Ballen oben über dem großen Ballen anordnen und festnähen (siehe Foto).

Fadenenden auf der Rückseite vernähen.

Die Decke mit der Innenseite (der linken Seite der Decke) nach oben flach hinlegen und die geraden Kanten der Pfoten an die kurzen Seitenkanten der Decke legen, sodass sie mit der Oberkante der Decke abschließen. Die hintere Hälfte der Pfotenkante mit Überwendlingsstichen oder Kettmaschen an die Deckenkante nähen oder häkeln und dabei durch beide Maschen nähen oder häkeln (siehe Grundlegende Techniken: Teile zusammennähen).

Abmaschen und Fadenenden vernähen.

FERTIGSTELLUNG

Die Decke muss nicht gespannt werden, aber ich empfehle, sie mit Wasser einzusprühen und liegend trocknen zu lassen.

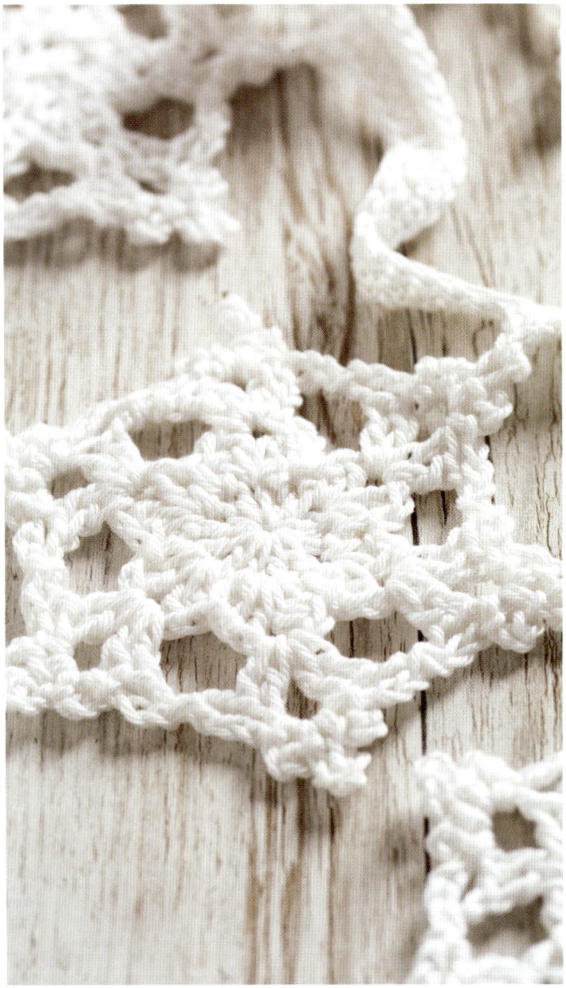

GIRLANDE

Schneeflocke (9x)

Mit Garn C und Häkelnd 3,5 mm einen Fadenring häkeln (siehe Grundlegende Techniken: In Spiralrunden häkeln – so funktioniert der Fadenring).

1. Rd: 1 Lm (zählt nicht als M), * 1 hStb in den Ring, 2 Lm; ab * noch 11x wdh, mit 1 Km in das 1. hStb schließen, fest am Fadenende ziehen, um den Fadenring zu schließen (= 12 hStb und 12 2-Lm-Bögen).

2. Rd: 1 Km in den nächsten 2-Lm-Bogen, 3 Lm (zählt als 1 Stb), (1 Stb, 2 Lm, 2 Stb) in denselben 2-Lm-Bogen, 1 Km in den nächsten 2-Lm-Bogen, * (2 Stb, 2 Lm, 2 Stb) in den nächsten 2-Lm-Bogen, 1 Km in den nächsten 2-Lm-Bogen; ab * noch 4x wdh, mit 1 Km oben in die 3 Anfangs-Lm schließen (= 6 ‚V-Maschen' aus (2 Stb, 2 Lm, 2 Stb) und 6 Km).

3. Rd: 1 Km in das nächste Stb, 1 Km in den nächsten 2-Lm-Bogen, 3 Lm (zählt als 1 Stb), (1 Stb, 3 Lm, 2 Stb) in denselben 2-Lm-Bogen, 4 Lm, * (2 Stb, 1 Km, 2 Stb) überspringen, (2 Stb, 3 Lm, 2 Stb) in den nächsten 2-Lm-Bogen, 4 Lm; ab * noch 4x wdh, mit 1 Km oben in die 3 Anfangs-Lm schließen (= 6 ‚V-Maschen' aus (2 Stb, 3 Lm, 2 Stb) und 6 4-Lm-Bögen).

4. Rd: 1 Km in das nächste Stb, 1 Km in den nächsten 3-Lm-Bogen, * 3 Lm, 1 Km in denselben 3-Lm-Bogen, 5 Lm, 1 Km in denselben 3-Lm-Bogen, 3 Lm, 1 Km in den selben 3-Lm-Bogen, 3 Lm, 1 Km in den 4-Lm-Bogen, 3 Lm, 1 Km in den nächsten 3-Lm-Bogen; ab * noch 5x wdh, mit der letzten Km in die Km unten in die 3 Anfangs-Lm schließen.

Abmaschen und Fadenenden vernähen.

Schneeflocken zur Girlande verbinden

Mit Garn C und Häkelnd 3,5 mm 207 Lm häkeln.

1. R: 1 fM in die 8. Lm von der Nd aus (die 7 übersprungenen Lm bilden die Aufhängeschlaufe), je 1 fM in die nächsten 19 Lm, * 2 Lm, 1 Km in die Spitze einer Schneeflocke, 2 Lm, je 1 fM in jede der nächsten 20 Lm; ab * wdh bis alle Schneeflocken eine Girlande bilden. In alle M bis zum Ende der Lm-Kette je 1 fM häkeln, wenden, 7 Lm und mit 1 Km unten in die letzte fM schließen (so entsteht eine Aufhängeschlaufe).

Abmaschen und Fadenenden vernähen.

Fertigstellung

Girlande flach spannen und vollständig trocknen lassen (siehe Grundlegende Techniken: Spannen). Die Rückseite der Motive mit Sprühstärke einsprühen, damit sie steifer werden.

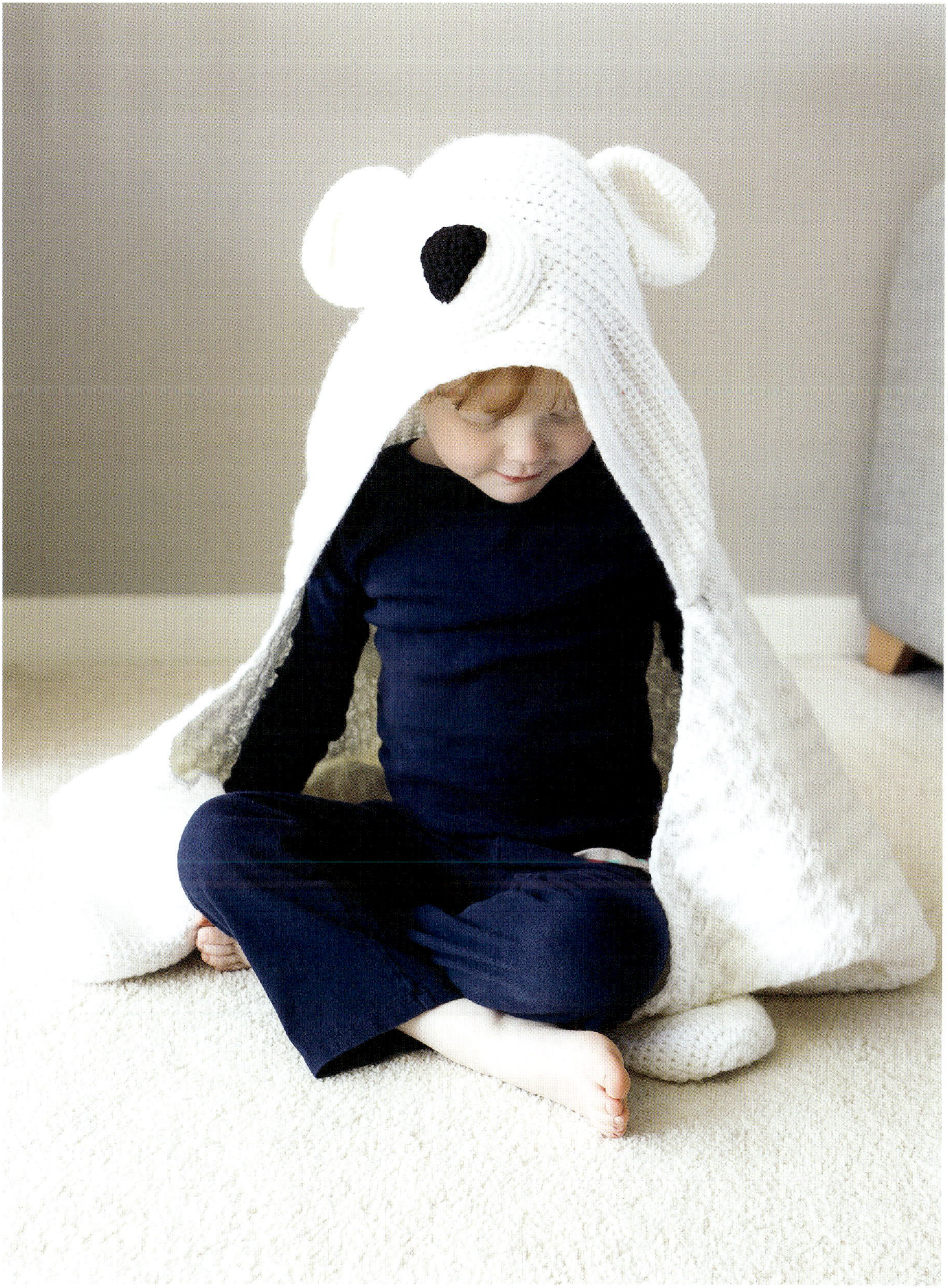

Prinzessin oder Prinz

Diese Decke ist besonders vielseitig: Häkle sie in königlichem Rot oder royalem Blau für einen Prinzen oder in Weiß, Pink oder Aqua passend zu deiner Lieblingsprinzessin. In Kombination mit einem Drachen, Einhorn, Fisch oder Löwen werden die vielen wunderschönen Geschichten über magische Länder und mythische Figuren lebendig, oder die Kinder lassen ihrer Fantasie freien Lauf – Märchen kennen keine Grenzen!

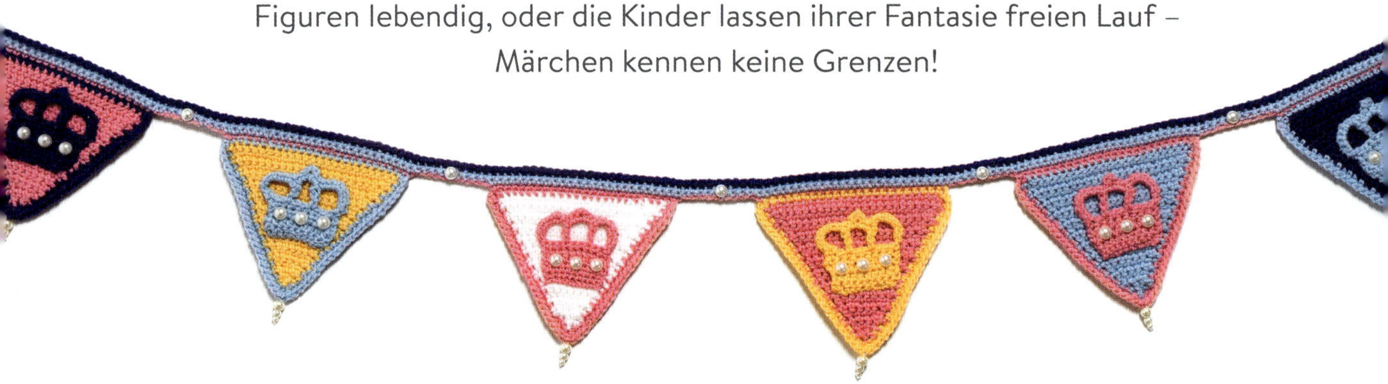

AUFBAU

Eine quadratische Decke in der Ecke-zu-Ecke-Technik. Kapuze, Taschen für die Hände und Krone zum Aufnähen werden separat gehäkelt und zum Schluss angesetzt.

Mit einer Pomponkante verziert

Passende Girlande mit Kronenfähnchen

SCHWIERIGKEITSGRAD

Einfach bis mittel – 2/3

GRÖSSE

Alter: 2-4 [5-7] Jahre

Kleidergröße: Etwa 92-104 cm [110-122 cm]

DECKENMASS

60 cm [70 cm] im Quadrat ohne Zierkante

68 cm [78 cm] im Quadrat mit Zierkante

Die Kapuze ist an der breitesten Stelle etwa 43 cm [48 cm] breit (flach hingelegt).

GIRLANDE

Jedes Fähnchen ist etwa 11,5 cm lang und misst an der breitesten Stelle 14 cm.

SPEZIALMASCHEN

Picots: 3 Lm, 1 Km in die 3. Lm von der Nd aus.

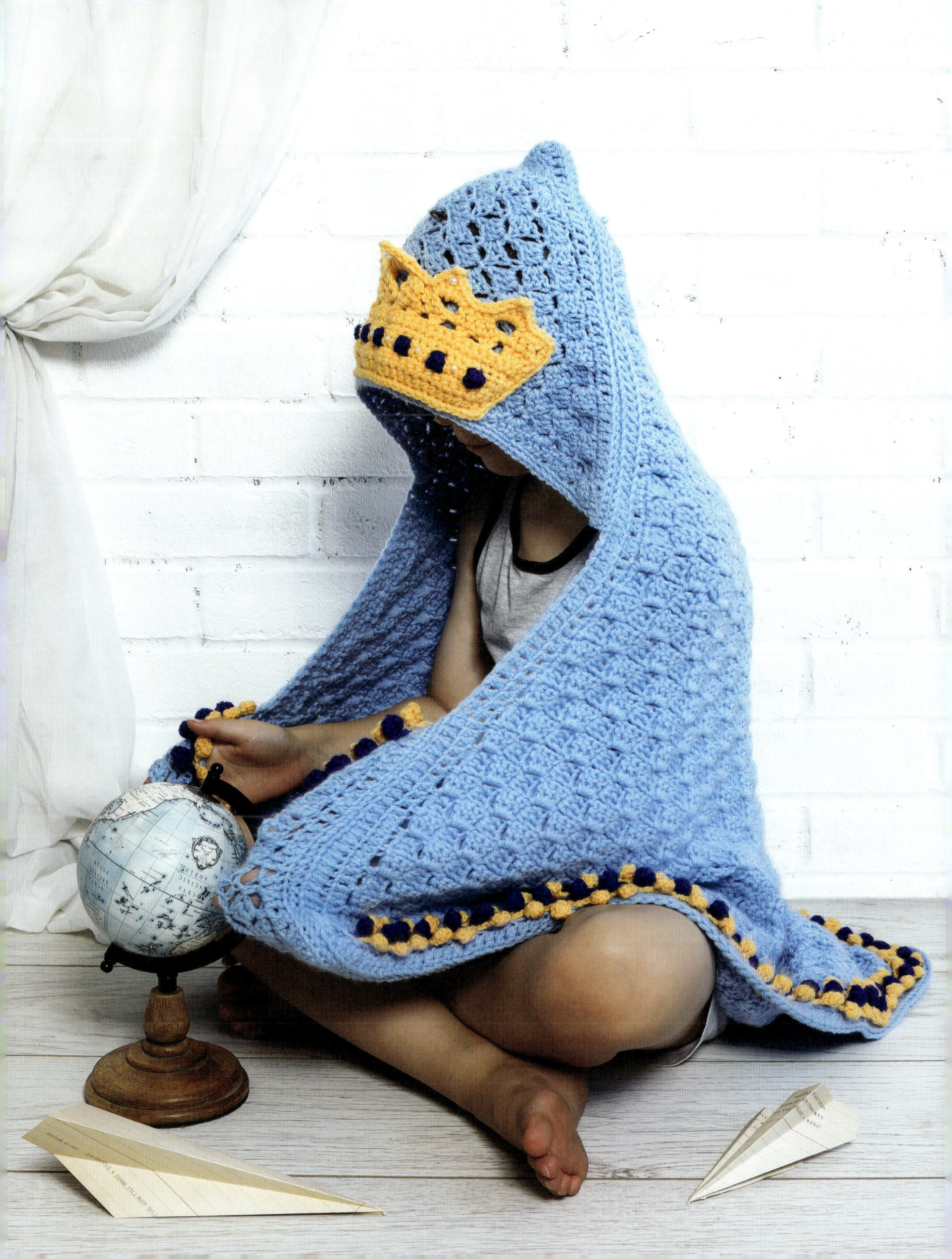

DAS BRAUCHST DU

GARN

FÜR DIE DECKE:

5 [7] Knäuel Chunky (bulky) Garn in Hellblau (A); 144 m/100 g

Je 1 [1] Knäuel DK (8-fädig/light worsted) Garn in Royal Blue (B) und Gelb (C); 295 m/100 g

FÜR DIE GIRLANDE:

Je 1 Knäuel (8-fädig/light worsted) Garn in Royal Blue (B), Gelb (C), Pink (D), Weiß (E) und Hellblau (F); 295 m/100 g

HINWEISE ZUM GARN

ICH HABE VERWENDET:

Garn A: Stylecraft Special Chunky (100 % Acryl, LL 144 m/100 g) in Wolkenblau (Fb 1019)

Garn B: Stylecraft Special DK (100 % Acryl, LL 295 m/100 g) in Royal (Fb 1117)

Garn C: Stylecraft Special DK (100 % Acryl, LL 295 m/100 g) in Safran (Fb 1081)

Garn D: Stylecraft Special DK (100 % Acryl, LL 295 m/100 g) in Fondant (Fb 1241)

Garn E: Stylecraft Special DK (100 % Acryl, LL 295 m/100 g) in Weiß (Fb 1001)

Garn F: Stylecraft Special DK (100 % Acryl, LL 295 m/100 g) in Wolkenblau (Fb 1019)

DAS BRAUCHST DU NOCH

Häkelnadeln 4,0 mm und 5,5 mm

Sprühstärke

Perlen: 27 Perlen mit flacher Rückseite, 15 kleine runde Perlen (ø 4 mm); 9 mittelgroße runde Perlen (ø 6 mm) und 8 große runde Perlen (ø 8 mm)

Heißklebepistole und Heißkleber

Nähnadel und Nähgarn in Creme

Maschenmarkierer

MASCHENPROBE

Garn A, etwa 5 Quadrate mit Häkelnd 5,5 mm = 10 cm x 10 cm

ÜBRIGENS ...

Hier wird nach der Standardanleitung für eine quadratische Decke gehäkelt (Seite 32).

Anleitung

DECKE

Mit Garn A und Häkelnd 5,5 mm eine Anfangsschlinge machen.

Nach der Standardanleitung für eine quadratische Decke arb:

- Bis auf 30 [35] Quadrate zunehmen (oder bis die geraden Seitenkanten 60 cm [70 cm] lang sind).
- Bis auf 1 Quadrat abnehmen, nicht abmaschen.

Weiter eine Grundrunde für die Zierkante um die gesamte Decke herum häkeln.

GRUNDRUNDE FÜR DIE ZIERKANTE

Mit dieser Rd wird die Kante deiner Decke schön gerade (siehe Grundlegende Techniken: Grundrunde für die Zierkante, Schritte 3-9).

1. Rd: 1 Lm (zählt nicht als M), (1 fM, 2 Lm, 1 fM) in dieselbe Eck-M, 2 Lm, * 1 fM in den Lm-Bogen zwischen den nächsten Quadraten, 2 Lm; ab * bis zur nächsten Ecke wdh **, (1 fM, 2 Lm, 1 fM) in die Eck-M, 2 Lm ***; ab * bis *** noch 2x wdh, dann ab * bis ** noch 1x wdh, mit 1 Km in die 1. fM schließen.

Nicht abmaschen.

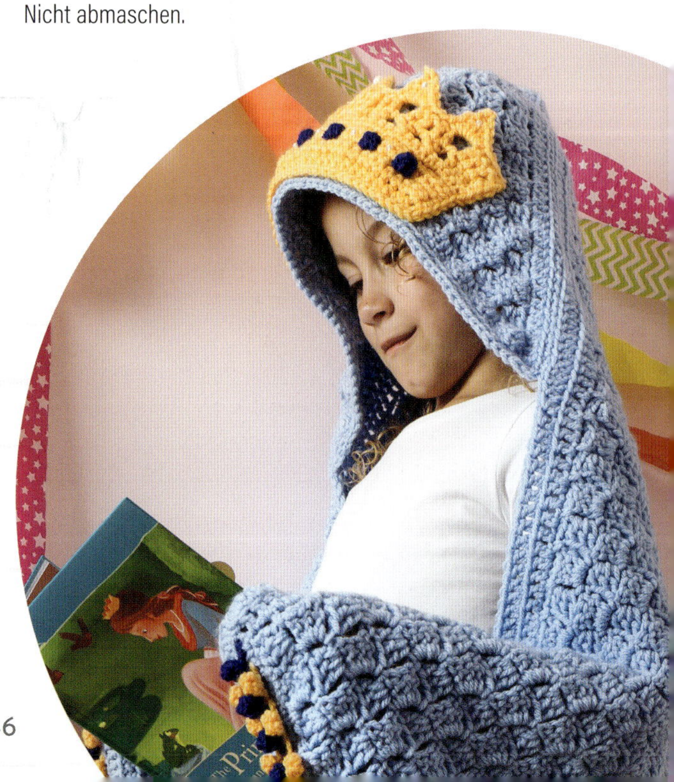

Die Zierkante wird mit Stäbchen gehäkelt:

1. Rd der Zierkante: 1 Km in den 2-Lm-Bogen in der Ecke, 3 Lm (zählt als 1. Stb), 2 Stb in denselben Bogen, * 1 Stb in die nächste fM, 1 Stb in den nächsten 2-Lm-Bogen, 1 Stb in die nächste fM, 2 Stb in den nächsten 2-Lm-Bogen; ab * bis zur nächsten Ecke wdh (die letzte Wdh endet nach dem Stb in die letzte fM) **, 3 Stb in den nächsten Lm-Bogen in der Ecke ***; ab * bis *** noch 2x wdh, dann von * bis ** noch 1x wdh, mit 1 Km in die oberste der 3 Anfangs-Lm schließen. Nicht abmaschen.

2. Rd der Zierkante: 3 Lm (zählt als 1. Stb), 3 Stb in die hintere Schlinge der nächsten M (für die Ecke), * je 1 Stb in die hintere Schlinge aller Stb bis zum mittleren Stb der nächsten Ecke **, 3 Stb in die hintere Schlinge des mittleren Stb der Ecke ***; ab * bis *** noch 2x wdh, dann ab * bis ** noch 1x wdh, bei den 3 Anfangs-Lm enden, mit 1 Km in die oberste der 3 Anfangs-Lm schließen. Abmaschen.

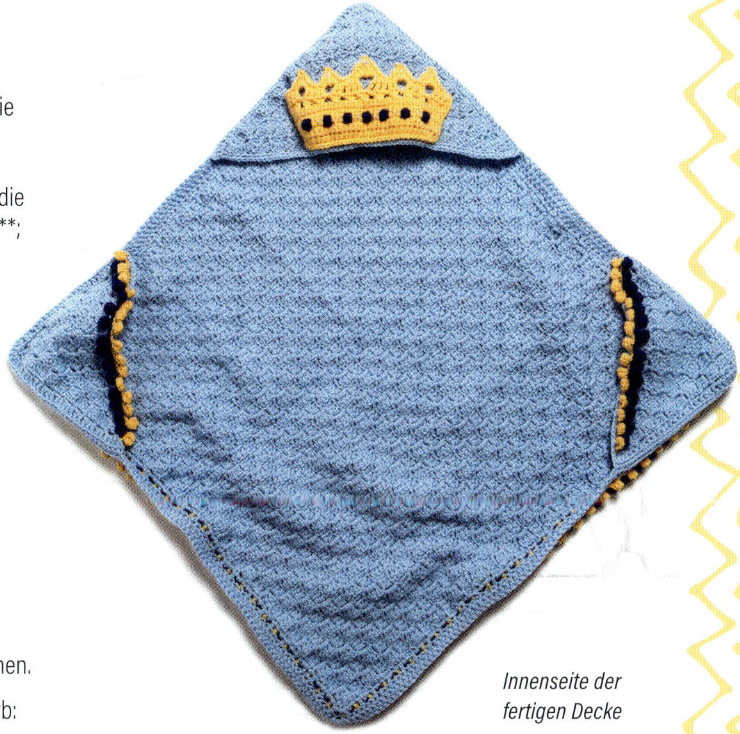

Innenseite der fertigen Decke

KAPUZE

Mit Garn A und Häkelnd 5,5 mm eine Anfangsschlinge machen.

Nach der Standardanleitung für eine quadratische Decke arb:

- 14 [16] R häkeln.

Nächste R (damit die Kante gerade wird): Je 1 Km in die nächsten 3 Stb, 1 Km oben in die 3 Lm am Ende des Quadrats, weiter an der Zickzackkante: * 1 Stb in die nächste M, 1 hStb in die nächste M, 1 fM in die nächste M, 1 Km oben in die nächsten 3 Lm (1 Quadrat ausgefüllt); ab * bis zum Ende wdh (siehe Grundlegende Techniken: Eine Zickzackkante begradigen).

Nicht abmaschen.

Nächste Rd (Zierkante): weiter mit Garn A, 1 Lm (zählt nicht als M), (1 fM, 2 Lm, 1 fM) in dieselbe M, 2 Lm, * 1 fM zwischen die nächsten 2 Quadrate, 2 Lm *; ab * bis * an der ersten Kante der Kapuze bis zur Kapuzenspitze wdh, (1 fM, 2 Lm, 1 fM) in die M an der Kapuzenspitze, 2 Lm; ab * bis * an der nächsten Kante der Kapuze wdh, (1 fM, 2 Lm, 1 fM) in die Eck-M, je 1 fM nur in die hinteren Schlingen aller M an der geraden Kante der Kapuze arb, mit 1 Km in die 1. fM schließen.

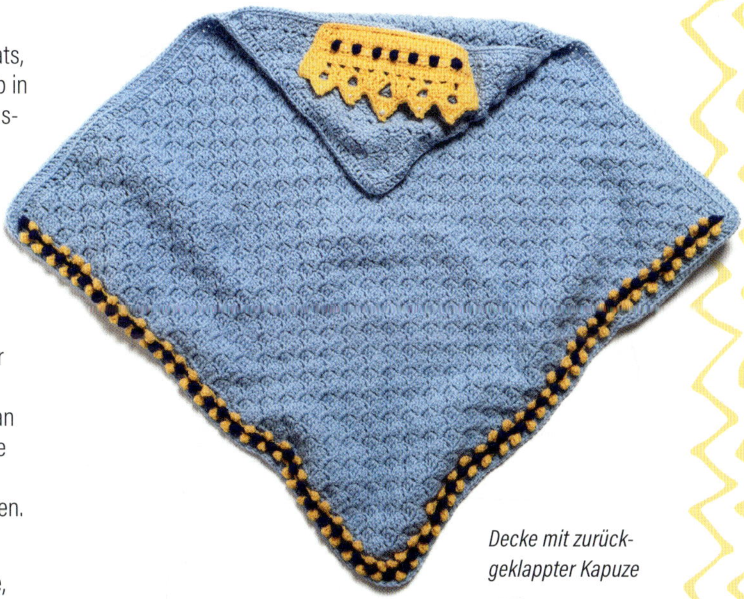

Decke mit zurückgeklappter Kapuze

1. Rd der Zierkante: 1 Km in den 2-Lm-Bogen in der Ecke, 3 Lm (zählt als 1. Stb), 2 Stb in denselben Bogen in der Ecke, * 1 Stb in die nächste fM, 1 Stb in den nächsten 2-Lm-Bogen, 1 Stb in die nächste fM, 2 Stb in den nächsten 2-Lm-Bogen *; ab * bis * wdh, bis der 2-Lm-Bogen an der Kapuzenspitze erreicht ist (letzte Wdh endet nach dem Stb in die letzte fM), 3 Stb in den 2-Lm-Bogen, ab * bis * wdh, bis der nächste Lm-Bogen in der Ecke erreicht ist (letzte Wdh endet nach dem Stb in die letzte fM), 3 Stb in den Lm-Bogen in der Ecke, mit 1 Km in die nächste M schließen und abmaschen (nicht an der geraden Kapuzenkante entlanghäkeln).

AUFGESETZTE TASCHEN FÜR DIE HÄNDE (2x)

Mit Garn A und Häkelnd 5,5 mm eine Anfangsschlinge machen.

Nach der Standardanleitung für eine quadratische Decke arb:

- 8 [10] R häkeln.

Nächste R (damit die Kante gerade wird): je 1 Km in die nächsten 3 Stb, 1 Km oben in die 3 Lm am Ende des Quadrats, weiter an der Zickzackkante: * 1 Stb in die nächste M, 1 hStb in die nächste M, 1 fM in die nächste M, 1 Km oben in die nächsten 3 Lm (1 Quadrat ausgefüllt); ab * bis zum Ende wdh (siehe Grundlegende Techniken: Eine Zickzackkante begradigen).

Nicht abmaschen, sondern wie bei der Kapuze eine Grundrunde für die Zierkante und die 1. R der Zierkante arb.

Die Decke flach ausbreiten, dabei liegt die Außenseite oben. Die Taschen auf gegenüberliegende Ecken der Decke legen, die Kapuze kommt an eine freie Ecke (die Taschen und die Kapuze werden jeweils mit der Außenseite auf die Decke gelegt). Mit Maschenmarkierern fixieren und im Überwendlingsstich mit passendem Garn zusammennähen, dabei durch die hinteren Schlingen der jeweiligen Teile nähen (siehe Grundlegende Techniken: Teile zusammennähen).

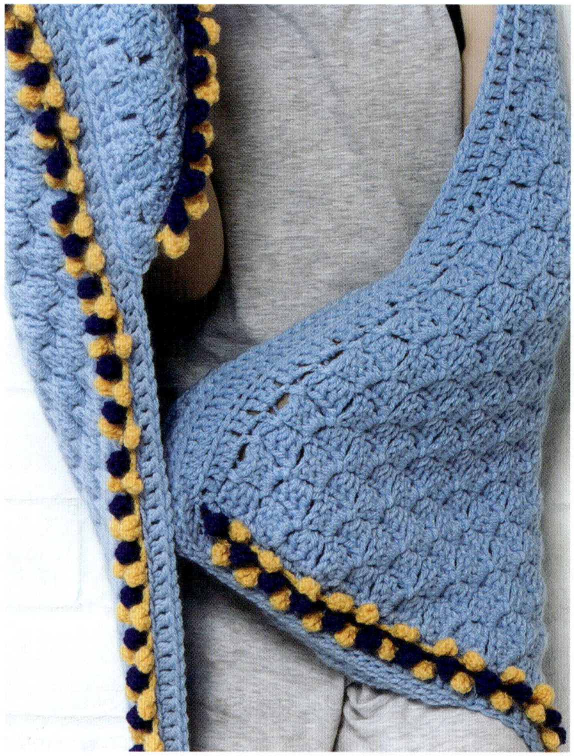

ZIERKANTE DER DECKE

An den beiden unteren Seitenkanten der Decke arb.

Die Außenseite der Decke liegt oben, die Außenseite der Kapuze zeigt nach rechts. Mit Garn B mit 1 Km um das Stb in der Ecke der Grundrunde der Zierkante neu anschlingen (die mittlere M der 3 Stäbchen in der Ecke), an der unteren Taschenecke (die am nächsten bei dir liegt).

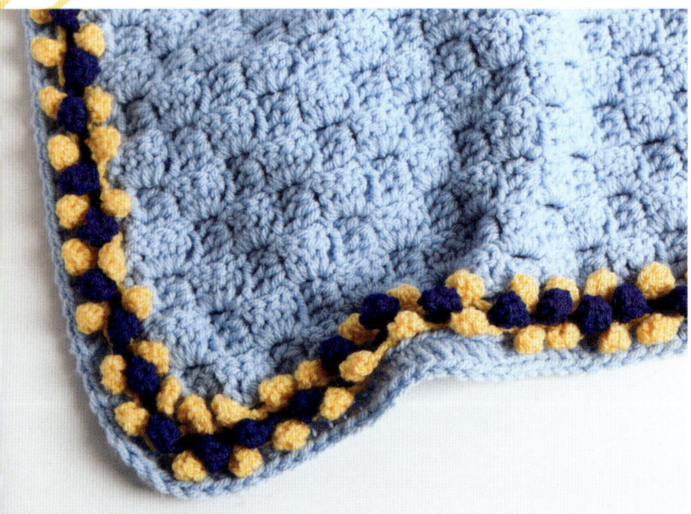

1. R: * 7 Lm, 2 Stb zus in die 4. Lm von der Nd aus (1. Hälfte des Pompons fertig), 4 Lm, 2 Stb zus in die 4. Lm von der Nd aus (2. Hälfte des Pompons fertig), 1 Km in die Lm unten in die 1. Hälfte des Pompons (in die ersten 2 Stb zus), 3 Lm, die nächsten 2 Stb an der Decke überspringen, 1 Km um das nächste Stäbchen ; ab * an 2 Seitenkanten der Decke wdh, an der gegenüberliegenden Taschenecke enden. Abmaschen.

2. R: Die Decke liegt ebenso wie bei der 1. R. An derselben Taschenecke beginnen und an derselben Stb-Reihe entlang arb, dabei vor der Pomponkante aus Garn B arb. Mit Garn C in das 1. übersprungene Stb aus der 1. R neu anschlingen. Die 1. R mit Garn C wdh, dabei werden alle Km in die 1. übersprungenen M aus der 1. R gehäkelt (damit die Pompons versetzt sitzen). Vor dem letzten Pompon aus Garn B enden. Abmaschen.

3. R: Mit Garn C wie die 2. R häkeln, jedoch über der Pomponkante aus Garn B arb.

Alle Fadenenden vernähen.

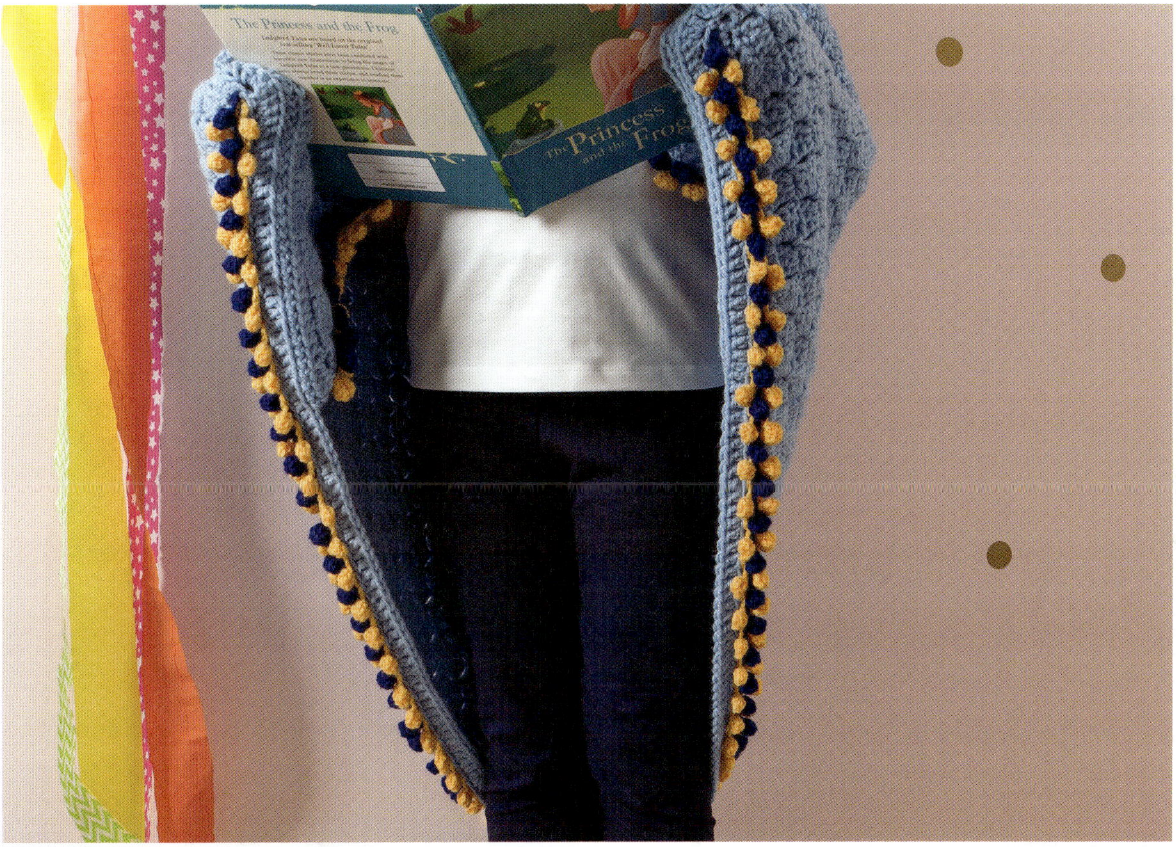

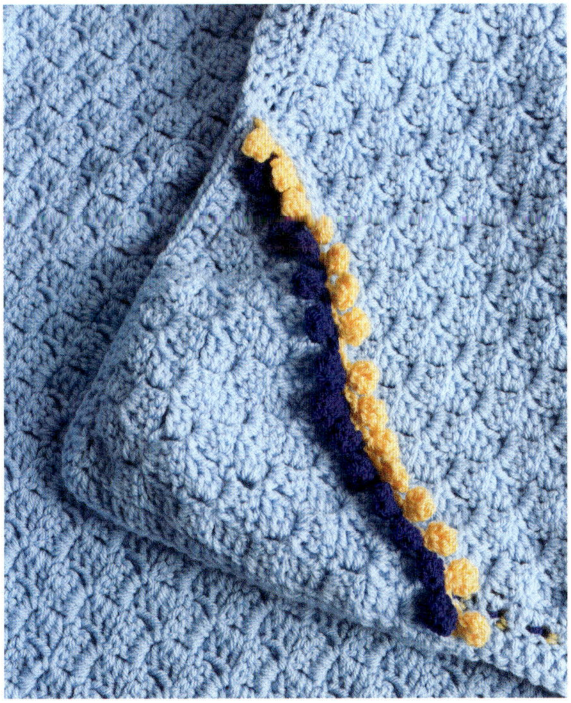

ZIERKANTE AN DER TASCHE

An der geraden Kante der beiden Taschen arb.

Die Spitze der Tasche zeigt nach oben, mit Garn C um das Stb in der Ecke der Grundrunde der Zierkante aus fM neu anschlingen.

1. R: * 5 Lm, 2 Stb zus in die 3. Lm von der Nd aus (1. Hälfte des Pompons fertig), 4 Lm, 2 Stb zus in die 4. Lm von der Nd aus (2. Hälfte des Pompons fertig), 1 Km in die Lm unten in die 1. Hälfte des Pompons (in die ersten 2 Stb zus), 2 Lm, die nächsten 2 fM an der Decke überspringen, 1 Km um die nächste fM; ab * an der geraden Kante entlang wdh, an der gegenüberliegenden Ecke enden. Abmaschen.

2. R: Die Decke liegt ebenso wie bei der 1. R. An derselben Taschenecke beginnen und an derselben fM-Reihe entlang arb, dabei vor der Pomponkante aus Garn C arb. Mit Garn B in die 1. übersprungene fM aus der 1. R neu anschlingen. Die 1. R mit Garn B wdh, dabei werden alle Km in die 1. übersprungenen M aus der 1. R gehäkelt (damit die Pompons versetzt sind). Vor dem letzten Pompon aus Garn C enden. Abmaschen.

KRONE

Hinweis: So arbeitest du die kleinen Bommel in der 3. R: 4 Stb in 1 M, Nd aus der Arbeitsschlinge herausziehen und (von vorne nach hinten) durch das 1. der 4 Stb stechen, die Arbeitsschlinge wieder auf die Nd nehmen und durchziehen, sodass ein kleiner Bommel entsteht.

Garn C doppelt legen und mit Häkelnd 5,5 mm 30 Lm häkeln.

1. R (Hinr): 1 hStb in die 2. Lm von der Nd aus, je 1 hStb in jede M bis zum R-Ende, wenden (= 29 M).

2. R: 1 Lm (zählt nicht als M), 2 fM in die 1. M, je 1 fM in jede M bis zur letzten M, 2 fM in die letzte M, wenden (= 31 M).

3. R: 1 Lm (zählt in dieser Anleitung nicht als M), je 1 fM in alle M bis zum R-Ende, nicht wenden, Arbeitsschlinge von der Nd nehmen und mit einem Maschenmarkierer sichern. Arbeit nicht wenden, Garn B doppelt legen und mit 1 Km in der 4. M von rechts neu anschlingen, 1 Lm (zählt nicht als M), 1 Bommel in dieselbe M, * 3 Lm, 3 M überspringen, 1 Bommel in die nächste M; ab * noch 5x wdh, dann 1 Lm und 1 Km in dieselbe M wie den letzten Bommel. Abmaschen. Maschenmarkierer entfernen und Arbeitsschlinge wieder auf die Nd legen. Arbeit wenden und weiterhäkeln (die nächste R ist eine Rückr).

4. R: 1 Lm, 1 hStb in die 1. M, 2 hStb in die nächste M, 1 hStb in die nächste M, * 1 fM oben in den Bommel, je 1 hStb in die 3 M hinter den 3 Lm der Vorr; ab * noch 5x wdh, 1 fM oben in den letzten Bommel, 1 hStb in die nächste M, 2 hStb in die nächste M, 1 hStb in die nächste M, wenden (= 33 M).

5. R: 1 Lm, 1 fM in jede M bis zum R-Ende, wenden.

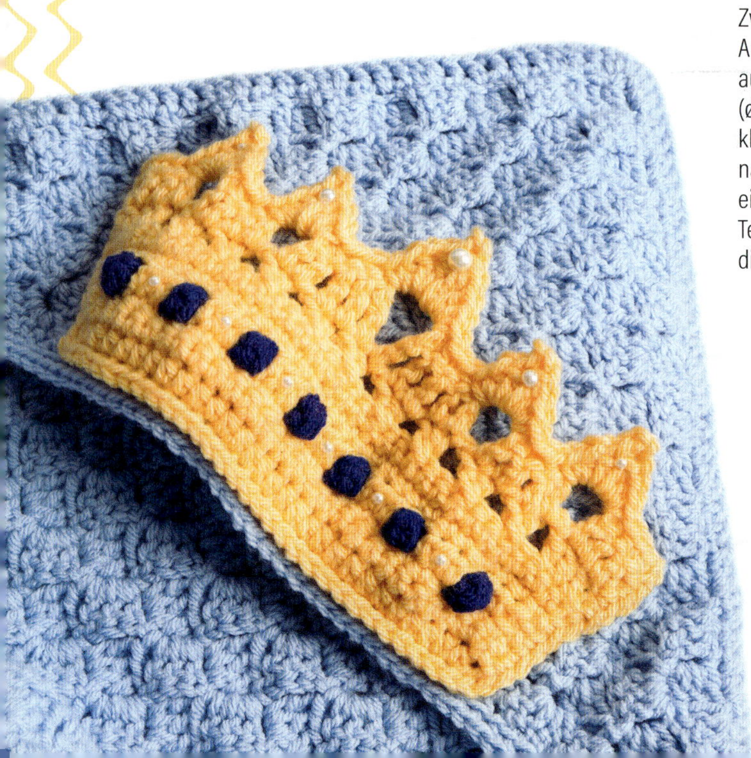

6. R: 1 Lm, 1 fM in die 1. M, 2 fM in die nächste M, je 1 fM in jede M, bis nur noch 2 M übrig sind, 2 fM in die nächste M, 1 fM in die letzte M, wenden (= 35 M).

7. R: 2 Lm (zählen nicht als M), je 1 Stb in die ersten 4 M, * 1 Lm, 2 M überspringen, 1 Stb in die nächste M, 1 Stb in das letzte der 2 übersprungen M (überkreuzte Stb); ab * noch 8x wdh, 1 Lm, 1 M überspringen, 1 Stb in die nächste M, 2 Stb in die nächste M, 1 Stb in die letzte M, wenden (= 36 M).

8. R: 2 Lm (zählen nicht als M), je 1 Stb in die ersten 4 M, 3 Lm, (nächste Lm überspringen, je 1 Stb in die nächsten 2 Stb) 2x, 3 Lm, nächste Lm überspringen, je 1 Stb in die nächsten 2 Stb, nächste Lm überspringen, je 1 DStb in die nächsten 2 Stb, nächste Lm überspringen, 1 DStb in das nächste Stb, 4 Lm, 1 DStb in das nächste Stb, nächste Lm überspringen, je 1 DStb in die nächsten 2 Stb, (nächste Lm überspringen, je 1 Stb in die nächsten 2 Stb, 3 Lm, nächste Lm überspringen, je 1 Stb in die nächsten 2 Stb) 2x, je 1 Stb in die letzten 2 Stb, wenden.

9. R: 1 Lm, je 1 fM in die ersten 2 M, 2 fM zus, * (1 fM, 1 hStb, 1 Stb, 3 Lm, 1 Km in die 3. Lm von der Nd aus, sodass ein Picot entsteht, 1 Stb, 1 hStb, 1 fM) * in den 3-Lm-Bogen, (2 fM zus) 2x; ab * bis * im nächsten 3-Lm-Bogen wdh, (2 fM zus) 2x, nächstes DStb überspringen, (1 fM, 1 hStb, 1 Stb, 1 DStb, 3 Lm, 1 Km in die 3. Lm von der Nd aus, sodass ein Picot entsteht, 1 DStb, 1 Stb, 1 hStb, 1 fM) in den mittleren 4-Lm-Bogen, nächstes DStb überspringen, (2 fM zus) 2x; ab * bis * noch 1x wdh, (2 fM zus) 2x; ab * bis * noch 1x wdh, 2 fM zus, je 1 fM in die letzten 2 M.

Abmaschen.

FERTIGSTELLUNG

Zwischen die Bommel jeweils 1 kleine Perle (ø 4 mm) nähen. Auf den mittleren Zacken der Krone eine große Perle (ø 8 mm), auf die beiden Zacken daneben jeweils eine mittelgroße Perle (ø 6 mm) und auf die beiden äußeren Zacken jeweils eine kleine Perle (ø 4 mm) nähen. Die Krone mit der Rückseite nach oben flach hinlegen und mit Sprühstärke oder Wasser einsprühen. Vollständig trocknen lassen (siehe Grundlegende Techniken: Spannen). Auf die Mitte der Kapuze nähen, dabei die Zacken der Krone nicht festnähen.

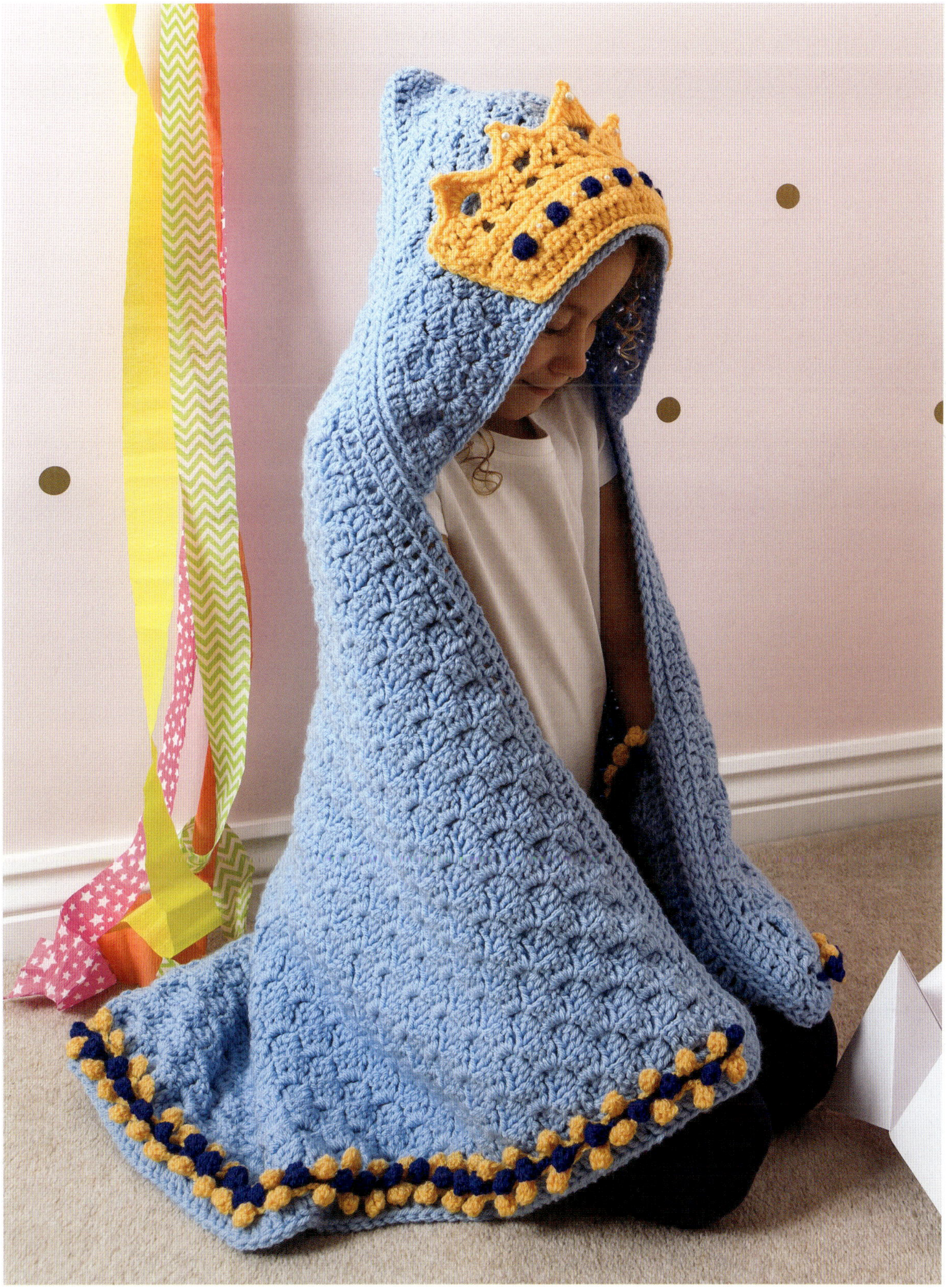

GIRLANDE

Krönchen

7 Krönchen häkeln: Je 1 Krönchen in Garn B, Garn C und Garn E, je 2 Krönchen in Garn D und Garn F.

Mit Häkelnd 4,0 mm 10 Lm häkeln.

1. R (Hinr): 1 fM in die 2. Lm von der Nd aus, je 1 fM in jede Lm bis zum R-Ende, wenden (= 9 M).

2. R: 1 Lm (zählt nicht als M), je 1 hStb in jede fM bis zum R-Ende, wenden.

3. R: 2 Lm (zählen nicht als M), je 1 Stb in jedes hStb bis zum R-Ende, wenden.

4. R: 1 Lm (zählt nicht als M), je 1 fM in jedes Stb bis zur letzten M, 1 Km in die letzte M, wenden.

5. R: 7 Lm, 2 M überspringen, 1 Stb in die nächste M, 4 Lm, 2 M überspringen, 1 Stb in die nächste M, 7 Lm, 2 M überspringen, 1 Km in die letzte M, wenden.

6. R: 7 fM in den 7-Lm-Bogen, 2 fM in den 4-Lm-Bogen, 4 Lm, 2 fM in denselben 4-Lm-Bogen, 7 fM in den 7-Lm-Bogen, 1 Km in die letzte M am Ende der 7 Lm.

Abmaschen.

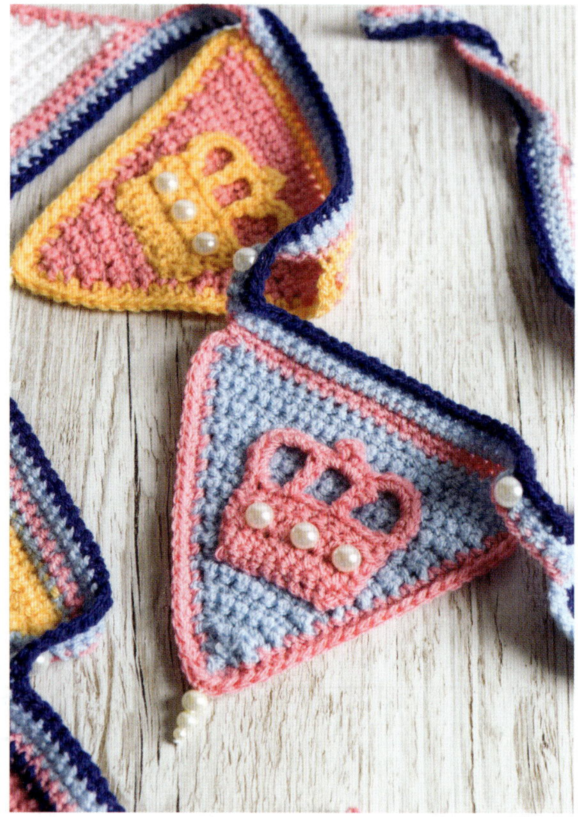

Dreieckige Fähnchen

7 Fähnchen häkeln: Je 1 Fähnchen in Garn B, Garn C und Garn E, je 2 Fähnchen in Garn D und Garn F.

Mit Häkelnd 4,0 mm 25 Lm häkeln.

1. R (Rückr): 1 fM in die 2. Lm von der Nd aus, je 1 fM in jede Lm bis zum R-Ende, wenden (= 24 M).

2. R (Hinr): 1 Lm (zählt nicht als M), 2 fM zus, je 1 fM in jede M bis zum R-Ende, wenden (= 23 M).

Die 2. R wdh, bis noch 5 M übrig sind.

Nächste R: 1 Lm (zählt nicht als M), 2 fM zus, 1 fM in die nächste M, 2 fM zus, wenden (3 M).

Nächste R: 1 Lm (zählt nicht als M), 2 fM zus, 1 fM in die letzte M (2 M).

Abmaschen.

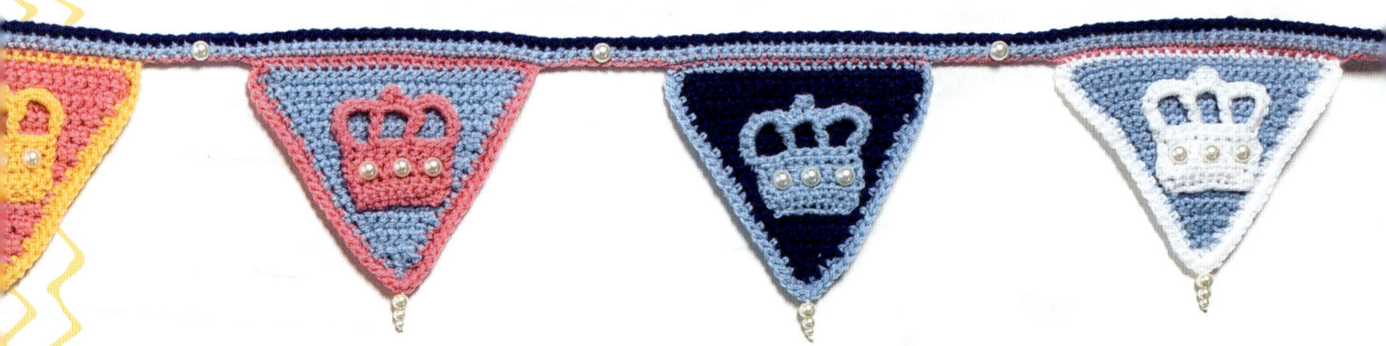

Kante der Fähnchen

Mit den folgenden Farben arb:

Dreieck aus Garn B hat eine Kante aus Garn F.

Dreieck aus Garn D hat eine Kante aus Garn C.

Dreieck aus Garn F hat eine Kante aus Garn D.

Dreieck aus Garn E hat eine Kante aus Garn D.

Dreieck aus Garn C hat eine Kante aus Garn F.

Dreieck aus Garn D hat eine Kante aus Garn B.

Dreieck aus Garn F hat eine Kante aus Garn E.

Fähnchen mit der Vorderseite nach oben legen. Mit Häkelnd 4,0 mm in der rechten oberen Ecke neu anschlingen, 23 fM gleichmäßig an der oberen Kante entlanghäkeln. Die schrägen Seiten folgendermaßen arb:

1 Lm (zählt nicht als M), 23 fM an der 1. Kante entlang arb, (1 fM, 2 Lm, 1 fM) in die Spitze des Dreiecks, 23 fM an der anderen Kante entlang, mit 1 Km in die Anfangs-Lm schließen, wenden.

Nächste R: 1 Lm (zählt nicht als M), je 1 fM in jede M bis zum 2-Lm-Bogen an der Spitze, 3 fM in den 2-Lm-Bogen, je 1 fM in jede M an der nächsten Kante entlang, mit 1 Km in die nächste M schließen und abmaschen (nicht an der oberen Kante entlanghäkeln).

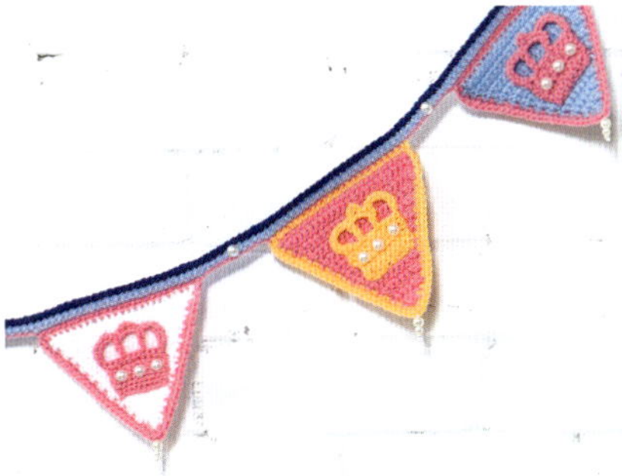

Girlandenschnur

Mit Häkelnd 4,0 mm und Garn D 23 Lm häkeln, * je 1 fM in jede M oben am Dreiecksfähnchen, 10 Lm; ab * über alle Fähnchen wdh (in beliebiger Reihenfolge), 23 Lm, wenden.

Weiter mit Garn F.

2. R: 1 Lm (zählt nicht als M), je 1 fM in jede M bis zum R-Ende, wenden.

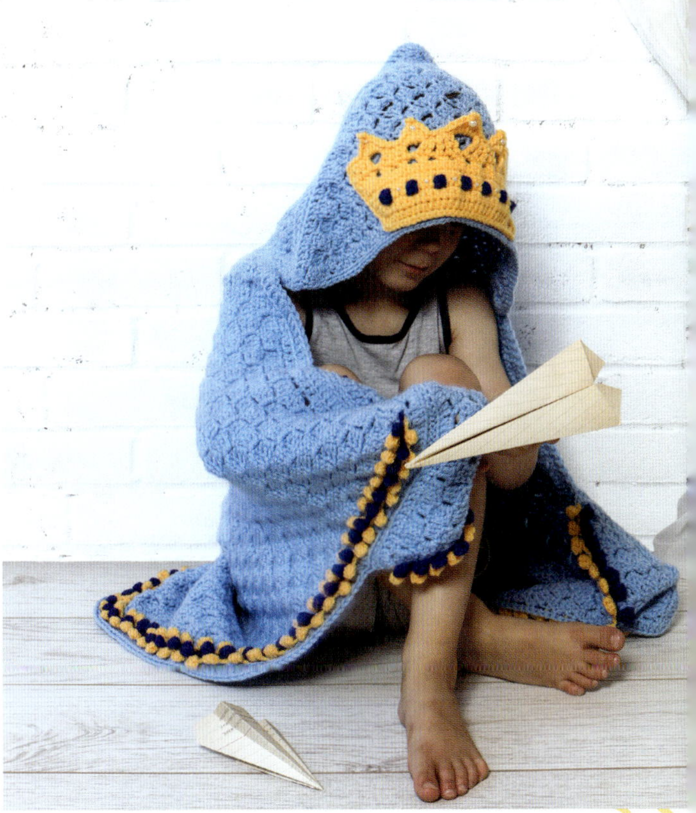

Weiter mit Garn B.

3. R: Wie die 2. R arb.

Abmaschen.

FERTIGSTELLUNG

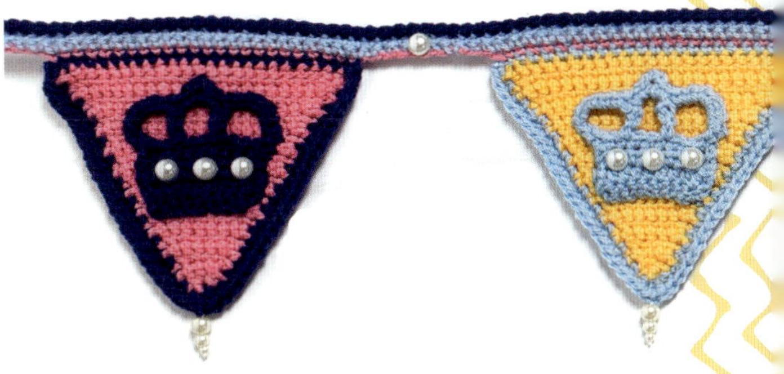

Die Fähnchen und Krönchen mit der Rückseite nach oben flach hinlegen und mit Sprühstärke oder Wasser besprühen. Vollständig trocknen lassen (siehe Grundlegende Techniken: Spannen). Die Krönchen mittig auf die Dreiecksfähnchen legen, dabei haben die Krönchen die gleiche Farbe wie die Kante. Festnähen. Jeweils 3 Perlen mit flacher Rückseite auf die Krönchen kleben und jeweils 1 Perle an die Girlandenschnur dazwischen. Anschließend 3 unterschiedliche Perlen (ø 4 mm/6 mm/8 mm) auf das Nähgarn fädeln, mit einem Knoten sichern und unten an die Dreiecksspitze nähen.

Wolf

In vielen spannenden Abenteuergeschichten spielen Wölfe eine wichtige Rolle. Sie sind ausgesprochen schlau und oft die Bösewichte, übernehmen in vielen anderen Geschichten jedoch die Heldenrolle. Aber keine Angst: Diese Wolfsdecke verwandelt dich in einen verspielten Vierbeiner, der gerne in allen bekannten Märchen auftritt. Häkle sie in den traditionellen Farben Grau und Weiß oder in Orange und Creme – dann bekommst du einen schlauen Fuchs!

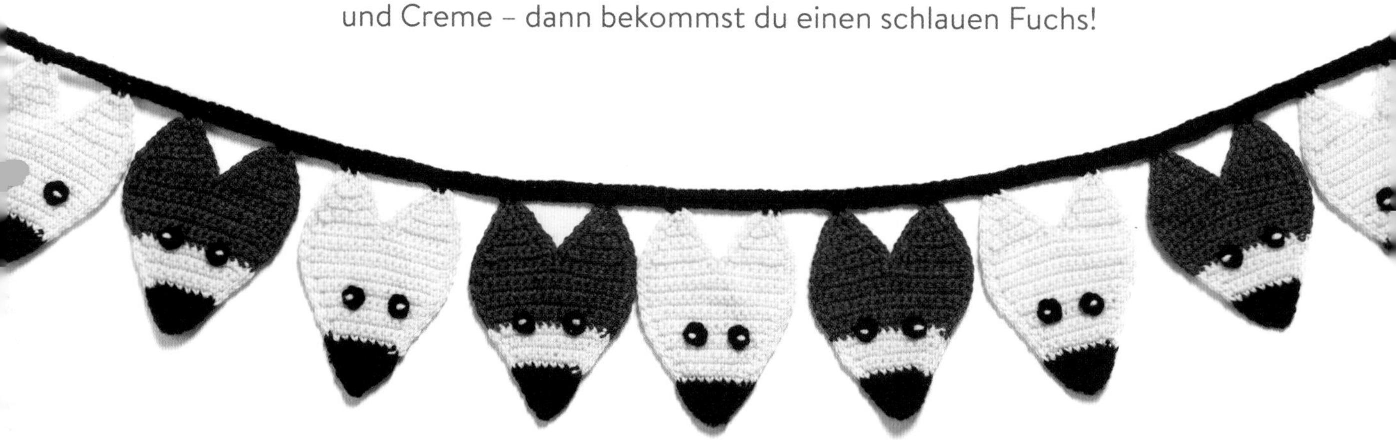

AUFBAU

Eine rechteckige Decke in der Ecke-zu-Ecke-Technik. Kapuze und Ohren werden separat gehäkelt und zum Schluss angesetzt.

Mit passender Wolfsgirlande

Die Kapuze ist sehr groß und sitzt locker.

SCHWIERIGKEITSGRAD

Mittel – 3

GRÖSSE

Alter: 2-4 [5-7] Jahre

Kleidergröße: Etwa 92-104 cm [110-122 cm]

DECKENMASS

93,5 x 60 cm [110 x 70 cm] ohne Fransen

Die Kapuze ist an der breitesten Stelle etwa 49,5 cm [52 cm] breit (flach ausgebreitet).

GIRLANDE

Jedes Wolfsfähnchen ist 10 cm breit und 14 cm lang.

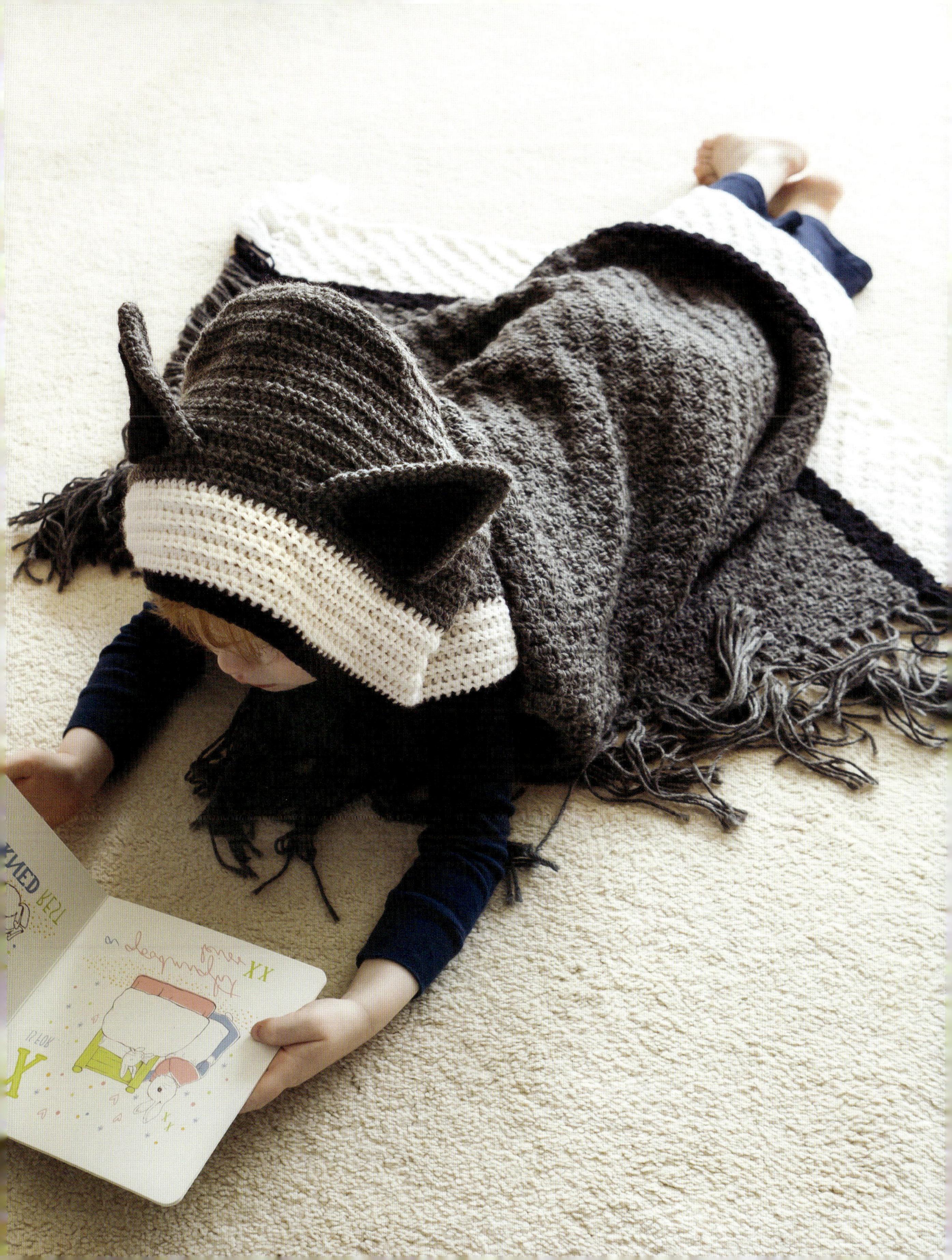

DAS BRAUCHST DU

GARN

FÜR DIE DECKE:

2 [2] Knäuel Aran (10-fädig/worsted) Garn in gebrochenem Weiß (A), 5 [7] Knäuel in Grau (B) und 1 [1] Knäuel in Schwarz (C); 200 m/100 g

FÜR DIE GIRLANDE:

Je 1 [1] Knäuel Aran (10-fädig/worsted) Garn in gebrochenem Weiß (A), Grau (B) und Schwarz (C); 200 m/100 g

HINWEISE ZUM GARN

ICH HABE VERWENDET:

Garn A: Rowan Pure Wool Superwash Worsted (100 % Merinowolle, LL 200 m/100 g) in Elfenbein (Fb 101)

Garn B: Rowan Pure Wool Superwash Worsted (100 % Merinowolle, LL 200 m/100 g) in Granit (Fb 111)

Garn C: Rowan Pure Wool Superwash Worsted (100 % Merinowolle, LL 200 m/100 g) in Schwarz (Fb 109)

DAS BRAUCHST DU NOCH

Häkelnadel 4,5 mm

Maschenmarkierer

Sprühstärke

MASCHENPROBE

Garn A-C, etwa 6 Quadrate mit Häkelnd 4,5 mm = 10 cm x 10 cm; mit Häkelnd 4,5 mm 15 hStb und 13 R = 10 cm x 10 cm

ÜBRIGENS ...

Hier wird nach der Standardanleitung für eine rechteckige Decke gehäkelt (Seite 34).

TIPP

So arbeitest du die Farbwechsel: Die letzte Masche vor dem Farbwechsel häkeln, bis nur noch die beiden letzten Schlingen auf der Nadel liegen. Den Faden in der aktuellen Farbe beiseitelegen, mit einem Faden in der neuen Farbe einen Umschlag machen und durch beide Schlingen ziehen.

Anleitung

DECKE

Mit Garn A und Häkelnd 4,5 mm eine Anfangsschlinge machen.

Nach der Standardanleitung für eine rechteckige Decke arb und dabei die Häkelschrift in der gewünschten Größe beachten (1 Quadrat in der Häkelschrift entspricht 1 Quadrat in der Ecke-zu-Ecke-Technik):

- Bis auf 36 [42] Quadrate zunehmen (oder bis die geraden Seitenkanten 60 cm [70 cm] lang sind).
- Dann 20 [24] R ohne Zu- und Abnahmen arb (oder bis die Decke an der breitesten Stelle 93,5 cm [110 cm] breit ist).
- Bis auf 1 Quadrat abnehmen, nicht abmaschen.

Weiter eine Grundrunde für die Zierkante um die gesamte Decke herum häkeln.

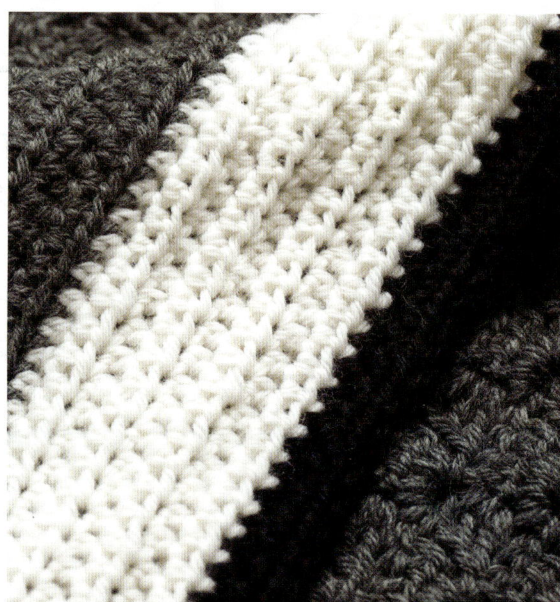

Häkelschrift für eine kleine Decke (oben) und eine große Decke (unten)

Erläuterungen zum Lesen der Häkelschrift findest du auf Seite 27.

SYMBOLE: Garn A Garn B Garn C

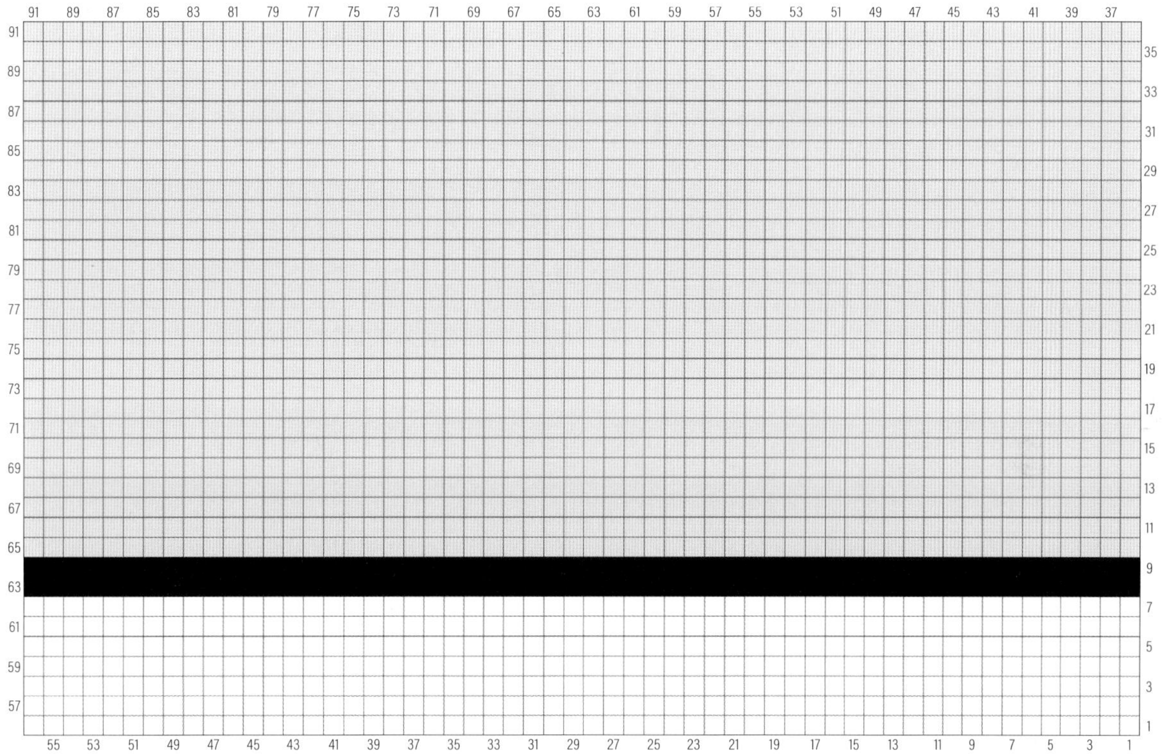

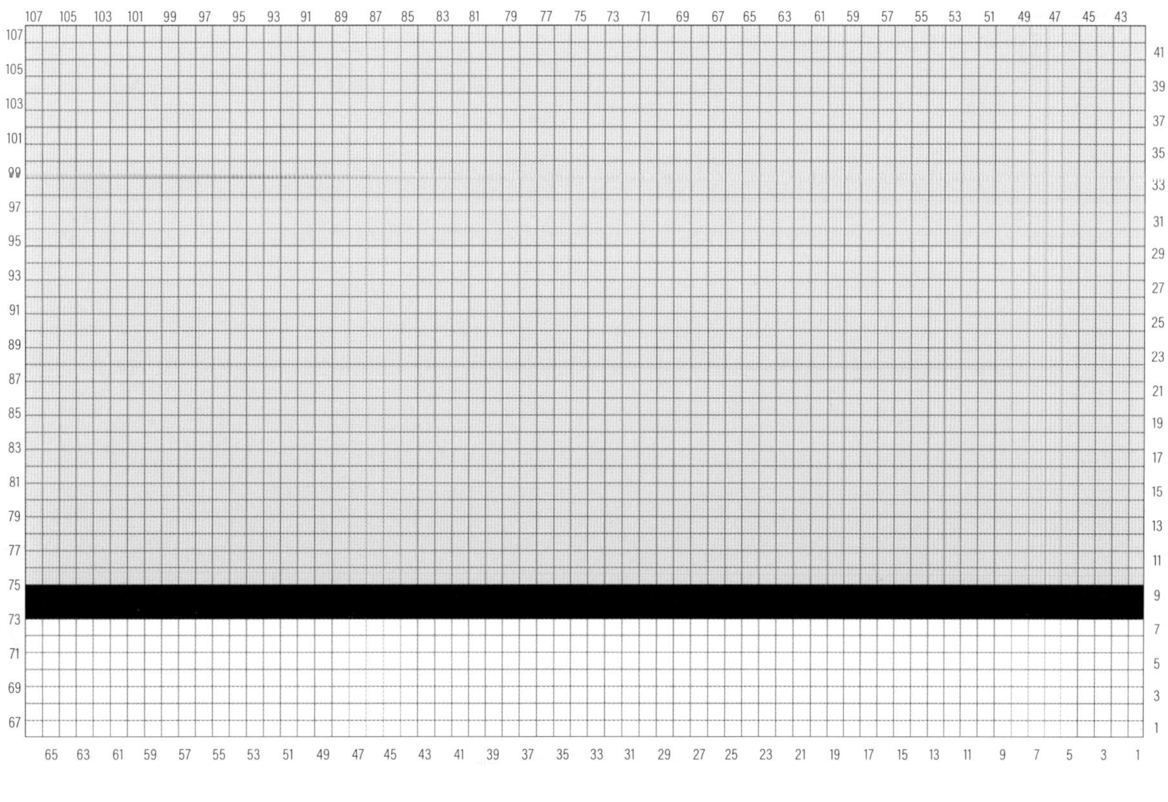

GRUNDRUNDE FÜR DIE ZIERKANTE

Mit dieser Rd wird die Kante deiner Decke schön gerade (siehe Grundlegende Techniken: Grundrunde für die Zierkante, Schritte 3-9).

Weiter in Garn B, und am R-Ende zur entsprechenden Farbe wechseln (siehe Tipp Seite 56).

1. Rd: 1 Lm (zählt nicht als M), (1 fM, 2 Lm, 1 fM) in dieselbe Eck-M, 2 Lm, * 1 fM in den Lm-Bogen zwischen den nächsten 2 Quadraten, 2 Lm; ab * bis zur nächsten Ecke wdh **, (1 fM, 2 Lm, 1 fM) in die Eck-M, 2 Lm ***; ab * bis *** noch 2x wdh, dann ab * bis ** noch 1x wdh, mit 1 Km in die 1. fM schließen.

Abmaschen und Fadenenden vernähen.

Damit ist die Deckenfläche fertig.

KAPUZE

Für eine kleine Decke

Mit Garn A und Häkelnd 4,5 mm 32 Lm häkeln.

1. R (Hinr): 1 hStb in die 2. Lm von der Nd aus (die übersprungene Lm zählt nicht als M), je 1 hStb in die nächsten 29 M, 4 hStb in die letzte M, wenden und an der anderen Seite der Lm-Kette je 1 hStb in die nächsten 30 M, wenden (= 64 M).

2. R: 1 Lm (zählt hier und in allen weiteren R nicht als M), je 1 hStb in die nächsten 30 M, je 2 hStb in die nächsten 4 M, je 1 hStb in die nächsten 30 M, wenden (= 68 M).

3. R: 1 Lm, je 1 hStb in die nächsten 30 M, * 2 hStb in die nächste M, 1 hStb in die nächste M; ab * noch 2x wdh, 2 hStb in die nächste M, je 1 hStb in die nächsten 31 M, wenden (= 72 M).

4. R: 1 Lm, je 1 hStb in die nächsten 30 M, * 2 hStb in die nächste M, je 1 hStb in die nächsten 2 M; ab * noch 2x wdh, 2 hStb in die nächste M, je 1 hStb in die nächsten 32 M, wenden (= 76 M).

5. R: 1 Lm, je 1 hStb in die nächsten 30 M, * 2 hStb in die nächste M, je 1 hStb in die nächsten 3 M; ab * noch 2x wdh, 2 hStb in die nächste M, je 1 hStb in die nächsten 33 M, wenden (= 80 M).

6. R: 1 Lm, je 1 hStb in die nächsten 30 M, * 2 hStb in die nächste M, je 1 hStb in die nächsten 4 M; ab * noch 2x wdh, 2 hStb in die nächste M, je 1 hStb in die nächsten 34 M, wenden (= 84 M).

7.-24. R: 1 Lm, je 1 hStb in jede M bis zum R-Ende, wenden.

Weiter mit Garn A ab dem letzten U des letzten hStb in der 24. R.

25.-30. R: 1 Lm, je 1 hStb in jede M bis zum R-Ende, wenden.

Weiter mit Garn C ab dem letzten U des letzten hStb in der 30. R.

31. und 32. R: 1 Lm, je 1 hStb in jede M bis zum R-Ende, wenden.

33. R: Je 1 Km in jede M bis zum R-Ende.

Abmaschen.

Für eine große Decke

Wie die Kapuze für eine kleine Decke bis zum Ende der 6. R arb (= 84 M).

7. R: 1 Lm, je 1 hStb in die nächsten 30 M, * 2 hStb in die nächste M, je 1 hStb in die nächsten 5 M; ab * noch 2x wdh, 2 hStb in die nächste M, je 1 hStb in die nächsten 35 M, wenden (= 88 M).

8. R: 1 Lm, je 1 hStb in die nächsten 30 M, * 2 hStb in die nächste M, je 1 hStb in die nächsten 6 M; ab * noch 2x wdh, 2 hStb in die nächste M, je 1 hStb in die nächsten 36 M, wenden (= 92 M).

9.-26. R: 1 Lm, je 1 hStb in jede M bis zum R-Ende, wenden.

Weiter mit Garn A ab dem letzten U des letzten hStb in der 26. R.

27.-34. R: 1 Lm, je 1 hStb in jede M bis zum R-Ende, wenden.

Weiter mit Garn C ab dem letzten U des letzten hStb in der 34. R.

35. und 36. R: 1 Lm, je 1 hStb in jede M bis zum R-Ende, wenden.

37. R: Je 1 Km in jede M bis zum R-Ende.

Abmaschen.

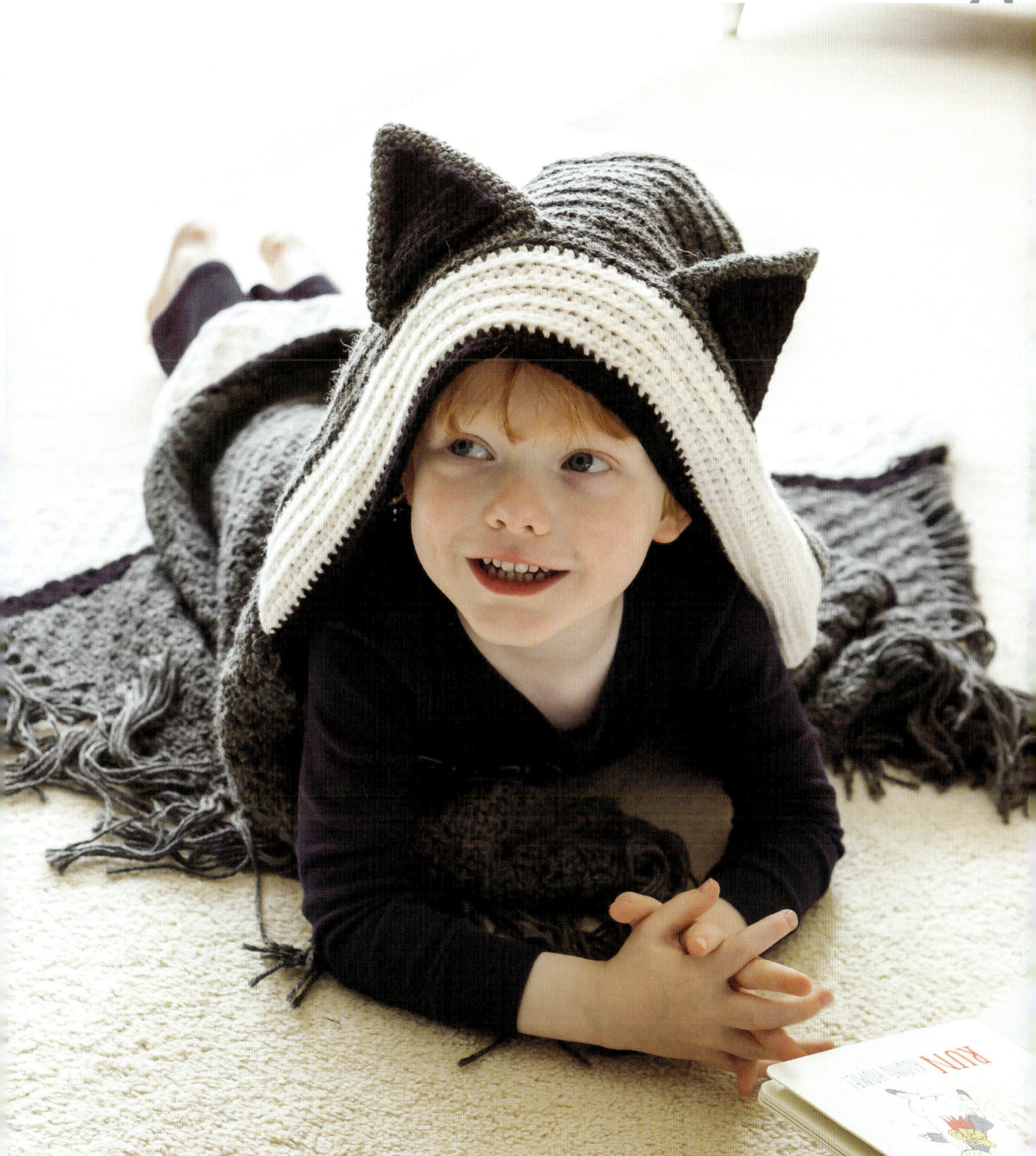
RUN

OHREN (2x)

Mit Garn B und Häkelnd 4,5 mm einen Fadenring häkeln. In Spiral-Rd arb, ohne die Rd am Ende zu schließen. Einen Maschenmarkierer in die 1. M der Rd einhängen und in jeder weiteren Rd versetzen (siehe Grundlegende Techniken: In Spiralrunden häkeln – so funktioniert der Fadenring).

1. Rd: 6 fM in den Fadenring (= 6 M).

2. Rd: (2 fM in die nächste M, je 1 fM in die nächsten 2 M) 2x (= 8 M).

3. Rd: (2 fM in die nächste M, je 1 fM in die nächsten 3 M) 2x (= 10 M).

4. Rd: (2 fM in die nächste M, je 1 fM in die nächsten 4 M) 2x (= 12 M).

5. Rd: (2 fM in die nächste M, je 1 fM in die nächsten 5 M) 2x (= 14 M).

6. Rd: (2 fM in die nächste M, je 1 fM in die nächsten 6 M) 2x (= 16 M).

7. Rd: (2 fM in die nächste M, je 1 fM in die nächsten 7 M) 2x (= 18 M).

8. Rd: (2 fM in die nächste M, je 1 fM in die nächsten 8 M) 2x (= 20 M).

Für eine kleine Decke

9.-16. Rd: Weiterhin zunehmen, dabei 1 zusätzliche fM nach jeder Zunahme arb (= 36 M).

Mit 1 Km in die nächste M schließen und abmaschen.

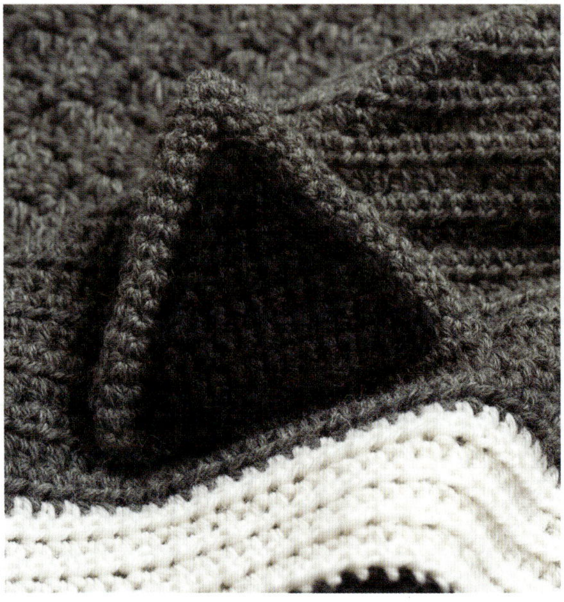

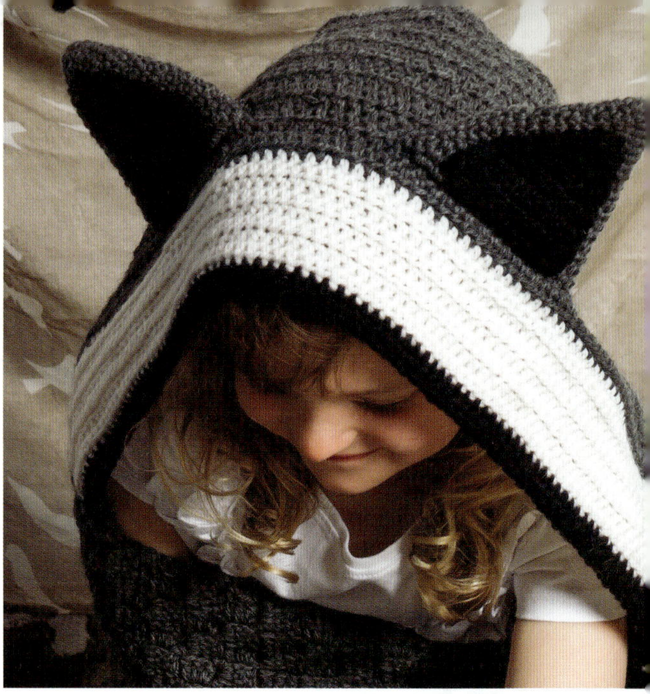

Für eine große Decke

9.-18. Rd: Weiterhin zunehmen, dabei 1 zusätzliche fM nach jeder Zunahme arb (= 40 M).

Mit 1 Km in die nächste M schließen und abmaschen.

INNERE OHREN (2x)

Mit Garn C und Häkelnd 4,5 mm 3 Lm häkeln.

1. R (Hinr): 2 fM in die 2. Lm von der Nd aus, 1 fM in die letzte Lm, wenden (= 3 M).

2. R: 1 Lm (zählt in dieser und den folgenden R nicht als M), 2 fM in die 1. M, je 1 fM in jede M bis zum R-Ende, wenden (= 4 M)

Die 2. R noch 10x [12x] wdh (= 14 [16] M).

Eine Km-Kante an der Vorderseite um das innere Ohr häkeln.

Abmaschen.

Das innere Ohr auf eine Seite des Ohrs nähen. Rund um das innere Ohr muss dabei eine schmale Kante aus Garn B zu sehen sein.

Beide Ohren vorne an die Kapuze nähen, knapp hinter dem Streifen aus Garn A. Dabei zeigt das innere Ohr nach vorne (siehe Fotos). Nach Belieben kannst du die Ohren auch weiter hinten und seitlich oben an die Kapuze nähen.

Die Decke mit der Außenseite nach oben flach hinlegen und die Kapuzenkante an die Oberkante der Decke legen. Mit einer Stecknadel oder einem Maschenmarkierer fixieren. Die Kapuze gleichmäßig feststecken und mit Kettmaschen an die Decke häkeln, dabei durch die Maschen von Kapuze und Decke arb (siehe Grundlegende Techniken: Teile zusammennähen).

Abmaschen.

FRANSEN

Die Farbe der Fransen richtet sich nach der Farbe der jeweiligen Streifen. Für jede Franse braucht man 3 Fäden, die jeweils 30 cm lang sind. Die Fäden doppelt legen und mit einer Häkelnd durch die 2-Lm-Bögen der Zierkante an der Decke ziehen, sodass eine kleine Schlinge entsteht. Die abgeschnittenen Enden der Fäden durch die Schlinge fädeln und den Knoten festziehen. In jeden 2-Lm-Bogen an den kurzen Seitenkanten der Decke eine Franse einziehen. Die Fadenenden gleichmäßig abschneiden (siehe Grundlegende Techniken: Fransen ansetzen).

FERTIGSTELLUNG

Die Decke muss nicht gespannt werden, aber ich empfehle, die Fransen mit Wasser zu besprühen, geradezuziehen und trocknen zu lassen.

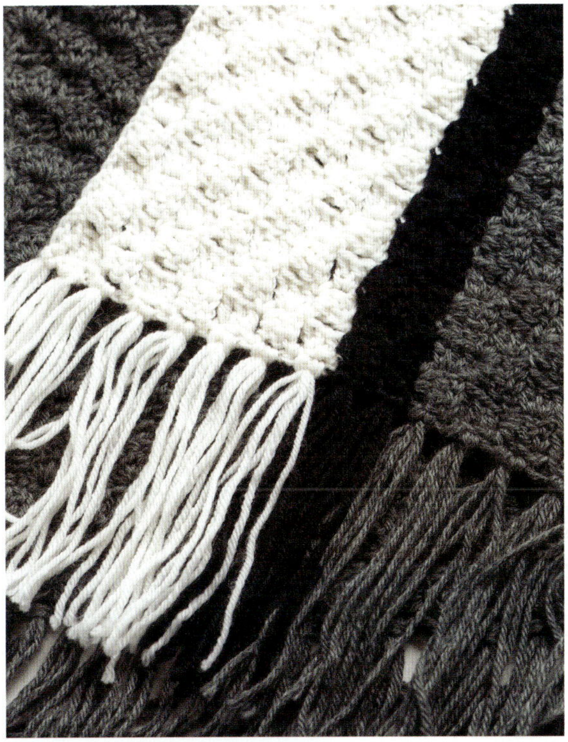

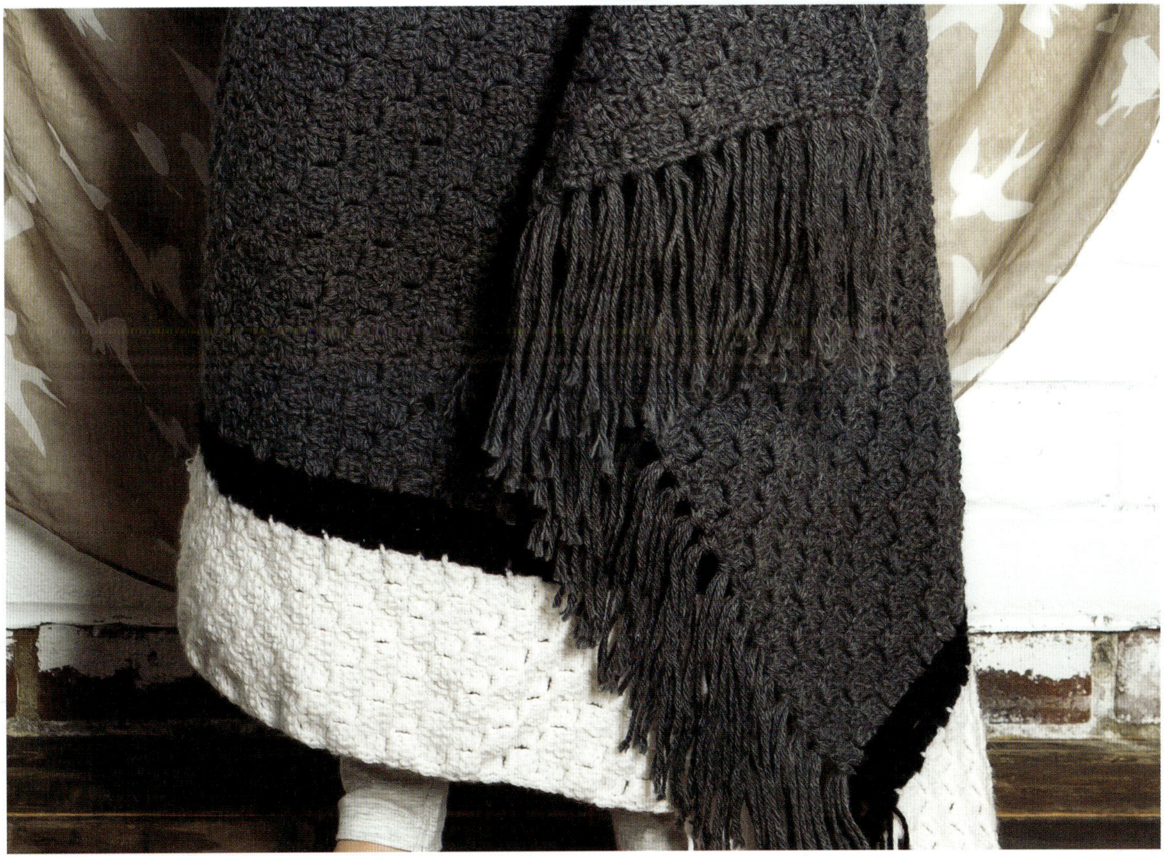

GIRLANDE

Wolfsköpfchen

9 Wolfsköpfchen in den folgenden Farben häkeln: 5 in Garn A und C, 4 in Garn A, B und C.

Alle Wolfsköpfchen mit Garn C und Häkelnd 4,5 mm beginnen, 3 Lm häkeln.

1. R (Hinr): 1 fM in die 2. Lm von der Nd aus, 1 fM in die letzte Lm, wenden (= 2 M).

2. R: 1 Lm (zählt in dieser und den folgenden R nicht als M), 2 fM in die 1. M, 1 fM in die nächste M, wenden (= 3 M).

3. R: 1 Lm, 2 fM in die 1. M, 1 fM in jede M bis zum R-Ende, wenden (= 4 M).

4.-6. R: Die 3. R noch 3x wdh, mit dem letzten U der letzten fM zu Garn A wechseln (= 7 M).

7.-12. R: Die 3. R noch 6x wdh, und nur für das grau-weiße Wolfsköpfchen mit dem letzten U der letzten fM in der 12. R zu Garn B wechseln. Das weiße Wolfsköpfchen weiter in Garn A häkeln (= 13 M).

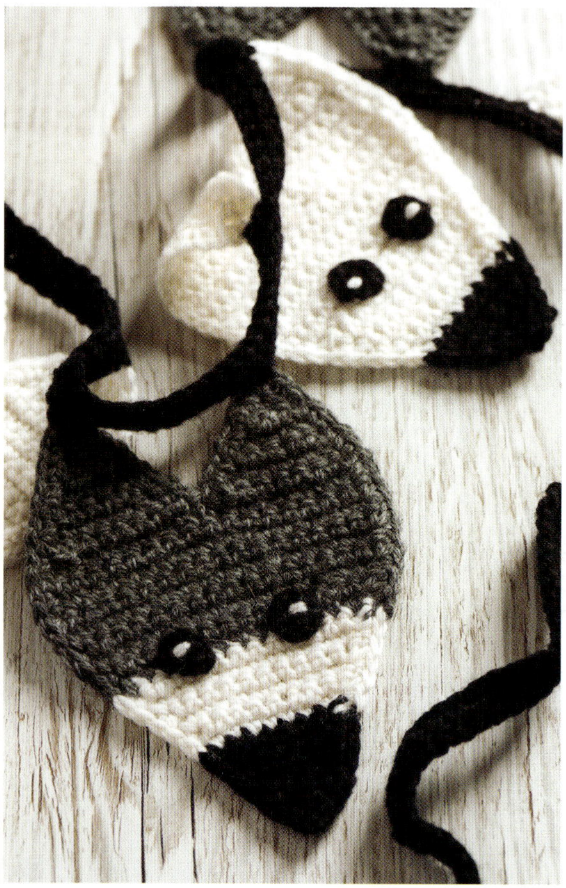

13.-16. R: Die 3. R noch 4x wdh (= 17 M).

17.-22. R: 1 Lm, je 1 fM in jede M bis zum R-Ende, wenden.

23. R (Ohren getrennt häkeln): Je 1 fM in die nächsten 8 M, wenden und nur über diese 8 M weiterarb.

24. R: 2 fM zus, je 1 fM in jede M bis zum Ende, wenden (= 7 M).

25.-29. R: Die 24. Rd wdh (= 2 M).

Abmaschen.

Die Vorderseite liegt oben. Die nächste M in der Mitte des Kopfs in der 23. R überspringen und mit 1 Km in der nächsten M neu anschlingen.

Nächste R: 1 Lm, je 1 fM in die restlichen 8 M, wenden.

Ab der 24. R bis zum Ende wdh, wie das 1. Ohr arb.

Abmaschen.

Zierkante an den Wolfsköpfchen

Garn C mit 1 Km an der Nase in Garn C neu anschlingen, 1 Lm (zählt nicht als M), je 1 fM in jedes R-Ende rundherum, dabei die Farben so wechseln, dass sie mit den Farben des Wolfsköpfchens übereinstimmen. In die 2 fM an den Ohrenspitzen je 2 Lm häkeln und mit 1 Km in die 1. fM schließen. Abmaschen. Fadenenden vernähen.

Augen (2x pro Wolfsköpfchen)

Mit Garn C und Häkelnd 4,5 mm einen Fadenring häkeln (siehe Grundlegende Techniken: In Spiralrunden häkeln – so funktioniert der Fadenring).

1. Rd: 6 fM in den Ring, mit 1 Km in die 1. fM schließen (= 6 M).

Abmaschen. Den Ring fest zusammenziehen und das Ende des Anfangsfadens vernähen.

Mit Garn A ein paar gerade Stiche als Pupillen aufsticken.

Mit dem Fadenende die Augen in der 12. und 13. R aufnähen.

Wolfsköpfchen zur Girlande verbinden

Verbindungs-R: In Garn C und mit Häkelnd 4,5 mm 40 Lm arb, das 1. weiße Wolfsköpfchen mit der Vorderseite nach oben halten, * 2 fM in den 2-Lm-Bogen an der Spitze des 1. Ohrs, 8 Lm, 2 fM in den 2-Lm-Bogen an der Spitze des 2. Ohrs, 8 Lm; ab * wdh, bis alle Wolfsköpfchen an der Girlande hängen, dabei zwischen weißen und grau-weißen Wolfsköpfchen abwechseln, noch 32 Lm (sodass 40 Lm nach dem letzten Wolfsköpfchen frei sind), wenden.

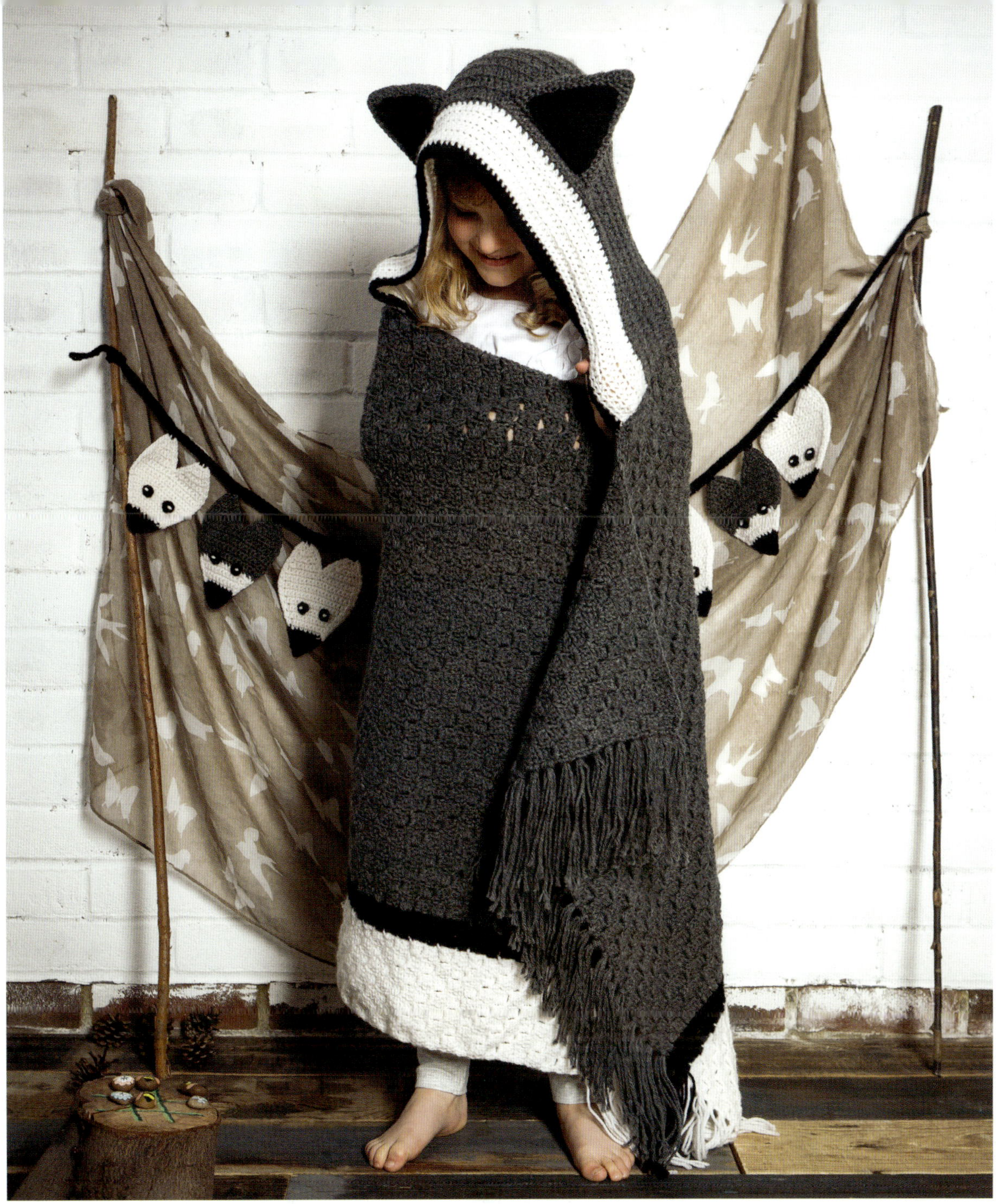

Nächste R: An der gerade gehäkelten Lm-Kette zurückhäkeln, zuvor 6 Lm (als Aufhängeschlaufe) arb, die gerade gehäkelten 6 Lm überspringen, je 1 hStb in jede Lm über den Wolfsköpfchen, je 1 Km in jede M bis zum Ende, wenden.

Nächste R: 6 Lm (als Aufhängeschlaufe), die gerade gehäkelten 6 Lm überspringen, je 1 Km in die M aus der letzten R bis zum Ende, am Anfang der Aufhängeschlaufe enden.

Abmaschen.

Girlande flach spannen und vollständig trocknen lassen (siehe Grundlegende Techniken: Spannen).

Falls gewünscht, die Rückseite der Motive mit Sprühstärke einsprühen, damit sie steifer werden.

Rotkäppchen

Rotkäppchen ist eines meiner Lieblingsmärchen. Schon als kleines Mädchen habe ich mir vorgestellt, wie ich in einem wunderschönen roten Umhang durch den Wald hüpfe und Blumen für meine Großmutter pflücke. Diese herrliche Decke ist mit hübschen Blümchen verziert. Sie wärmt nicht nur, sondern kann auch zusammen mit der Wolfsdecke dazu einladen, dieses beliebte Märchen nachzuspielen.

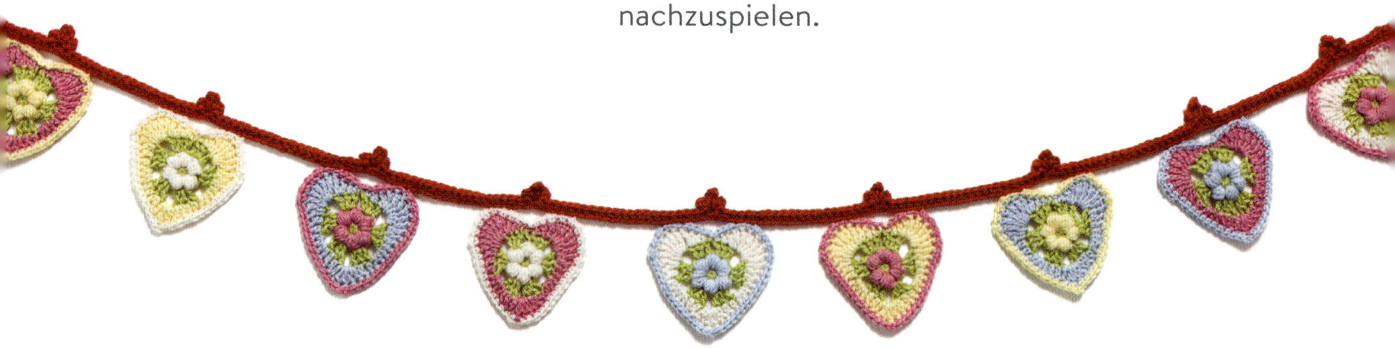

AUFBAU

Eine rechteckige Decke in der Ecke-zu-Ecke-Technik. Die Kapuze wird separat gehäkelt und zum Schluss angesetzt.

Mit einer Zierkante aus Blüten und kleinen Deko-Blüten

Die Blumengirlande greift die Verzierungen an der Kapuze auf.

Die Kapuze liegt recht eng am Kopf an.

SCHWIERIGKEITSGRAD

Mittel – 3

GRÖSSE

Alter: 2-4 [5-7] Jahre

Kleidergröße: Etwa 92-104 cm [110-122 cm]

DECKENMASS

100 x 60 cm [116,5 x 70 cm] ohne Zierkante aus Blüten

105 x 65 cm [121,5 x 75 cm] mit Zierkante aus Blüten

Die Kapuze ist an der breitesten Stelle etwa 34 cm [43 cm] breit (flach hingelegt und ohne Zierkante).

GIRLANDE

Jedes Herz ist 9 cm breit und 9 cm lang (ohne Girlanden-schnur).

SPEZIALMASCHEN

Büschelmasche: * U, Nd wie angegeben in die M oder den Lm-Bogen einstechen, Faden holen und durchziehen; ab * noch 2x durch dieselbe M oder denselben Lm-Bogen wdh (7 Schlingen auf der Nd), noch einmal den Faden holen und durch alle 7 Schlingen durchziehen.

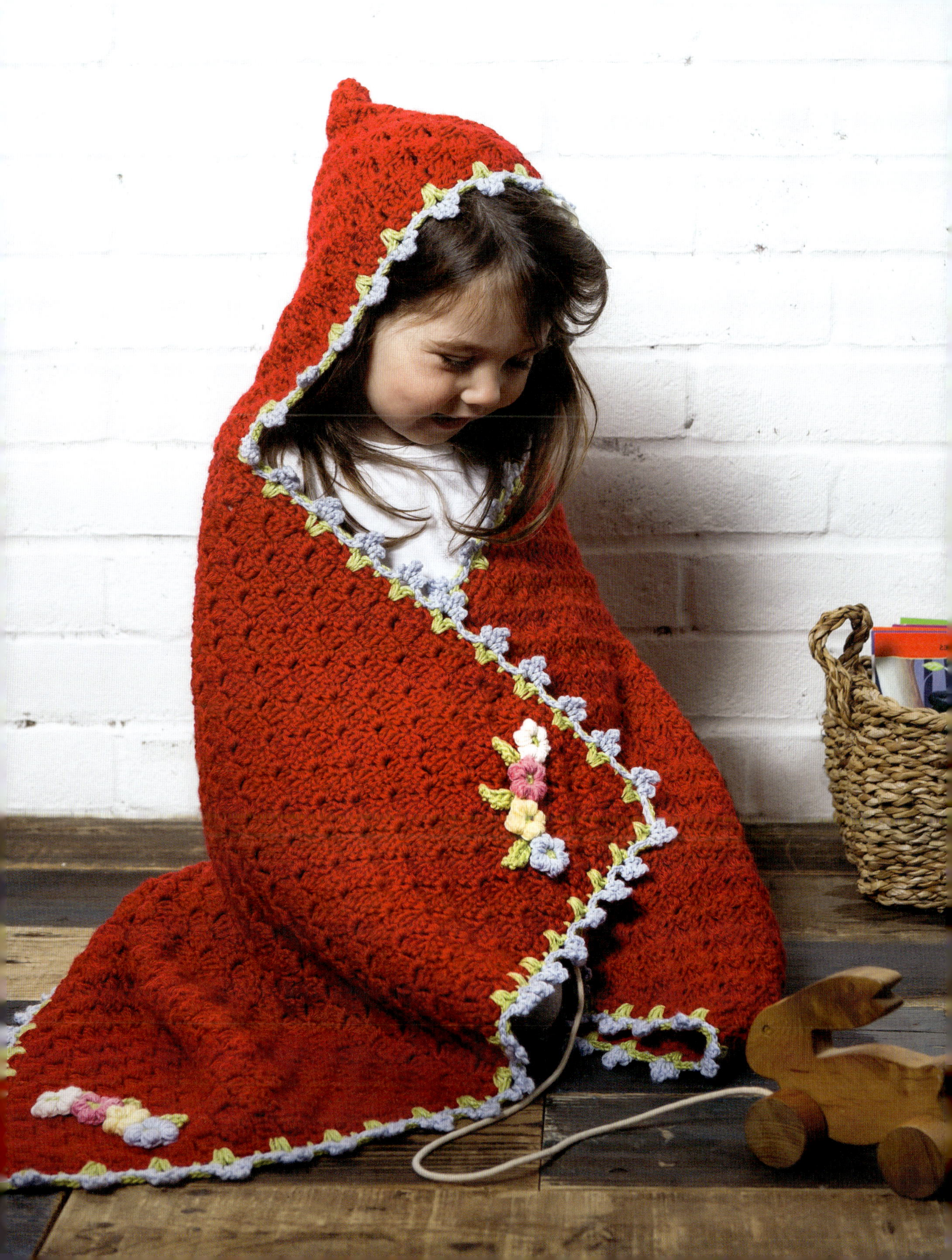

DAS BRAUCHST DU

GARN

FÜR DIE DECKE:

2 [2] Knäuel Aran (10-fädig/worsted) Garn in Rot (A); 200 m/100 g

Je 1 [1] Knäuel DK (8-fädig/light worsted) Garn in Pink (B), Grün (C), Gelb (D), Blau (E) und Weiß (F); 135 m/50 g

FÜR DIE GIRLANDE:

1 Knäuel Aran (10-fädig/worsted) Garn in Rot (A); 200 m/100 g

Je 1 Knäuel DK (8-fädig/light worsted) Garn in Pink (B), Grün (C), Gelb (D), Blau (E) und Weiß (F); 135 m/50 g

HINWEISE ZUM GARN

ICH HABE VERWENDET:

Garn A: Rowan Pure Wool Superwash Worsted (100 % Merinowolle, LL 200 m/100 g) in Kardinalrot (Fb 136)

Garn B: Rowan Baby Merino Silk DK (66 % Wolle, 34 % Seide, LL 135 m/50 g) in Candy (Fb 695)

Garn C: Rowan Baby Merino Silk DK (66 % Wolle, 34 % Seide, LL 135 m/50 g) in Blattgrün (Fb 692)

Garn D: Rowan Baby Merino Silk DK (66 % Wolle, 34 % Seide, LL 135 m/50 g) in Goldlöckchen (Fb 691)

Garn E: Rowan Baby Merino Silk DK (66 % Wolle, 34 % Seide, LL 135 m/50 g) in Wolke (Fb 693)

Garn F: Rowan Baby Merino Silk DK (66 % Wolle, 34 % Seide, LL 135 m/50 g) in Schneeflocke (Fb 670)

DAS BRAUCHST DU NOCH

Häkelnadel 4,5 mm

Maschenmarkierer

Sprühstärke

MASCHENPROBE

Garn A, etwa 6 Quadrate mit Häkelnd 4,5 mm = 10 cm x 10 cm

ÜBRIGENS ...

Hier wird nach der Standardanleitung für eine rechteckige Decke gehäkelt (Seite 34).

Anleitung

DECKE

Mit Garn A und Häkelnd 4,5 mm eine Anfangsschlinge machen.

Nach der Standardanleitung für eine rechteckige Decke häkeln:

- Bis auf 36 [42] Quadrate zunehmen (oder bis die geraden Seitenkanten 60 cm [70 cm] lang sind).
- Dann 24 [28] R ohne Zu- und ohne Abnahmen arb (oder bis die Decke an der breitesten Stelle 100 cm [116,5 cm] breit ist).
- Bis auf 1 Quadrat abnehmen, nicht abmaschen.

Weiter eine Grundrunde für die Zierkante um die gesamte Decke herum häkeln.

GRUNDRUNDE FÜR DIE ZIERKANTE

Mit dieser Rd wird die Kante deiner Decke schön gerade (siehe Grundlegende Techniken: Grundrunde für die Zierkante, Schritte 3-9).

1. Rd: 1 Lm (zählt nicht als M), (1 fM, 2 Lm, 1 fM) in dieselbe Eck-M, 2 Lm, * 1 fM in den Lm-Bogen zwischen den nächsten 2 Quadraten, 2 Lm; ab * bis zur nächsten Ecke wdh **, (1 fM, 2 Lm, 1 fM) in die Eck-M, 2 Lm ***; ab * bis *** noch 2x wdh, dann ab * bis ** noch 1x wdh, mit 1 Km in die 1. fM schließen.

Abmaschen.

KAPUZE

Nach der Standardanleitung für eine rechteckige Decke häkeln:

- 12 [13] R häkeln.
- 14 [16] R des geraden Abschnitts (ohne Zu- und Abnahmen) häkeln.
- Bis auf 1 Quadrat abnehmen, abmaschen.

Die kurzen Seitenkanten der Kapuze aufeinanderlegen, sodass die Kapuze doppelt gelegt ist. Die Quadrate aneinander ausrichten. Die Naht an der langen Seitenkante entweder mit Überwendlingsstichen oder mit einer Häkelnd durch beide Lagen folgendermaßen schließen: Garn A mit 1 Km an einem Ende der Naht neu anschlingen, 1 Lm (zählt nicht als M), 1 fM in dieselbe M, * 2 Lm, nächstes Quadrat überspringen, 1 fM in den

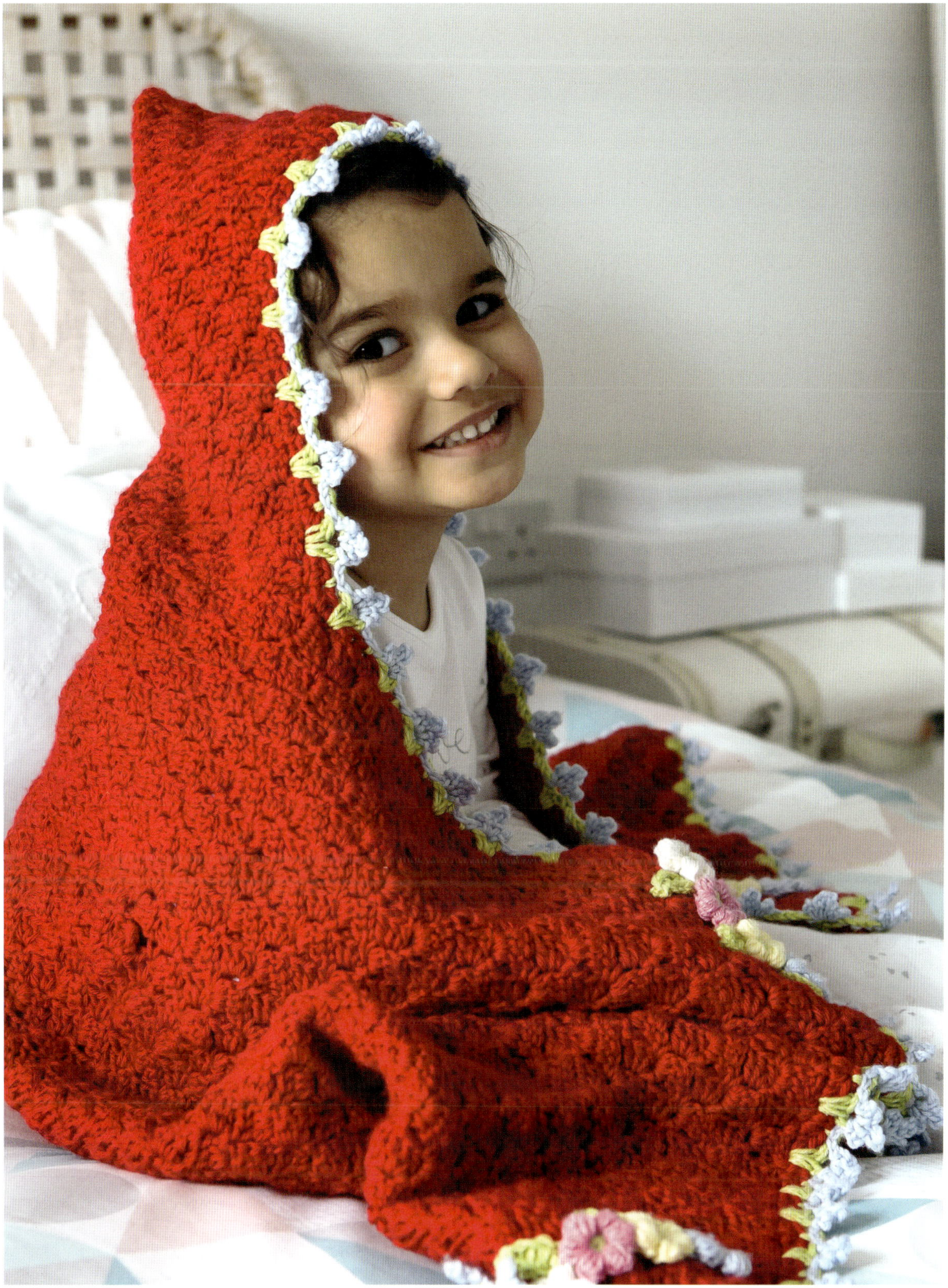

nächsten Lm-Bogen zwischen 2 Quadraten; ab * bis zum Ende der Naht wdh. Abmaschen.

Die Kapuze mit der Außenseite nach oben legen, mit Garn A in einer beliebigen Ecke neu anschlingen und die Zierkante wie oben beschrieben arb. Um die gesamte Kapuze herum arb, also an der Vorderkante und an der geraden Kante im Nacken entlang.

Die Decke mit der Außenseite nach oben flach hinlegen und die Mittelnaht der Kapuze mittig an die Decken-Oberkante legen. Mit einer Stecknadel oder einem Maschenmarkierer fixieren. Die Kapuze gleichmäßig feststecken und mit Kettmaschen an die Decke häkeln, dabei durch die Maschen von Kapuze und Decke arb (siehe Grundlegende Techniken: Teile zusammennähen). Abmaschen.

ZIERKANTE AUS BLÜTEN

Um die gesamte Decke und die Kapuzenkante herum arb.

Mit Garn A mit 1 Km an einer beliebigen Eck-M der Decke neu anschlingen.

1. Rd: 1 Lm (zählt nicht als M), 3 fM in dieselbe Eck-M, * 2 fM in den nächsten 2-Lm-Bogen, 1 fM in die nächste fM, 1 fM in den nächsten 2-Lm-Bogen, 1 fM in die nächste fM; ab * bis zur nächsten Ecke wdh (nach dem ersten Mal „1 fM in die nächste fM" enden), 3 fM in die Ecke; ab * an der gesamten Decken- und Kapuzenkante entlang wdh, mit 1 Km in die 1. fM schließen. Abmaschen.

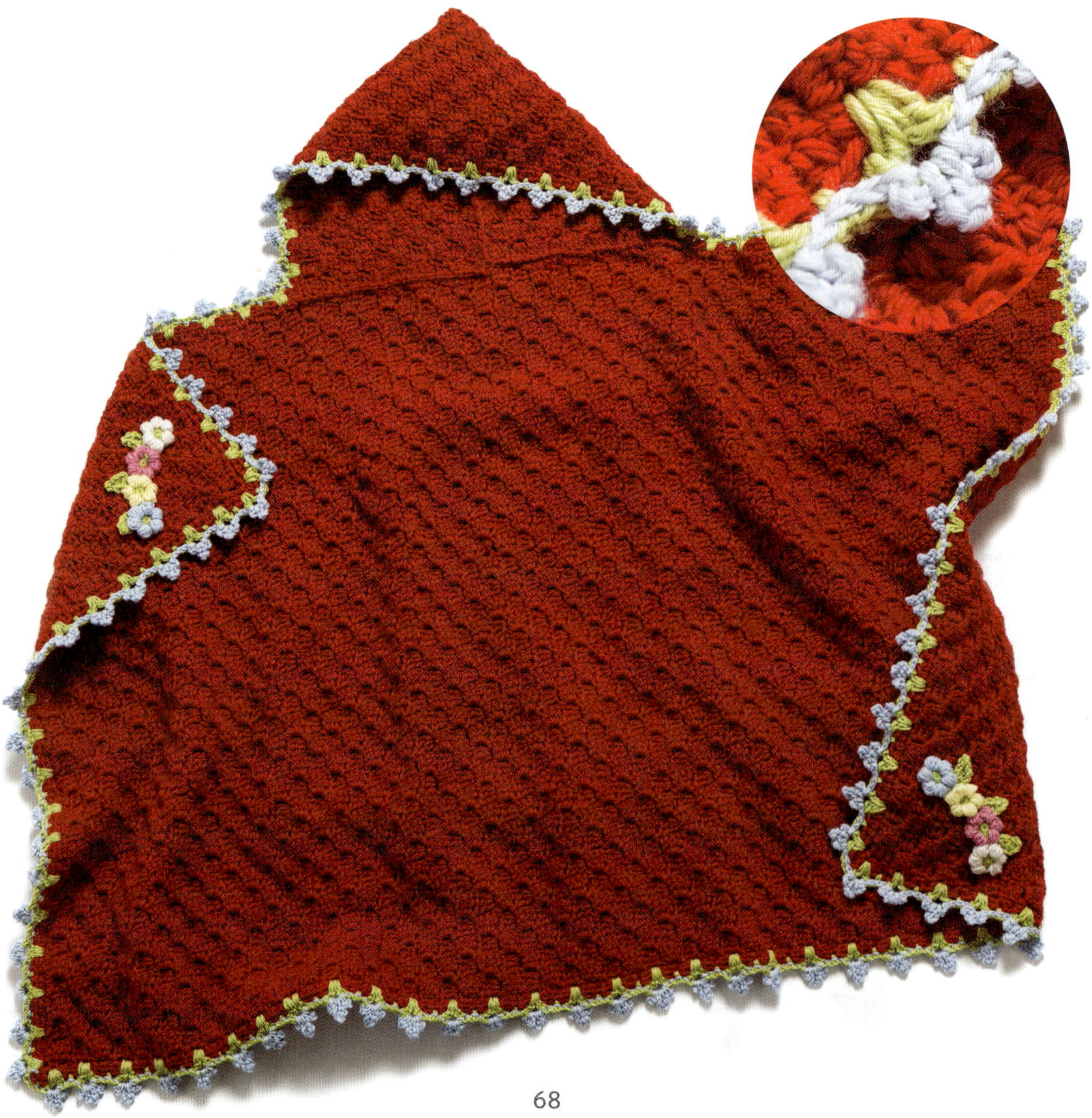

2. Rd: Die Decke mit der Innenseite nach oben legen (die Kapuzennaht liegt auf der Außenseite). Mit Garn C mit 1 Km in einer beliebigen Ecke neu anschlingen, 1 Lm (zählt nicht als M), 1 fM in dieselbe M, 2 Lm, * (2 DStb, 3 Lm, 2 DStb) in den 2-Lm-Bogen der Zierkante (über die fM aus der 1. R arb), 2 Lm, nächste M überspringen, 1 fM in die nächste M; ab * an der gesamten Deckenkante entlang wdh, mit 1 Km in die 1. fM schließen. Abmaschen.

Die „Blätter" aus Garn C sitzen genau auf jedem 2. Quadrat der Decke.

3. Rd: Die Außenseite der Decke liegt oben. Mit Garn E mit 1 Km an einem beliebigen 3-Lm-Bogen zwischen 2 DStb neu anschlingen, * (3 Lm, 1 Km, 6 Lm, 1 Km, 3 Lm, 1 Km) in denselben 3-Lm-Bogen (1 Blüte fertig), 1 Lm, 1 Km um die nächste fM (Nd unter der fM, nicht durch die fM einstechen), 1 Lm, 1 Km in den nächsten 3-Lm-Bogen; ab * an der gesamten Deckenkante entlang wdh, mit 1 Km in die 1. Km schließen. Abmaschen.

AUFGESTICKTE BLÜTEN

16 Blüten häkeln: 4 in Garn B, 4 in Garn D, 4 in Garn E und 4 in Garn F.

Mit Garn C einen Fadenring häkeln (siehe Grundlegende Techniken: In Spiralrunden häkeln – so funktioniert der Fadenring).

1. Rd: 6 fM in den Ring, mit 1 Km in die 1. fM schließen, abmaschen (6 M).

Mit einer der 4 Hauptfarben in einer beliebigen M mit 1 Km neu anschlingen.

2. Rd: * Büschel-M in dieselbe M, 1 Km in die nächste M; ab * noch 5x wdh (ergibt 6 Blütenblätter). Abmaschen.

BLÄTTER

12 Blätter in Garn C häkeln.

7 Lm arb.

1. R: 1 fM in die 2. Lm von der Nd aus, 1 hStb in die nächste Lm, je 1 Stb in die nächsten 2 Lm, 1 hStb in die nächste Lm, 1 fM in die nächste Lm. Abmaschen.

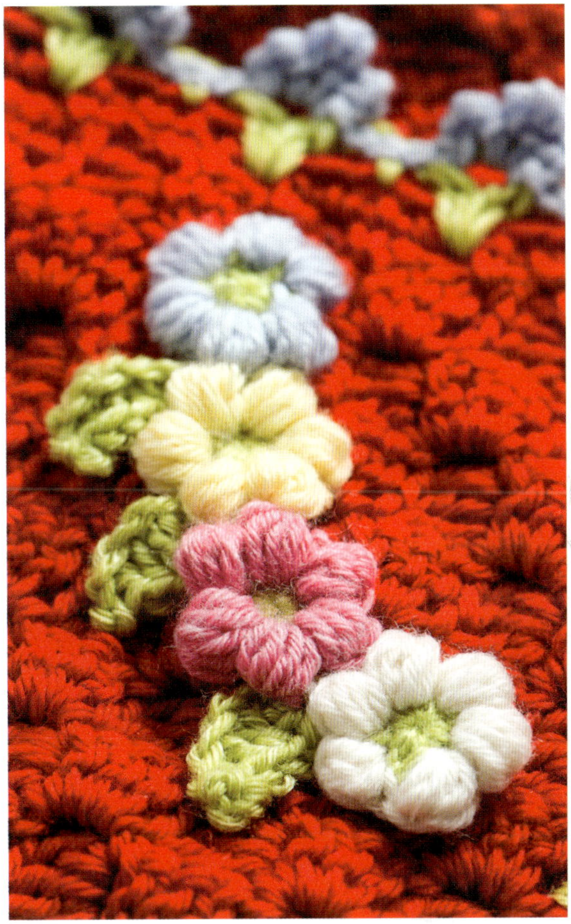

FERTIGSTELLUNG

Die Blätter mit der Rückseite nach oben flach hinlegen und mit Wasser und Sprühstärke einsprühen.

Vollständig trocknen lassen.

Jeweils 4 Blüten in der folgenden Reihenfolge zusammennähen: Garn E/Garn D/Garn B/Garn F. So entstehen 4 Blütenstreifen.

An jeden Blütenstreifen jeweils 1 Blatt zwischen die Blüten nähen (3 Blätter pro Blütenstreifen).

Jeden Blütenstreifen leicht biegen und jeweils 1 Blütenstreifen an jeder Ecke mit Stecknadeln auf der Außenseite feststecken und mit ein paar Stichen befestigen.

Decke flach hinlegen und spannen (siehe Grundlegende Techniken: Spannen), dabei die Blüten mit Stecknadeln schön flach fixieren.

Vollständig trocknen lassen, dann die Stecknadeln herausziehen.

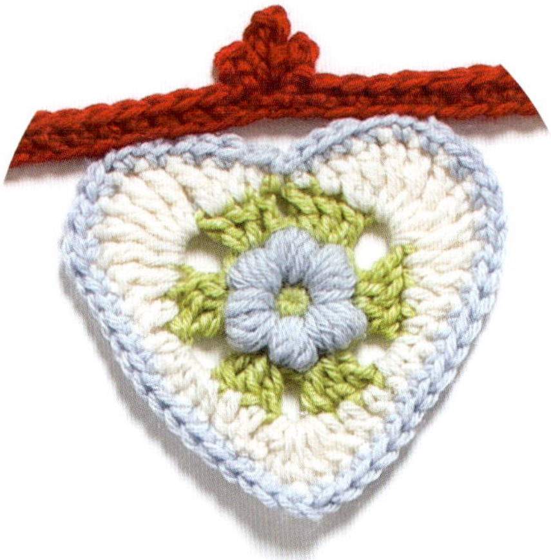

GIRLANDE

9 Herzmotive häkeln: 3 in Garn B und jeweils 2 in Garn D, Garn E und Garn F.

9 Blüten aus Büschelmaschen wie für die Decke häkeln, jedoch nicht abmaschen. Mit dem Garn der Blüte weiterhäkeln.

2. Rd: * 2 Lm, 1 Km in die Km zwischen den nächsten beiden Blütenblättern, ab * bis zum Ende wdh.

Abmaschen.

Hinter jedem der 6 Blütenblätter sitzt jetzt jeweils ein 2-Lm-Bogen. In der nächsten Rd in diese Lm-Bögen arb.

3. Rd: Mit Garn C mit 1 Km in einem beliebigen 2-Lm-Bogen hinter einem Blütenblatt neu anschlingen, 3 Lm (zählt als 1 Stb), 2 Stb in denselben Lm-Bogen, 2 Lm, * 3 Stb in den nächsten Lm-Bogen, 2 Lm; ab * noch 4x wdh, mit 1 Km oben in die 3 Anfangs-Lm schließen.

Abmaschen.

4. Rd: Mit einer beliebigen Kontrast-Farbe mit 1 Km in einem beliebigen 2-Lm-Bogen neu anschlingen (hier ist die obere Mitte des Herzens), 1 Lm, 1 fM in die nächste M, 1 hStb in die nächste M, (1 Stb, 1 DStb) in die nächste M, 5 DStb in den nächsten Lm-Bogen, (1 DStb, 1 Stb) in die nächste M, 1 Stb in die nächste M, 1 hStb in die nächste M, 3 hStb in den nächsten Lm-Bogen, je 1 hStb in die nächsten 2 M, (1 hStb, 1 Stb) in die nächste M, (1 Stb, 1 DStb, 1 Stb) in den nächsten Lm-Bogen (das ist die Spitze des Herzens), (1 Stb, 1 hStb) in die nächste M, je 1 hStb in die nächsten 2 M, 3 hStb in den nächsten Lm-Bogen, 1 hStb in die nächste M, 1 Stb in die nächste M, (1 Stb, 1 DStb) in die nächste M, 5 DStb in den nächsten Lm-Bogen, (1 DStb, 1 Stb) in die nächste M, 1 hStb in die nächste M, 1 fM in die nächste M, mit 1 Km in die Anfangs-Lm schließen.

Abmaschen.

5. Rd: Mit dem Garn der Blüte in der oberen Mitte neu anschlingen, je 1 fM in jede M bis zur fM in der Spitze des Herzens, 2 Lm, dann weiter mit 1 fM in jede M bis zum Ende, mit 1 Km in die 1. Km schließen.

Abmaschen.

FERTIGSTELLUNG

Die Herzen zur Girlande verbinden

Verbindungs-R: Mit Garn A 40 Lm, * je 1 Km in die 2 mittleren M ganz oben auf dem 1. Herzbogen, 7 Lm, je 1 Km in die 2 mittleren M ganz oben auf dem 2. Herzbogen, 10 Lm; ab * wdh, bis alle Herzen an der Girlande hängen, 30 Lm, wenden.

Nächste R: An der gerade gehäkelten Lm-Kette zurückhäkeln, zunächst 6 Lm (als Aufhängeschlaufe), diese 6 Lm überspringen je 1 hStb in jede M bis zum Ende, wenden.

Nächste R: 6 Lm (als Aufhängeschlaufe), diese 6 Lm überspringen, 1 Km in jede M bis zur Mitte des ersten Herzens (nach der 4. Lm der 7 Lm aus der Verbindungs-R enden), * (3 Lm, 1 Km, 6 Lm, 1 Km, 3 Lm, 1 Km) in dieselbe M (sodass Picots entstehen), je 1 Km in jede M bis zur Mitte des nächsten Herzens, ab * wdh, bis die Picots in der Mitte des letzten Herzens fertig sind, je 1 Km in jede M bis zum Ende.

Abmaschen.

Girlande flach spannen und, falls gewünscht, mit etwas Sprühstärke auf der Rückseite steifer machen. Vollständig trocknen lassen (siehe Grundlegende Techniken: Spannen).

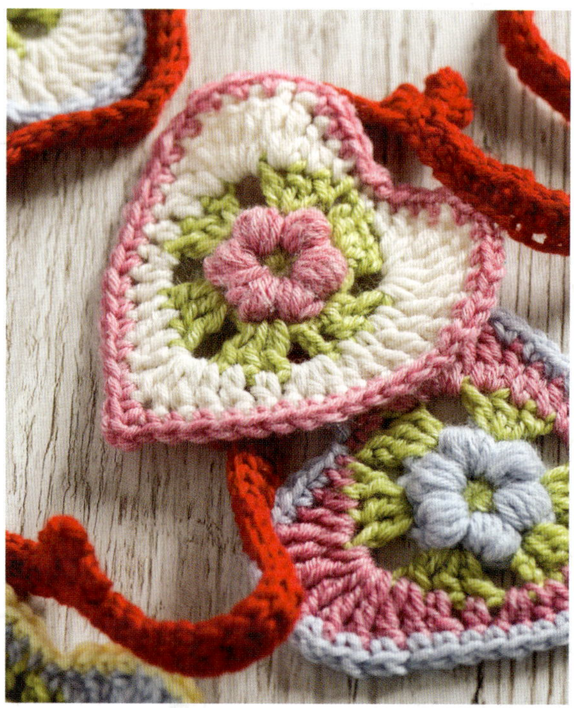

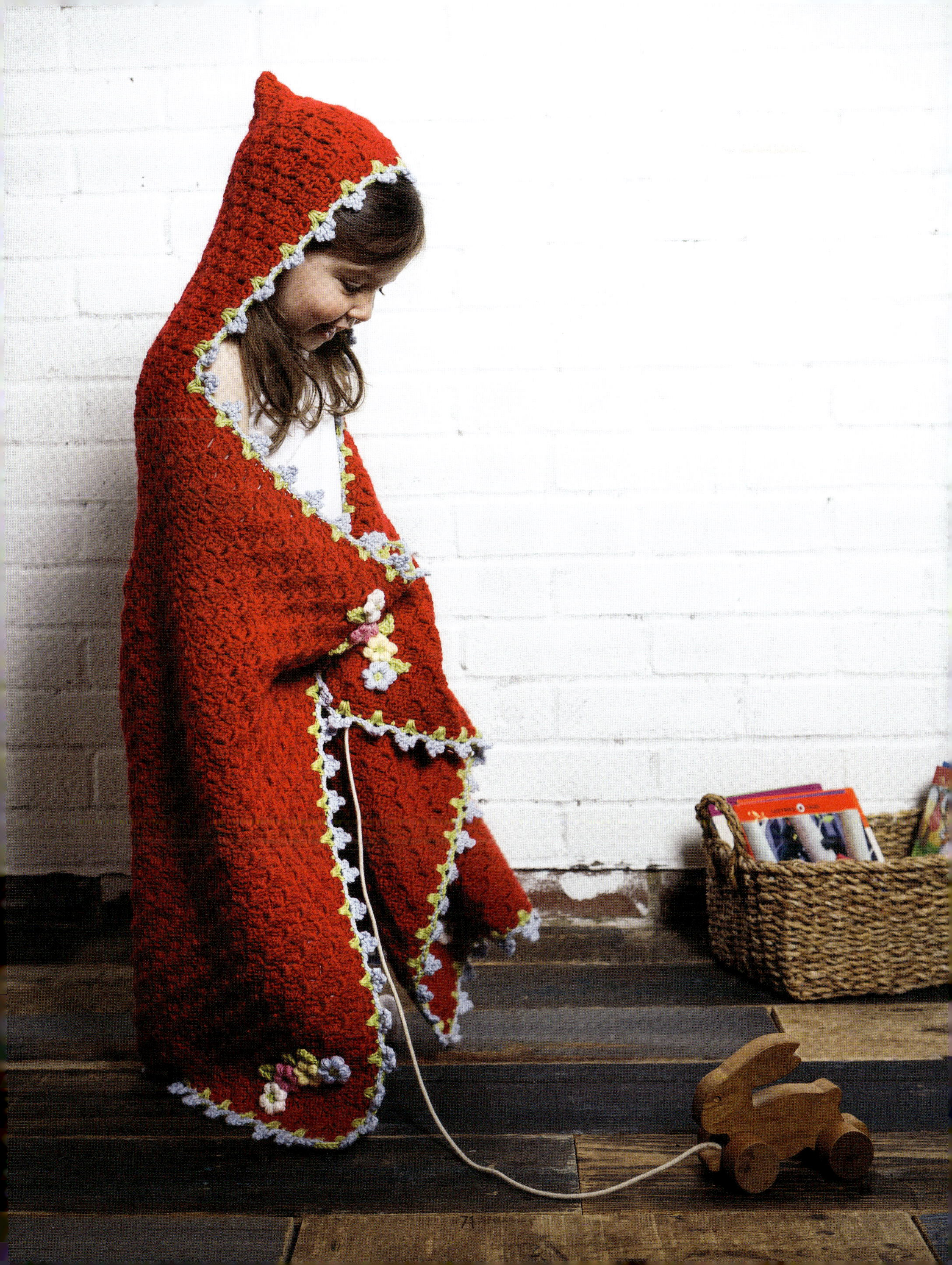

Rentier

Ihre puscheligen Schwänze und großen dunklen Augen machen Rentiere so liebenswert, vor allem Rudolph, das wichtigste Rentier überhaupt, das den Schlitten des Weihnachtsmannes zieht. Ich habe diese Decke mit einem kleinen Geweih, niedlichen Öhrchen und einem Pompon-Schwanz verziert. So kann jeder, der sich diese Decke umlegt, fröhlich durch die Gegend springen!

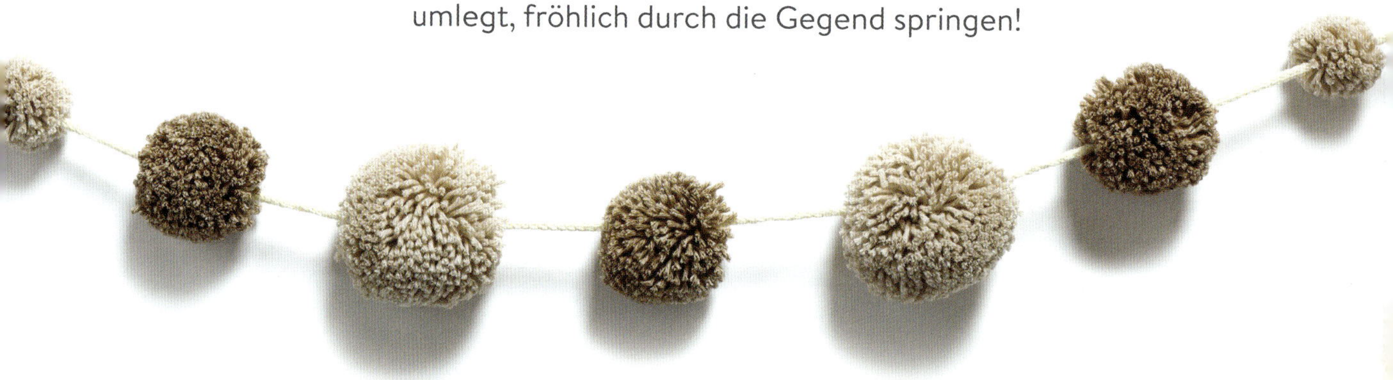

AUFBAU

Eine quadratische Decke in der Ecke-zu-Ecke-Technik. Taschen für die Hände, Kapuze, Ohren und Geweih werden separat gehäkelt und zum Schluss angesetzt.

Die Pompon-Girlande passt perfekt zum Puschelschwanz.

SCHWIERIGKEITSGRAD

Mittel – 3

GRÖSSE

Alter: 2-4 [5-7] Jahre

Kleidergröße: Etwa 92-104 cm [110-122 cm]

DECKENMASS

58 cm [68 cm] im Quadrat ohne Zierkante

63 cm [73 cm] im Quadrat mit Zierkante

Die Kapuze ist an der breitesten Stelle etwa 37 cm [41 cm] breit (flach hingelegt).

GIRLANDE

Die Pompons haben Durchmesser von etwa 5 cm (klein), 7 cm (mittelgroß) und 9 cm (groß).

SPEZIALMASCHEN

Popcorn-Masche: Mit Garn B 5 Stb arb, Nd aus der Arbeitsschlinge ziehen und oben in das 1. Stb einstechen, Arbeitsschlinge wieder auf die Nd heben und oben durch das 1. Stb ziehen (1 Schlinge auf der M).

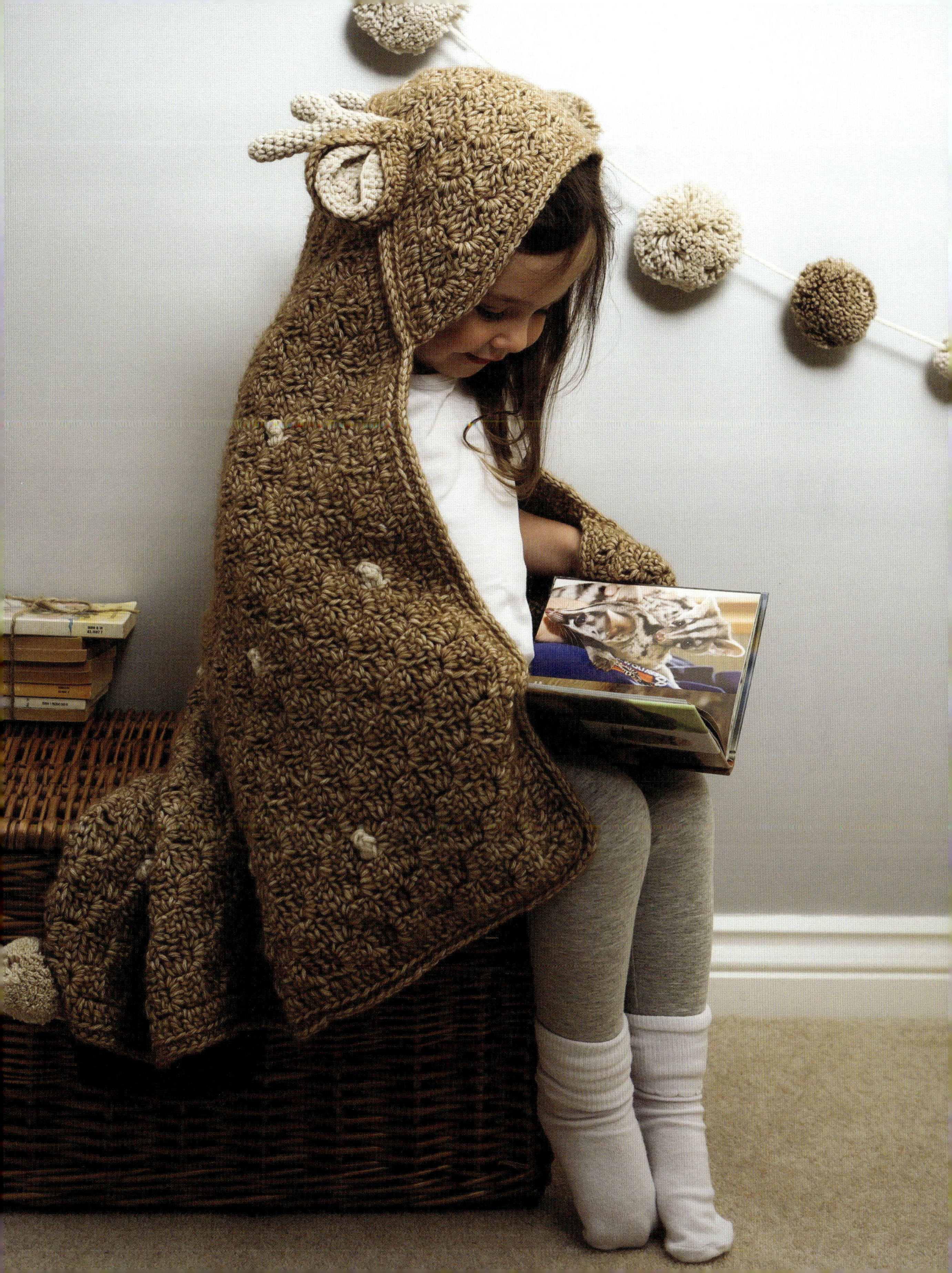

DAS BRAUCHST DU

GARN

FÜR DIE DECKE:

9 [11] Knäuel chunky (bulky) Garn in Hellbraun (A) und 2 [2] Knäuel in Creme (B); 75 m/50 g

FÜR DIE GIRLANDE:

2 [11] Knäuel chunky (bulky) Garn in Hellbraun (A) und Creme (B); 75 m/50 g

HINWEISE ZUM GARN

ICH HABE VERWENDET:

Garn A: Scheepjes Stone Washed XL (70 % Baumwolle, 30 % Acryl, LL 75 m/50 g) in Boulder Opal (Fb 844)

Garn B: Scheepjes Stone Washed XL (70 % Baumwolle, 30 % Acryl, LL 75 m/50 g) in Axinite (Fb 871)

DAS BRAUCHST DU NOCH

Häkelnadel 5,0 mm

Füllwatte

Maschenmarkierer

Pomponmacher in verschiedenen Größen von klein bis groß

1,5 m lange Kordel in Creme

Heißklebepistole und Heißkleber

MASCHENPROBE

Garn A, etwa 5 Quadrate mit Häkelnd 5,0 mm = 10 cm x 10 cm

ÜBRIGENS ...

Hier wird nach der Standardanleitung für eine quadratische Decke gehäkelt (Seite 32).

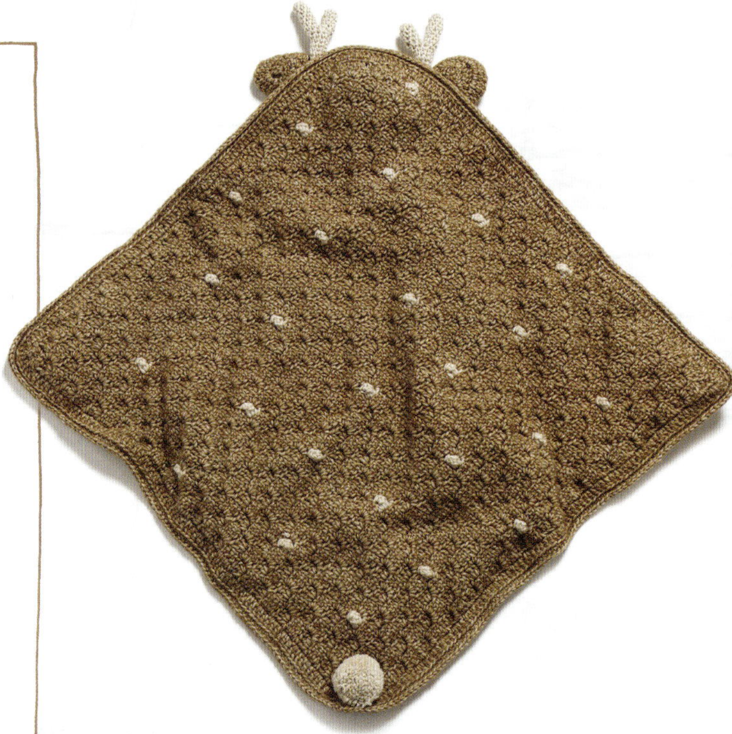

Anleitung

DECKE

Mit Garn A und Häkelnd 5,0 mm eine Anfangsschlinge machen.

Eine quadratische Decke nach der folgenden Anleitung häkeln und gleichzeitig die „Tupfen" in Garn B einarb, dabei der Häkelschrift in der gewünschten Größe folgen. Die Häkelschriften dienen nur als Vorschlag. Du kannst die Tupfen auf deiner Decke auch anders verteilen und musst nicht unbedingt der Häkelschrift folgen.

Jeden Tupfen in Garn B folgendermaßen häkeln:

Zu Garn B wechseln, bevor die Anfangs-Km des entsprechenden Quadrats gearbeitet wird (siehe Grundlegende Techniken: Farbwechsel beim Häkeln nach einer Häkelschrift).

In Garn B 3 Lm, Popcorn-M in denselben 3-Lm-Bogen, wieder zu Garn A wechseln, bevor die Anfangs-Km des nächsten Quadrats gehäkelt wird.

Weiter in Garn A arb, bis zu den nächsten Tupfen in Garn B auf der Häkelschrift. Den Farbwechsel wie oben beschrieben arb.

Nach der Standardanleitung für eine quadratische Decke arb:

- Bis auf 29 [34] Quadrate zunehmen (oder bis die geraden Seitenkanten 58 cm [68 cm] lang sind).
- Auf 3 [3] Quadrate abnehmen.

Häkelschrift für eine kleine Decke

Erläuterungen zum Lesen der Häkelschrift findest du auf Seite 27.

SYMBOLE: Garn A Garn B

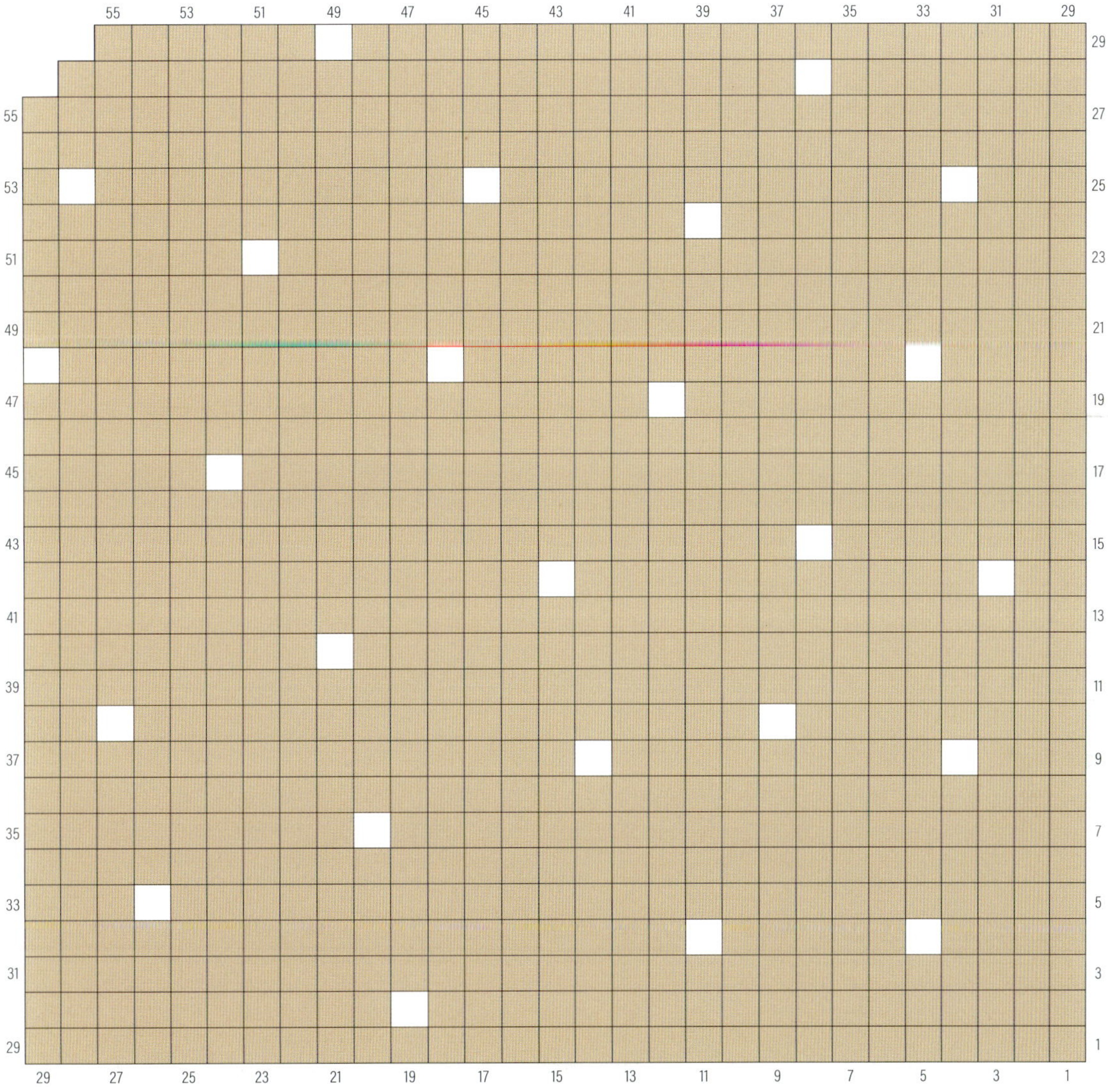

Nächste R (damit die Kante gerade wird): Je 1 Km in die nächsten 3 Stb, 1 Km oben in die 3 Lm am Ende des Quadrats, weiter an der Zickzackkante: * 1 Stb in die nächste M, 1 hStb in die nächste M, 1 fM in die nächste M, 1 Km oben in die nächsten 3 Lm (1 Quadrat ausgefüllt); ab * bis zum Ende wdh (siehe Grundlegende Techniken: Eine Zickzackkante begradigen). Das ist die Kapuzenecke.

Abmaschen.

Decke mit der Außenseite nach oben legen, Garn A am Schwanzende der Decke (an der spitzen Ecke gegenüber dem stumpfen Ende für die Kapuze) mit 1 Km in der Eck-M der Decke neu anschlingen.

Häkelschrift für eine große Decke

Erläuterungen zum Lesen der Häkelschrift findest du auf Seite 27.

SYMBOLE: Garn A Garn B

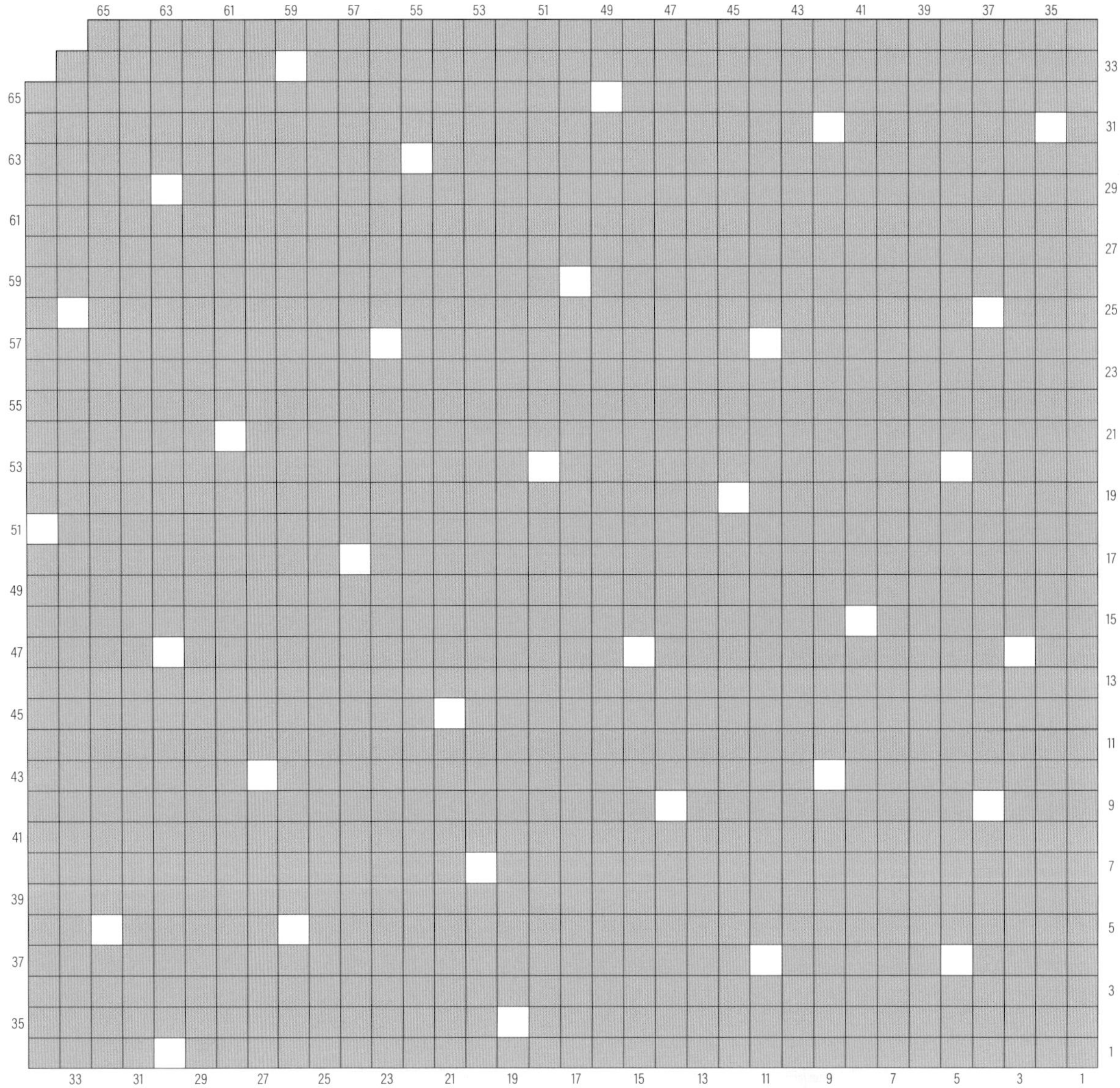

GRUNDRUNDE FÜR DIE ZIERKANTE

1. Rd: 1 Lm (zählt nicht als M), (1 fM, 2 Lm, 1 fM) in dieselbe M, 2 Lm, * 1 fM zwischen die nächsten Quadrate, 2 Lm *; von * bis * an der ersten Kante der Decke bis zur nächsten Ecke wdh (das ist die Ecke der 1. Tasche), (1 fM, 2 Lm, 1 fM) in die Eck-M arb, 2 Lm, dann von * bis * wdh, bis die stumpfe Kapuzen-Ecke erreicht ist, 1 fM in die 1. M dieser Ecke, 2 Lm, (die nächsten 2 M überspringen, 1 fM in die nächste M, 2 Lm) bis zum Ende der stumpfen Ecke, ab * bis * wdh, bis die Ecke der 2. Tasche erreicht ist, (1 fM, 2 Lm, 1 fM) in die Eck-M, 2 Lm, dann von * bis * wdh, bis das Ende erreicht ist, mit 1 Km in die 1. fM schließen.

ZIERKANTE DER DECKE

Nächste Rd: 1 Km in den nächsten 2-Lm-Bogen der Ecke, (3 Lm, 2 Stb) in denselben Lm-Bogen, 2 Stb in jeden Lm-Bogen und 1 Stb in jede fM um die gesamte Decke herum, dabei 3 Stb in jede Eck-M, mit 1 Km oben in die Anfangs-Lm schließen.

Nächste Rd (nur in die hinteren Schlingen arb): 1 Km in das nächste Stb, 1 Lm, 3 fM in das nächste Stb (das mittlere Stb in der Ecke), je 1 fM nur in die hintere Schlinge jeder M um die gesamte Decke herum und 3 fM in jede Eck-M, mit 1 Km in die 1. fM schließen und abmaschen.

AUFGESETZTE TASCHEN FÜR DIE HÄNDE (2x)

Mit Garn A und Häkelnd 5,0 mm eine Anfangsschlinge machen.

Nach der Standardanleitung für eine quadratische Decke arb:

- 8 [10] R häkeln.

Nächste R (damit die Kante gerade wird): Je 1 Km in die nächsten 3 Stb, 1 Km oben in die 3 Lm am Ende des Quadrats, weiter an der Zickzackkante: * 1 Stb in die nächste M, 1 hStb in die nächste M, 1 fM in die nächste M, 1 Km oben in die nächsten 3 Lm (1 Quadrat ausgefüllt); ab * bis zum Ende wdh (siehe Grundlegende Techniken: Eine Zickzackkante begradigen).

Nicht abmaschen, sondern die Zierkante häkeln (nur um die ersten beiden Kanten der Taschen).

1. R der Zierkante: 1 Lm (zählt in dieser und den folgenden R nicht als M), (1 fM, 2 Lm, 1 fM) in dieselbe M, 2 Lm, * 1 fM zwischen die nächsten Quadrate, 2 Lm *; ab * bis * an der ersten Taschenkante bis zur Ecke wdh, (1 fM, 2 Lm, 1 fM) in die Taschenecke, dann von * bis * an der nächsten Taschenkante entlang wdh, wenden. Die restliche Kante bleibt unbearbeitet.

2. R der Zierkante: 1 Km in die 1. fM und 1 Km in den nächsten 2-Lm-Bogen der Ecke, (3 Lm, 2 Stb) in denselben Lm-Bogen, 2 Stb in jeden Lm-Bogen und 1 Stb in jede fM der R, dabei 3 Stb in jede Eck-M, wenden. Die restliche Kante bleibt unbearbeitet.

3. R der Zierkante (nur in die hinteren Schlingen): 1 Lm, 1 fM nur in die hinteren Schlingen bis zum R-Ende. Sobald die 2. Ecke erreicht ist, nicht wenden, sondern an der bislang nicht bearbeiteten Taschenkante entlanghäkeln: Je 1 fM gleichmäßig in jede M, dabei seitlich in die Zierkanten-M an beiden Enden häkeln und in die hinteren Schlingen aller M an der langen geraden Taschenkante. Sobald das gegenüberliegende Ende erreicht ist, abmaschen.

Die Decke flach ausbreiten, dabei liegt die Innenseite oben. Die Taschen auf gegenüberliegende Ecken der Decke legen (links auf links). Mit Maschenmarkierern fixieren und im Überwendlingsstich mit passendem Garn zusammennähen, dabei nur durch die hinteren Schlingen der jeweiligen Teile nähen (siehe Grundlegende Techniken: Teile zusammennähen).

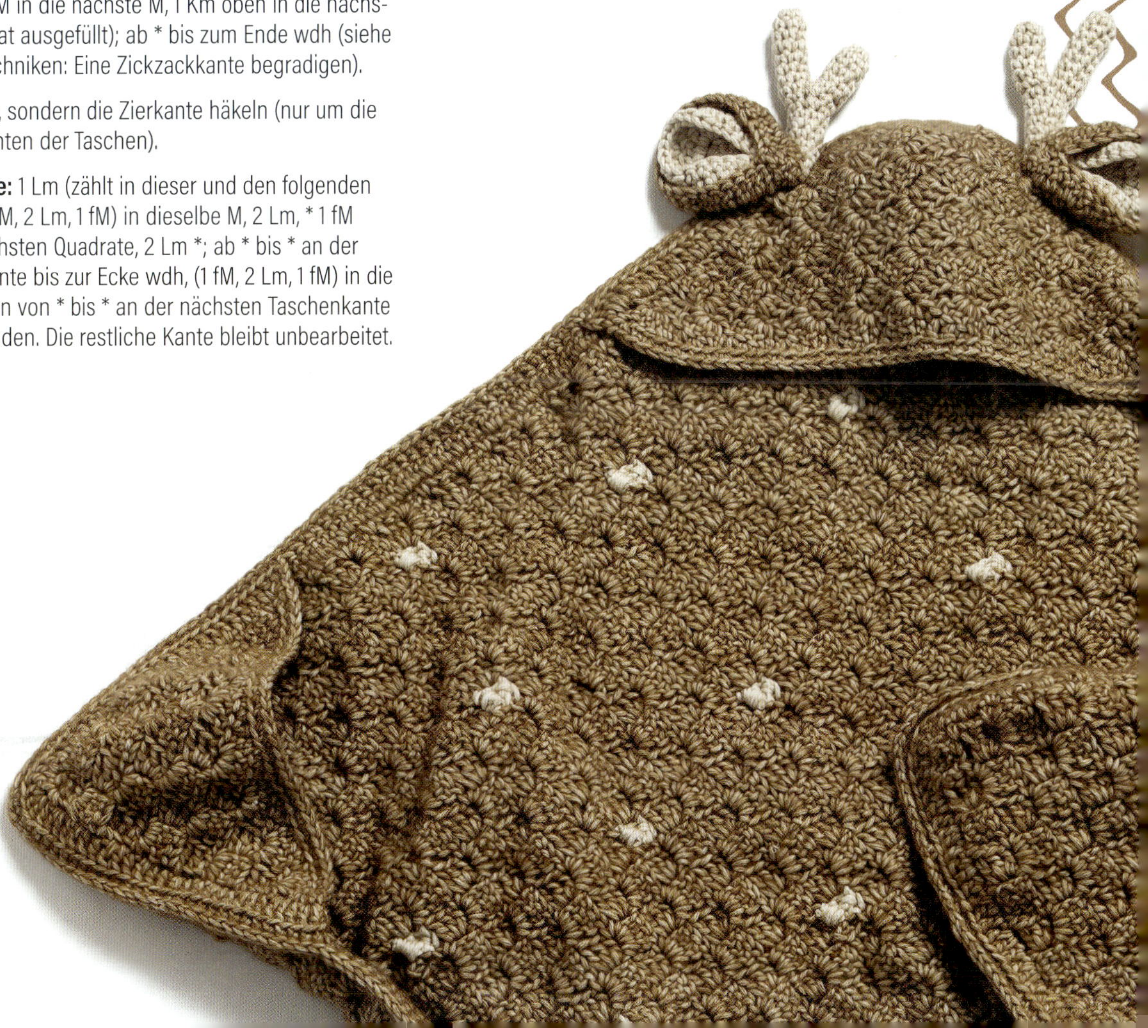

KAPUZE

Mit Garn A und Häkelnd 5,0 mm 14 Lm häkeln.

1. R: 1 Stb in die 4. Lm von der Nd aus, je 1 Stb in die nächsten 2 Lm (1. Quadrat fertig), 1 Km in die nächste Lm, 3 Lm, je 1 Stb in die nächsten 3 Lm, 1 Km in die nächste Lm, 3 Lm, je 1 Stb in die letzten 3 Lm, wenden (3 Quadrate fertig).

Die nächsten R: Weiter nach der Standardanleitung für eine quadratische Decke, ab der 3. R arb, bis 12 [14] Quadrate gehäkelt sind.

Nicht abmaschen, weiter die 1. und 2. R der Zierkante wie bei den Taschen arb, jedoch am Ende der 2. R nicht wenden, sondern an der geraden (nicht bearbeiteten) Ecke der Kapuze weiterhäkeln, dabei gleichmäßig je 1 fM in jede M arb, seitlich in die M der Kanten-R an jedem Ende und in die hinteren Schlingen aller M an der langen Kante der Kapuze arb. Sobald das gegenüberliegende Ende erreicht ist, abmaschen.

Wie bei den Taschen die Kapuze an die richtige Stelle legen, fixieren und mit Überwendlingsstichen durch die hinteren Schlingen der jeweiligen M an die Decke nähen.

OHREN

Äußere Ohren (2x)

Mit Garn A und Häkelnd 5,0 mm einen Fadenring häkeln (siehe Grundlegende Techniken: In Spiralrunden häkeln – so funktioniert der Fadenring). In R arb, also nach jeder R wenden.

1. R (Hinr): 3 Lm (zählen immer als 1. Stb), 9 Stb in den Ring, wenden (= 10 M).

2. R: 4 Lm (zählen als 1. DStb), 1 DStb in dieselbe M wie die 4 Anfangs-Lm, je 2 DStb in die nächsten 2 M, je 2 Stb in die nächsten 2 M, 2 Lm, 2 Stb in die nächsten 3 M, wenden (= 20 M und ein 2-Lm-Bogen).

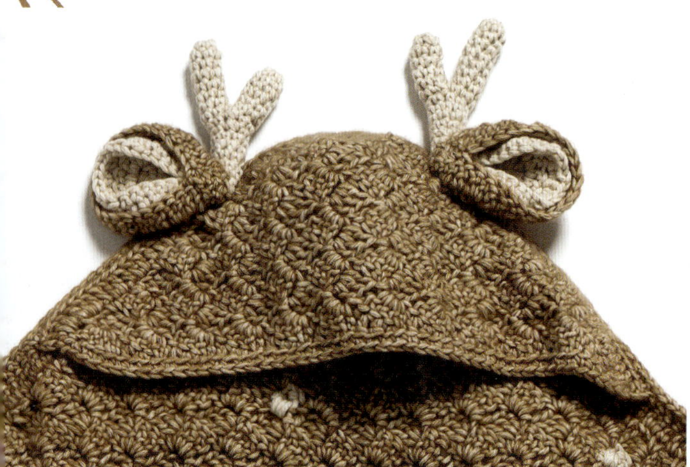

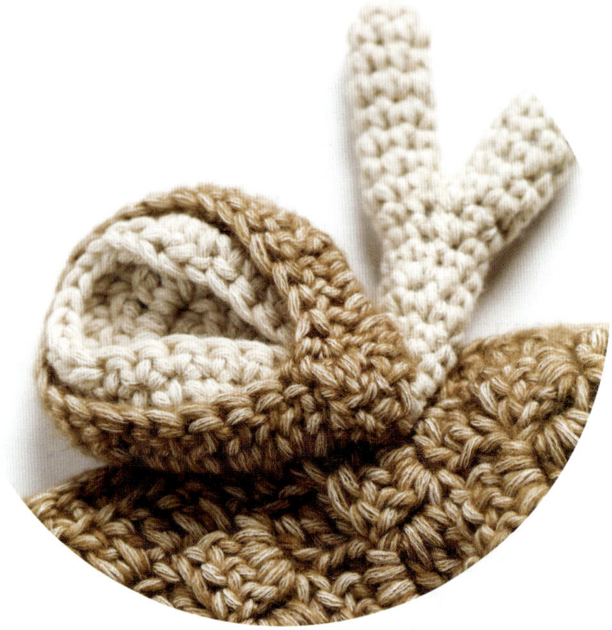

3. R: 3 Lm, 1 Stb unten in dieselbe M wie die 3 Anfangs-Lm, (1 Stb in die nächste M, 2 Stb in die nächste M) 2x, 1 DStb in die nächste M, (2 DStb in die nächste M, 1 Dstb in die nächste M) 2x, 3 DStb in den mittleren 2-Lm-Bogen, (1 DStb in die nächste M, 2 DStb in die nächste M) 2x, 1 DStb in die nächste M, (2 Stb in die nächste M, 1 Stb in die nächste M) 2x, 2 Stb in die letzte M (= 33 M).

Abmaschen. Die untere Kante ein wenig zusammendrücken und über etwa 1,5 cm zusammennähen, sodass eine kleine Tasche entsteht, in die das innere Ohr geschoben wird.

Innere Ohren (2x)

Mit Garn B und Häkelnd 5,0 mm einen Fadenring häkeln (siehe Grundlegende Techniken: In Spiralrunden häkeln – so funktioniert der Fadenring). In R arb, also nach jeder R wenden.

1. R (Hin): 3 Lm (zählt als 1. Stb), 9 Stb in den Ring, wenden (= 10 M).

2. R: 4 Lm (zählen als 1. DStb), 1 DStb unten in dieselbe M wie die 4 Anfangs-Lm, je 2 DStb in die nächsten 2 M, je 2 Stb in die nächsten 4 M, je 2 DStb in die nächsten 3 M, wenden (= 20 M).

3. R: 1 Lm (zählt nicht als M), 1 fM in dieselbe M wie die Anfangs-Lm, je 1 fM in die nächsten 6 M, je 2 hStb in die nächsten 6 M, je 1 fM in die nächsten 7 M, wenden (= 26 M).

Abmaschen. Die untere Kante ein wenig zusammendrücken und über etwa 1,5 cm zusammennähen.

Das innere Ohr in das äußere Ohr schieben und mit ein paar Stichen aneinandernähen.

GEWEIH (2x)

Kurze Enden

Mit Garn B und Häkelnd 5,0 mm einen Fadenring häkeln und in Spiral-Rd häkeln (siehe Grundlegende Techniken: In Spiralrunden häkeln – so funktioniert der Fadenring).

1. Rd: 6 fM in den Fadenring (= 6 M).

2.-5. [6.] Rd: 1 fM in jede M, in der letzten Rd mit 1 Km in die nächste M schließen und abmaschen.

Lange Enden

Ebenso wie die kurzen Enden bis zum Ende der 5. [6.] Rd arb, jedoch nicht mit einer Km schließen.

Die nächsten 3 [4] Rd: 1 fM in jede M.

Nächste Rd (Verbindungs-Rd): In das lange Ende arb, 1 fM in die nächste M, 2 fM zus, je 1 fM in die nächsten 2 M, 2 fM zus über die letzte M des langen Endes und die 1. M des kurzen Endes, 1 fM in die nächsten 2 M des kurzen Endes, 2 fM zus, 1 fM in die letzte M des kurzen Endes (= 9 M).

Nächste Rd (mit Abnahmen): 2 fM zus, je 1 fM in die restlichen M (= 8 M).

Nächste 2 Rd: Je 1 fM in jede M.

Beide Teile fest mit Füllwatte ausstopfen.

Nächste Rd (mit Abnahmen): 2 fM zus, je 1 fM in die restlichen M (= 7 M).

Die nächsten 3 [4] Rd: 1 fM in jede M, in der letzten Rd mit 1 Km in die nächste M schließen und abmaschen.

Weitere Füllwatte hinzufügen, damit das Geweih richtig fest wird.

Jedes Geweih hinter dem jeweiligen Ohr feststecken und festnähen, dabei an den Fotos orientieren. Ohren und Geweihe fest auf die Kapuze nähen, damit sie nicht nach vorne fallen (siehe Grundlegende Techniken: Teile zusammennähen).

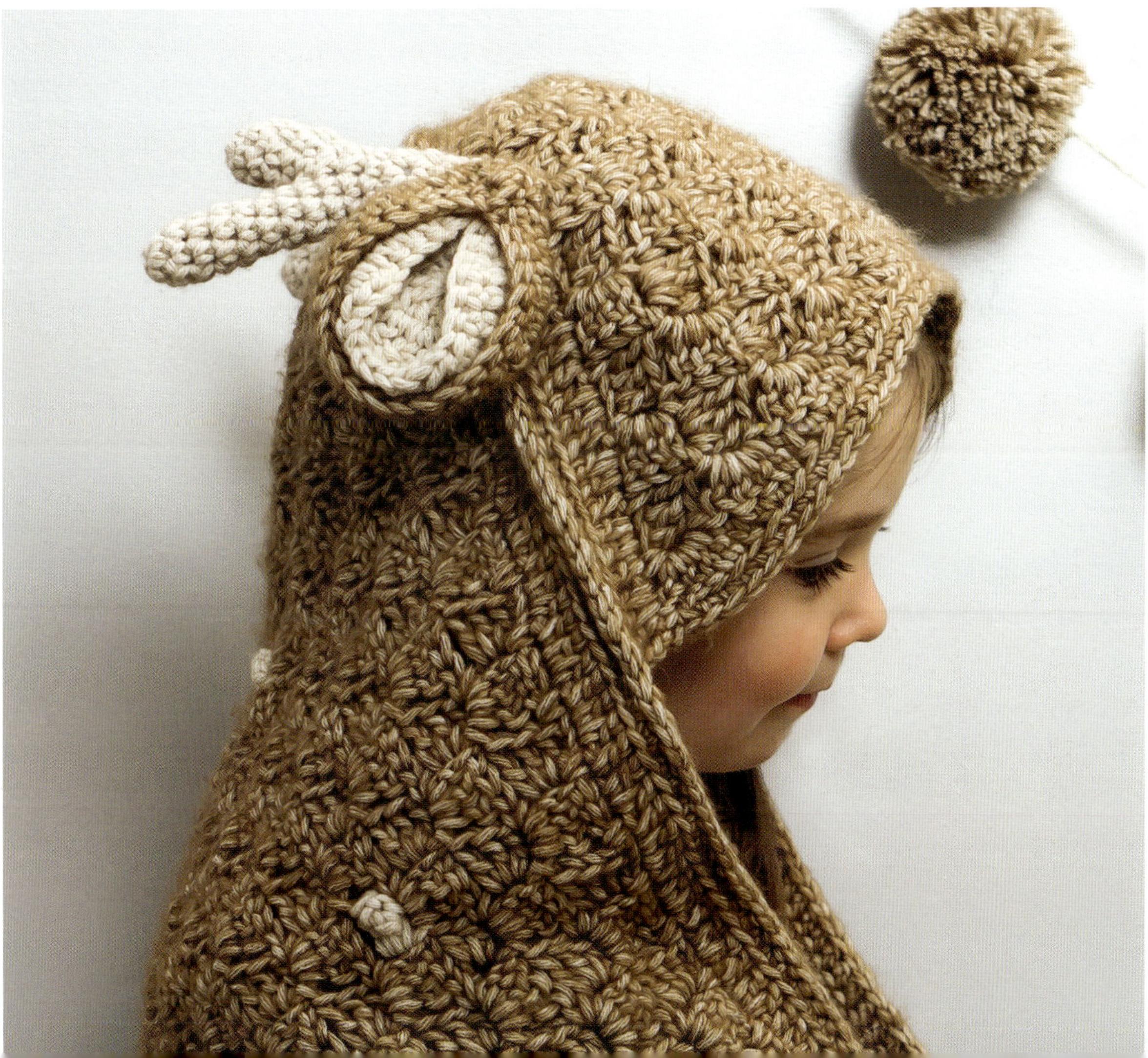

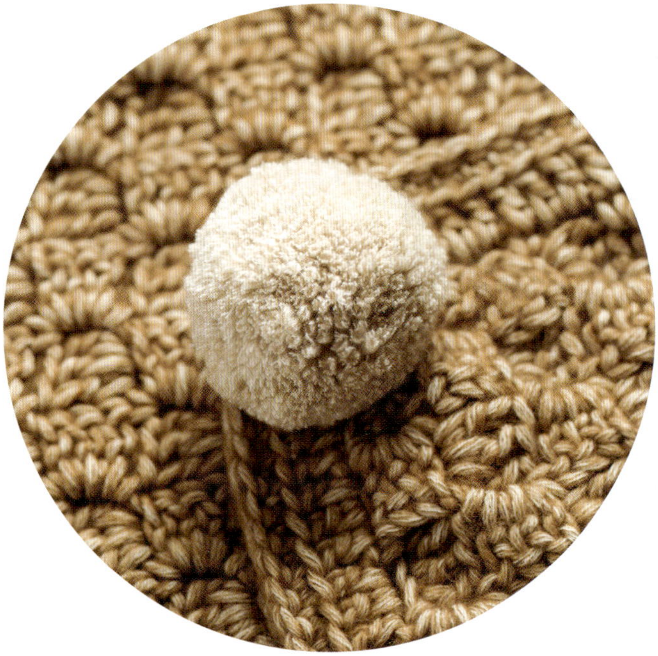

POMPON-SCHWANZ

Einen mittelgroßen Pompon aus Garn B anfertigen und an das Schwanzende der Decke nähen. Du kannst den Pompon so rund lassen, wie er ist, oder ihn vorsichtig in eine Tränenform schneiden, sodass die untere Hälfte in einer Spitze ausläuft.

POMPON-GIRLANDE

Aus Garnresten neun Pompons in verschiedenen Größen von klein bis groß anfertigen und auf einen langen Faden in passender Farbe oder eine Kordel fädeln. Falls nötig, die Pompons mit einem kleinen Tropfen Heißkleber fixieren, damit sie nicht verrutschen, wenn die Girlande aufgehängt wird. Alternativ kannst du die Pompons mit kleinen Knoten links und rechts sichern.

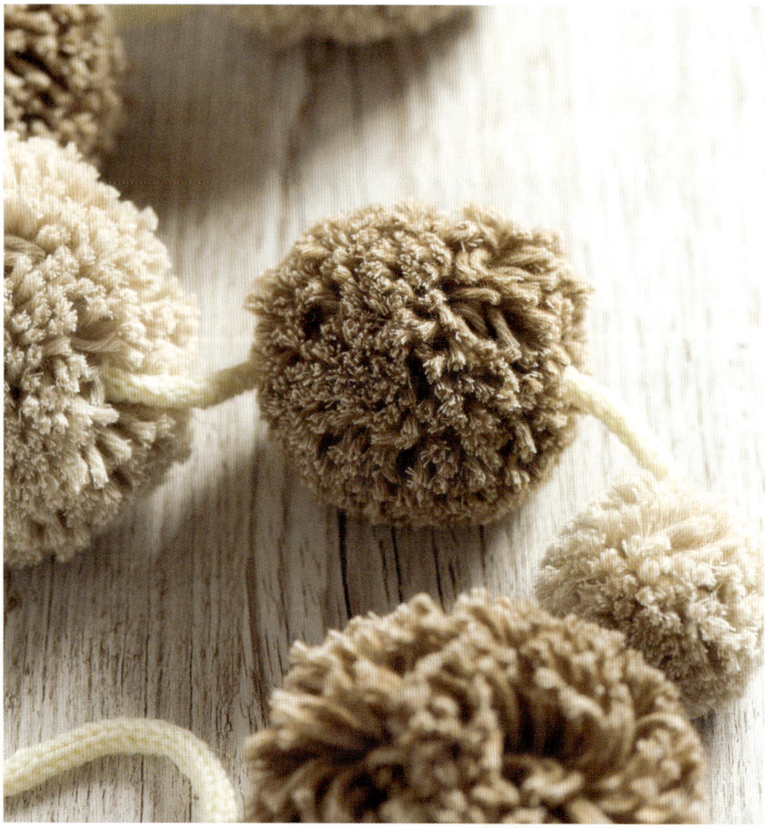

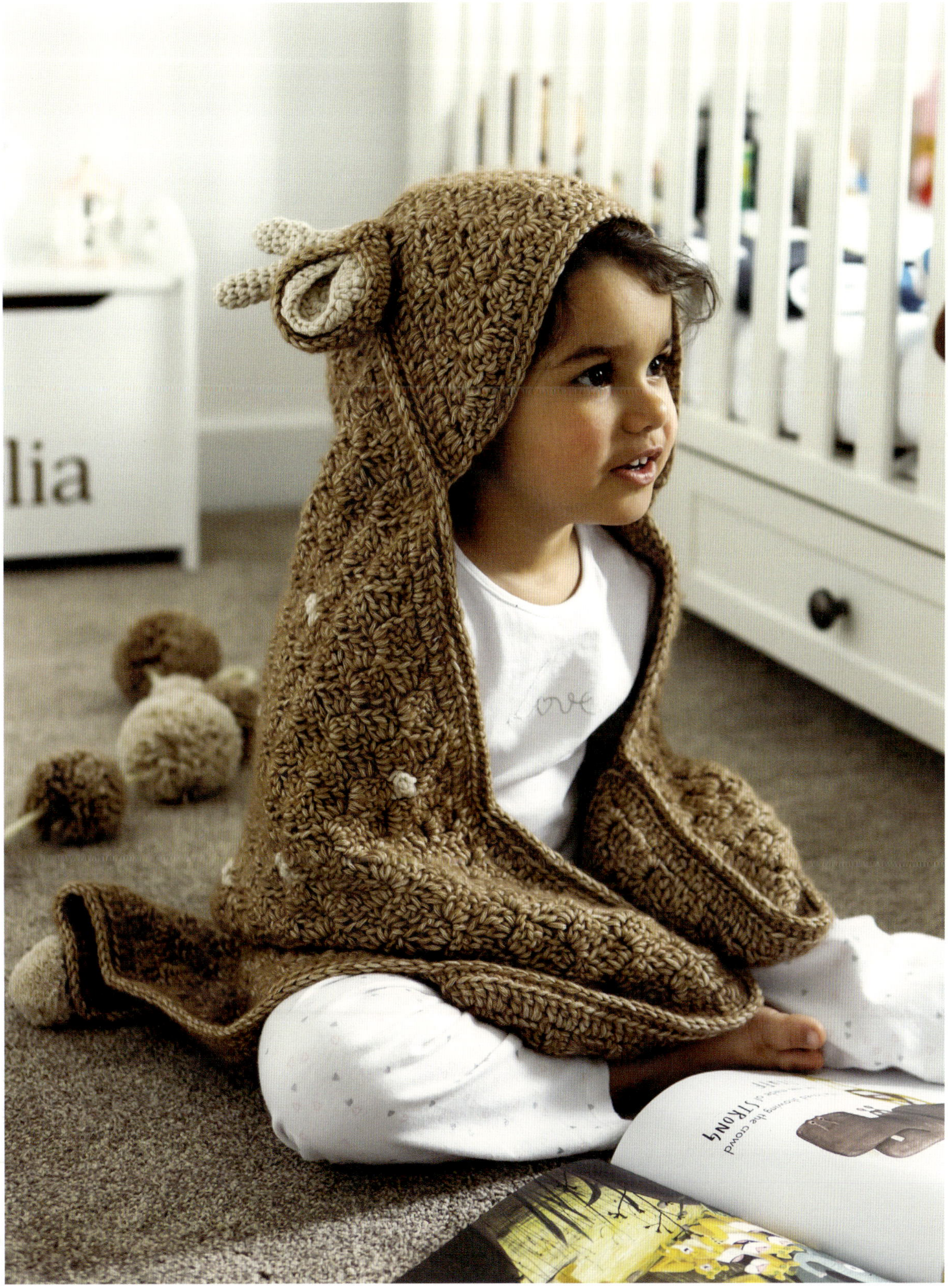
lia

Weihnachtself

Schnapp' dir deine Häkelnadel und häkle dir eine ganz besondere gestreifte Elfendecke – perfekt für die Advents- und Weihnachtszeit. So könnt ihr euch herrlich einkuscheln und noch eine letzte Geschichte lesen, bevor die Familie zur Weihnachtsfeier eintrudelt. In den weichen Handschuhtaschen bleiben kleine Hände warm, auch in kalten Frostnächten. Die niedliche Girlande mit Zuckerstangen zaubert fröhliche Weihnachtsstimmung in jeden Raum.

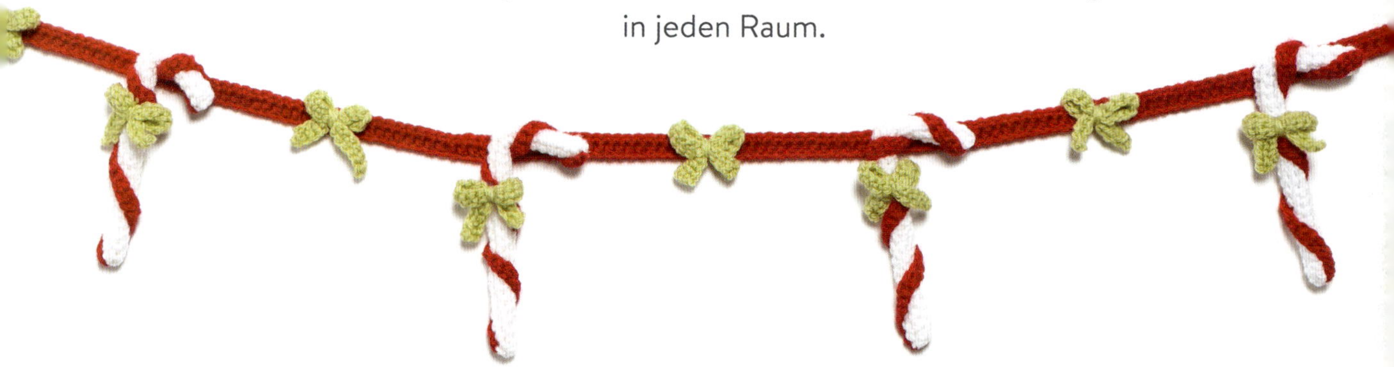

AUFBAU

Eine rechteckige Decke in der Ecke-zu-Ecke-Technik. Kapuze und Handschuhtaschen werden separat gehäkelt und zum Schluss angesetzt.

Mit einer Girlande aus gehäkelten Zuckerstangen

SCHWIERIGKEITSGRAD

Einfach bis mittel – 2/3

GRÖSSE

Alter: 2-4 [5-7] Jahre

Kleidergröße: Etwa 92-104 cm [110-122 cm]

DECKENMASS

63 x 101,5 cm [75 x 119 cm] ohne Zierkante, Handschuhtaschen und Kapuze

67 x 105,5 cm [79 x 123 cm] mit Zierkante (aber ohne Handschuhtaschen und Kapuze)

Die Kapuze ist an der breitesten Stelle etwa 49 cm [58 cm] breit (flach hingelegt).

GIRLANDE

Jede Zuckerstange wird etwa 12 cm lang.

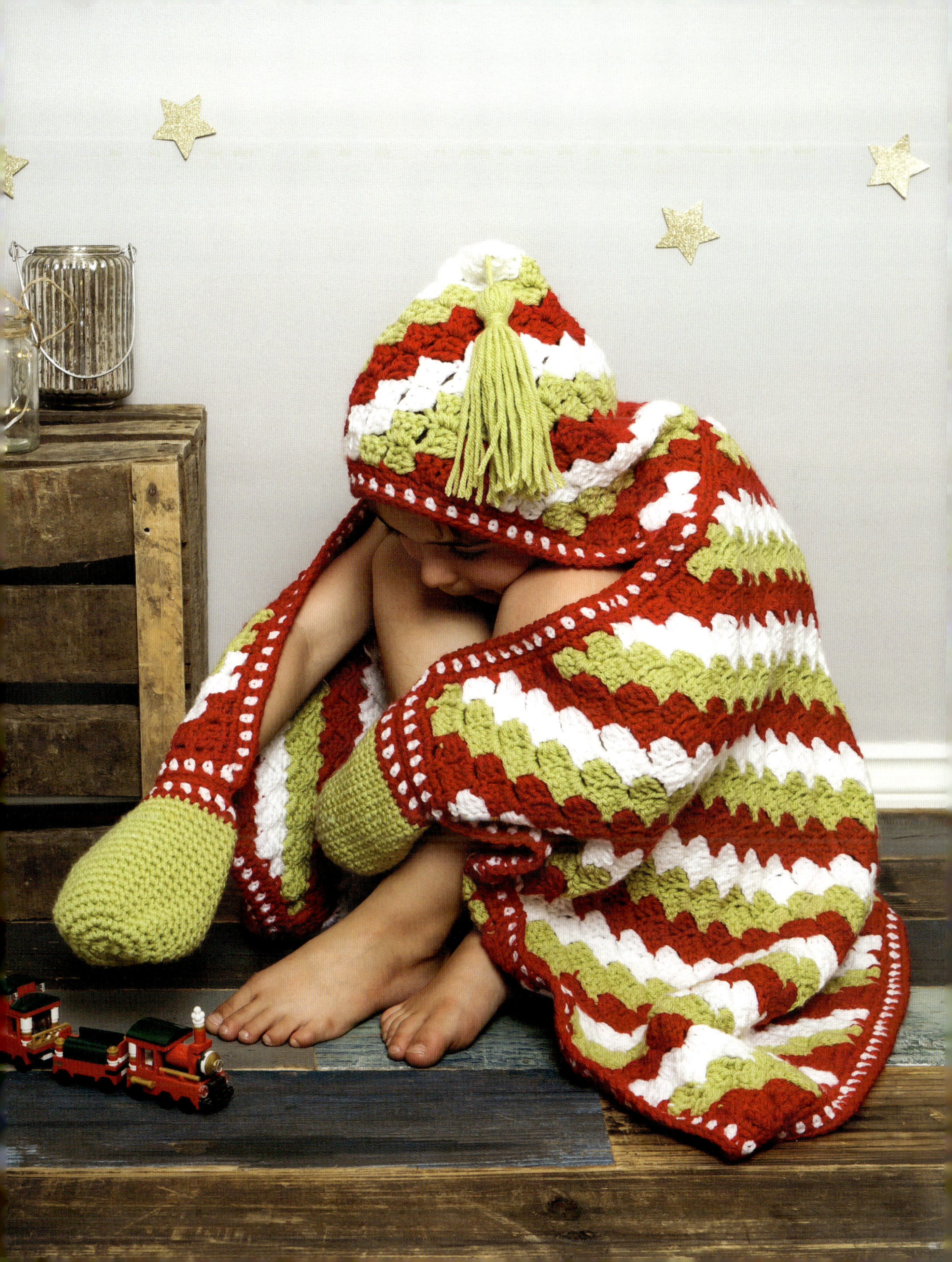

DAS BRAUCHST DU

GARN

FÜR DIE DECKE:

2 [2] Knäuel Chunky (bulky) Garn in Rot (A), Grün (B) und Weiß (C); 144 m/100 g

FÜR DIE GIRLANDE:

Je 1 Knäuel DK (8-fädig/light worsted) Garn in Weiß (D), Rot (E) und Grün (F); 295 m/100 g

HINWEISE ZUM GARN

ICH HABE VERWENDET:

Garn A: Stylecraft Special Chunky (100 % Acryl, LL 144 m /100 g) in Lippenstift-Rot (Fb 1246)

Garn B: Stylecraft Special Chunky (100 % Acryl, LL 144 m /100 g) in Limette (Fb 1712)

Garn C: Stylecraft Special Chunky (100 % Acryl, LL 144 m /100 g) in Weiß (Fb 1001)

Garn D: Stylecraft Special DK (100 % Acryl, LL 295 m /100 g) in Weiß (Fb 1001)

Garn E: Stylecraft Special DK (100 % Acryl, LL 295 m /100 g) in Lippenstift-Rot (Fb 1246)

Garn F: Stylecraft Special DK (100 % Acryl, LL 295 m /100 g) in Limette (Fb 1712)

DAS BRAUCHST DU NOCH

Häkelnadeln 4,0 mm und 6,0 mm
Nähnadel und Nähgarn in Rot
Maschenmarkierer
7 Pfeifenreiniger
Heißklebepistole und Heißkleber
Sprühstärke (optional)

MASCHENPROBE

Garn A-C, etwa 4,5 Quadrate mit Häkelnd 6,0 mm = 10 cm x 10 cm

ÜBRIGENS ...

Hier wird nach der Standardanleitung für eine rechteckige Decke gehäkelt (Seite 34).

Anleitung

Hinweis: Die Streifenfolge für die gesamte Decke: 2 R in Garn A, 2 R in Garn B, 2 R in Garn C.
Bei jedem Farbwechsel wird das erste Garn abgeschnitten. Langes Fadenende hängenlassen und unauffällig vernähen.

DECKE

Mit Garn A und Häkelnd 6,0 mm eine Anfangsschlinge machen.

Nach der Standardanleitung eine rechteckige Decke häkeln, dabei in Streifen arb: 2 R in Garn A, 2 R in Garn B, 2 R in Garn C.

- Bis auf 28 [34] Quadrate zunehmen (oder bis die geraden Seitenkanten 63 cm [75 cm] lang sind).
- Dann 18 [20] R ohne Zu- und ohne Abnahmen arb (oder bis die Decke an der breitesten Stelle 101, 5 cm [119 cm] misst).
- Bis auf 1 Quadrat abnehmen, abmaschen.

Aufgepasst bei Farbwechseln bei Abnahmen: Das neue Garn erst aufnehmen, nachdem die ersten 3 Km am R-Anfang gehäkelt wurden (Farbwechsel bei der Km in die erste der 3 Lm am Ende des Quadrats).

GRUNDRUNDE FÜR DIE ZIERKANTE

Mit dieser Rd wird die Kante deiner Decke schön gerade (siehe Grundlegende Techniken: Grundrunde für die Zierkante, Schritte 3-9).

Mit Häkelnd 6,0 mm und Garn A mit 1 Km in einer beliebigen Eck-M neu anschlingen.

1. Rd: 1 Lm (zählt nicht als M), (1 fM, 2 Lm, 1 fM) in dieselbe Eck-M, 2 Lm, * 1 fM in den Lm-Bogen zwischen den nächsten Quadraten, 2 Lm; ab * bis zur nächsten Ecke wdh **, (1 fM, 2 Lm, 1 fM) in die Eck-M, 2 Lm ***; ab * bis *** noch 2x wdh, dann ab * bis ** noch 1x wdh, mit 1 Km in die 1. fM schließen.

Abmaschen.

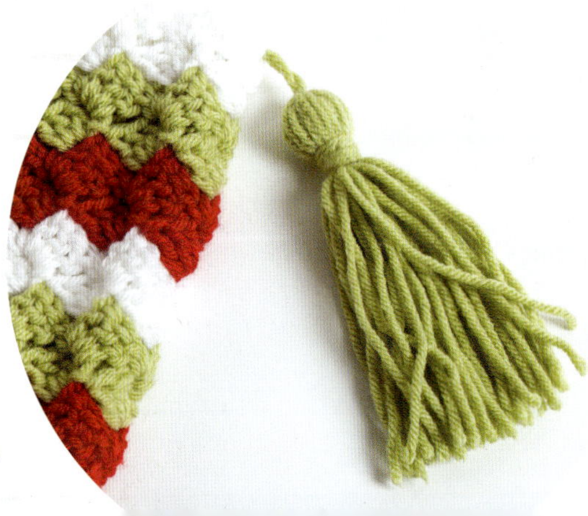

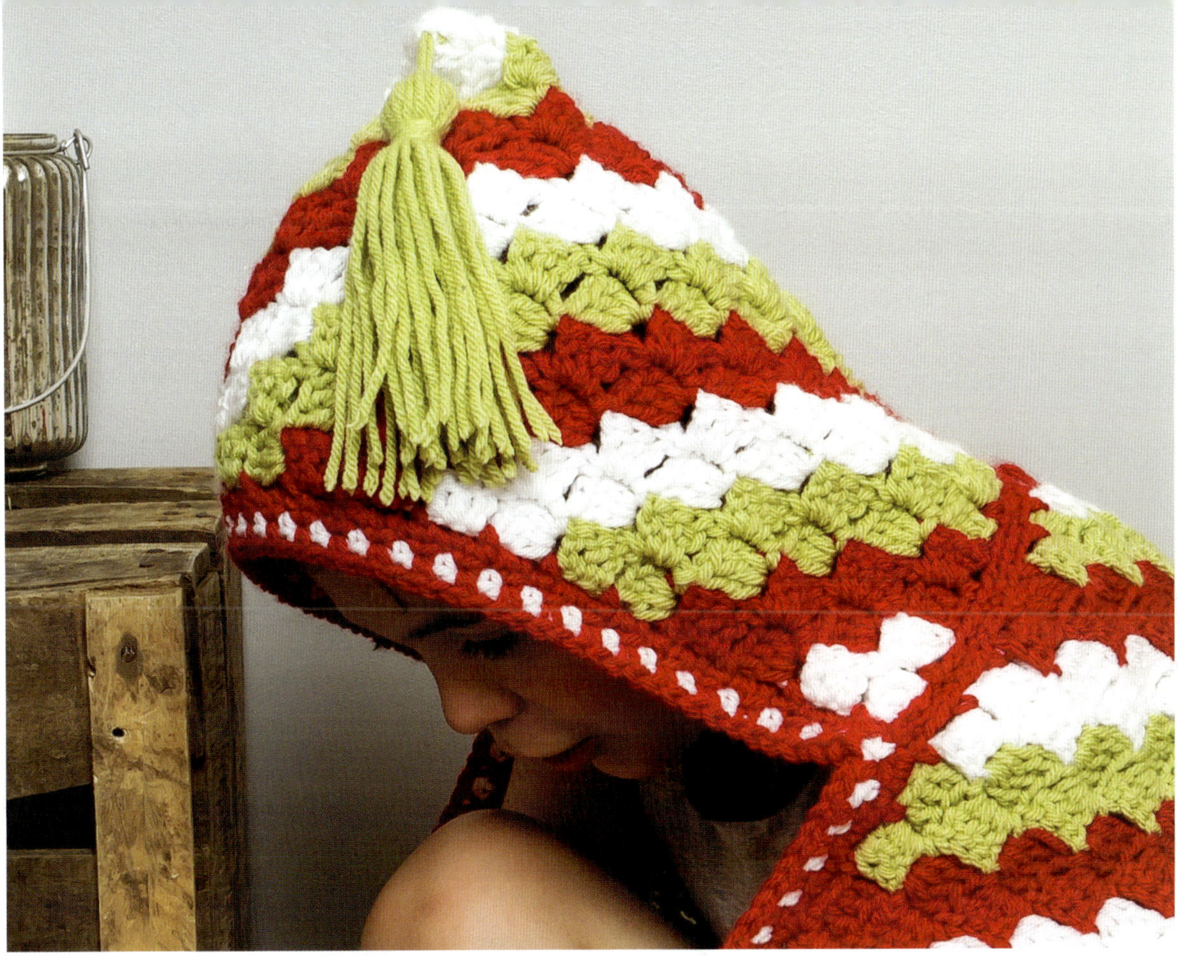

KAPUZE

Die Decke so hinlegen, dass die diagonalen Streifen von oben rechts nach unten links verlaufen. Die Seite, die jetzt oben liegt, ist die Innenseite (linke Seite) der Decke. Links und rechts von den mittleren 10 [12] Streifen je eine Stecknadel zur Orientierung einstechen. Jetzt mit der Kapuze in der Farbe beginnen, die der erste Streifen (ganz rechts) dieser mittleren 10 [12] Streifen hat. Ich habe die Farbe hier nicht genauer angegeben, da du eventuell eine andere Anzahl Streifen gehäkelt hast. Und es sieht besser aus, wenn die Streifen der Kapuze den Streifen der Decke entsprechen.

Mit Häkelnd 6,0 mm und dem richtigen Garn eine Anfangsschlinge häkeln.

Nach der Standardanleitung für eine rechteckige Decke häkeln, dabei sollen die Streifen aus 2 R den Streifen der Decke entsprechen:

- Bis auf 20 [24] Quadrate zunehmen, nicht abmaschen.

Nächste R (damit die Kante gerade wird): Je 1 Km in die nächsten 3 Stb, 1 Km oben in die 3 Lm am Ende des Quadrats, weiter an der Zickzackkante: * 1 Stb in die nächste M, 1 hStb in die nächste M, 1 fM in die nächste M, 1 Km oben in die nächsten 3 Lm (1 Quadrat ausgefüllt); ab * bis zum Ende wdh (siehe Grundlegende Techniken: Eine Zickzackkante begradigen).

Abmaschen.

Die Kapuze flach hinlegen, die letzte R liegt links. Die Spitze des Dreiecks nach unten an die untere linke Ecke der letzten R legen, sodass eine Kapuze entsteht. Die Spitze des Dreiecks liegt jetzt 2 cm über der Unterkante der Kapuze. Die Naht mit passendem Garn im Überwendlingsstich schließen.

Die unbearbeitete Kante der Kapuze folgendermaßen umhäkeln:

Grundrunde der Zierkante: Mit Garn A mit 1 Km zwischen beliebigen Quadraten neu anschlingen, 1 Lm (zählt nicht als M), 1 fM in dieselbe M, 2 Lm, * 1 fM zwischen die nächsten Quadrate, 2 Lm *; ab * bis * um die gesamte Kapuzenkante wdh, mit 1 Km in die 1. fM schließen und abmaschen.

Die Kapuze zwischen die Stecknadeln an die Deckenkante legen und die Streifen korrekt ausrichten. Die Unterkante der Kapuze im Überwendlingsstich mit Garn A an die Decke nähen. Nachdem die Handschuhe angesetzt sind, eine Quaste an der Spitze der Kapuze anbringen (siehe Seite 87).

ZIERKANTE UM DIE GESAMTE DECKE

Jetzt um die gesamte Decke und die Kapuzenkante die folgende Zierkante häkeln:

1. Rd: Die Außenseite der Decke liegt oben (die Rückseite der Kapuze zeigt zu dir), mit Garn A mit 1 Km in einem beliebigen 2-Lm-Bogen neu anschlingen, 1 Lm (zählt nicht als M), 2 fM in denselben Bogen, * 1 fM in die nächste fM, (2 fM in den nächsten 2-Lm-Bogen, 1 fM in die nächste fM) bis zum nächsten Lm-Bogen in der Ecke, (1 fM, 2 Lm, 1 fM) in den Lm-Bogen in der Ecke; ab * um die gesamte Decke herum arb, am Rd-Ende mit 1 Km in die 1. fM schließen. Abmaschen.

Hinweis: Wenn in der 2. Rd vor jeder Ecke noch eine zusätzliche fM ist, kannst du diese 2 fM in der letzten Wiederholung überspringen, da man dies nicht sehen wird.

2. Rd: Mit Garn C mit 1 Km in einem beliebigen Lm-Bogen in der Ecke neu anschlingen, 1 Lm (zählt nicht als M), * (1 fM, 2 Lm, 1 fM) in den Lm-Bogen in der Ecke, 1 Lm, 1 fM überspringen, (1 fM in die nächste fM, 1 Lm, 1 fM überspringen) bis zum nächsten Lm-Bogen in der Ecke; ab * noch 3x wdh, mit 1 Km in die 1. fM schließen. Abmaschen.

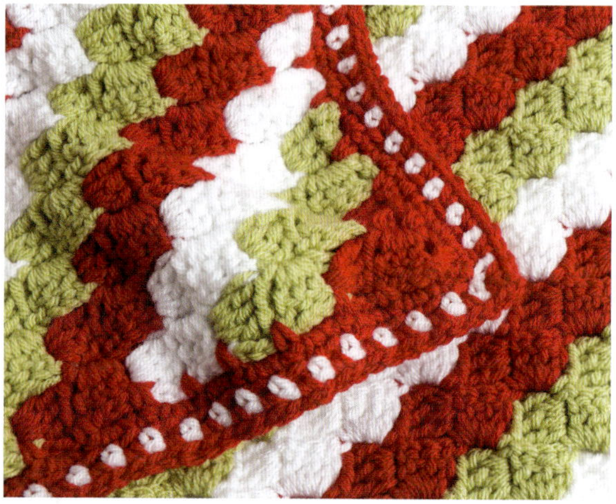

3. Rd: Mit Garn A mit 1 Km in einem beliebigen Lm-Bogen in der Ecke neu anschlingen, 1 Lm (zählt nicht als M), * 3 fM in den Lm-Bogen in der Ecke, 1 Lm, 1 fM überspringen, (1 fM in den nächsten Lm-Bogen, 1 Lm, nächste fM überspringen) bis zum nächsten Lm-Bogen in der Ecke; ab * noch 3x wdh, mit 1 Km in die 1. fM schließen. Abmaschen.

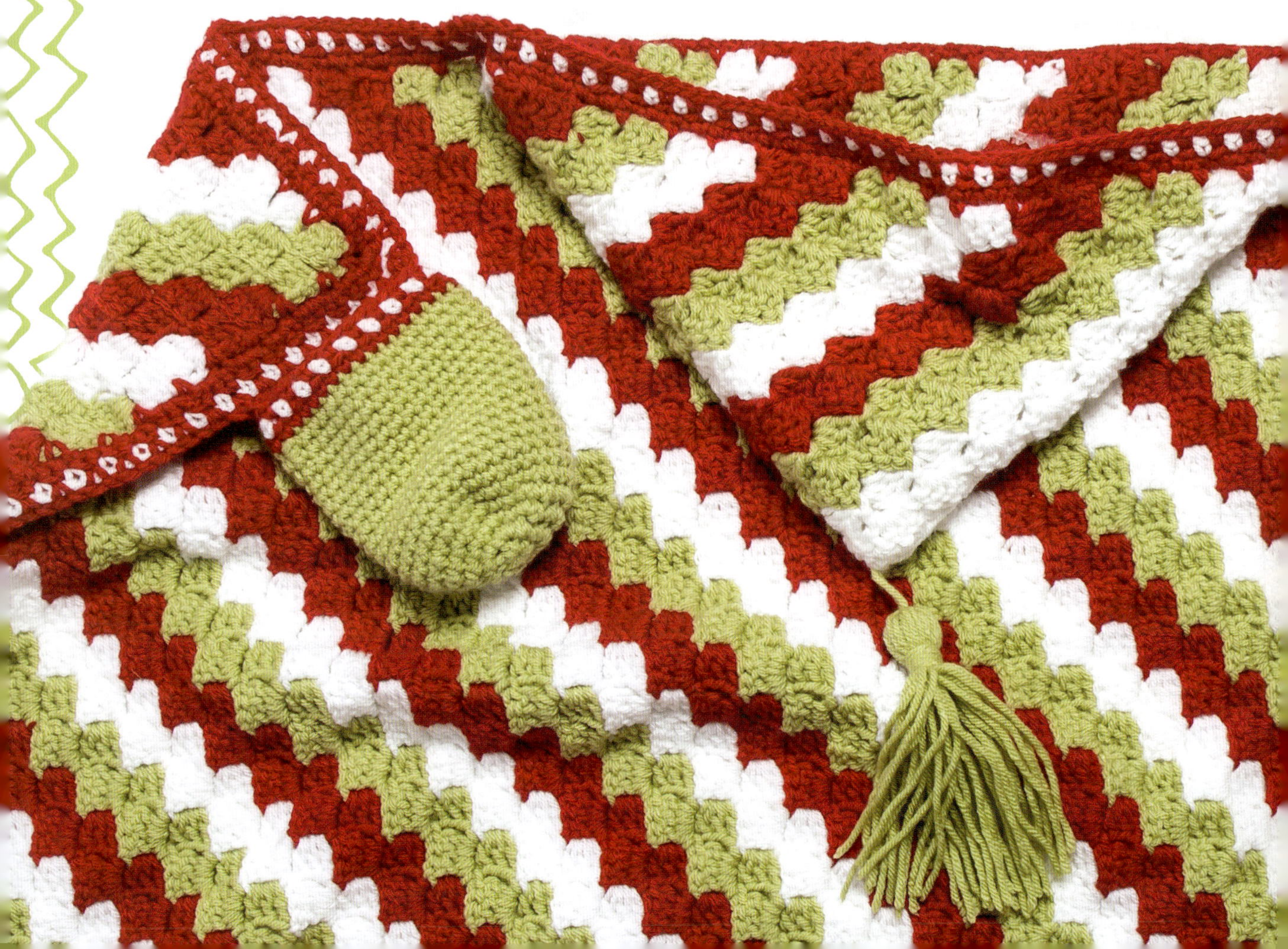

HANDSCHUHTASCHEN (2x)

Mit Garn B und Häkelnd 6,0 mm einen Fadenring häkeln. In Spiral-Rd arb, ohne die Rd am Ende zu schließen. Einen Maschenmarkierer in die 1. M der Rd einhängen und in jeder weiteren Rd versetzen (siehe Grundlegende Techniken: In Spiralrunden häkeln – so funktioniert der Fadenring).

1. Rd: 8 fM in den Fadenring (= 8 M).

2. Rd: 2 fM in jede M (= 16 M).

3. Rd: (2 fM in die nächste M, 1 fM in die nächste M) 8x (= 24 M).

4. Rd: (2 fM in die nächste M, je 1 fM in die nächsten 2 M) 8x (= 32 M).

5.-11. Rd: 1 fM in jede M.

12. Rd: (2 fM in die nächste M, je 1 fM in die nächsten 15 M) 2x (= 34 M).

13.-18. Rd: 1 fM in jede M, zu Garn A wechseln und mit 1 Km in die 1. fM schließen.

Weiter mit Garn A.

19. Rd: 1 Lm (zählt nicht als M), 1 fM in jede M, mit 1 Km in die 1. fM schließen. Abmaschen.

20. Rd: mit Garn C mit 1 Km in einer beliebigen M neu anschlingen, 1 Lm (zählt nicht als M), 1 fM in dieselbe M, (1 Lm, nächste fM überspringen, 1 fM in die nächste M) bis zur letzten M, 1 Lm, letzte M überspringen, mit 1 Km in die 1. fM schließen. Abmaschen.

21. Rd: Mit Garn A mit 1 Km in einem beliebigen 1-Lm-Bogen neu anschlingen, 1 Lm (zählt nicht als M), 1 fM in dieselbe M, (1 Lm, nächste fM überspringen, 1 fM in den nächsten 1-Lm-Bogen) bis zur letzten M, letzte M überspringen, mit 1 Km in die 1. fM schließen. Abmaschen.

Die Handschuhtaschen an beiden Enden der oberen Deckenkante feststecken (das ist die Kante mit der Kapuze). Eine Hälfte der offenen Handschuhkante im Überwendlingsstich an die Seitenkante der Decke nähen (siehe Grundlegende Techniken: Teile zusammennähen).

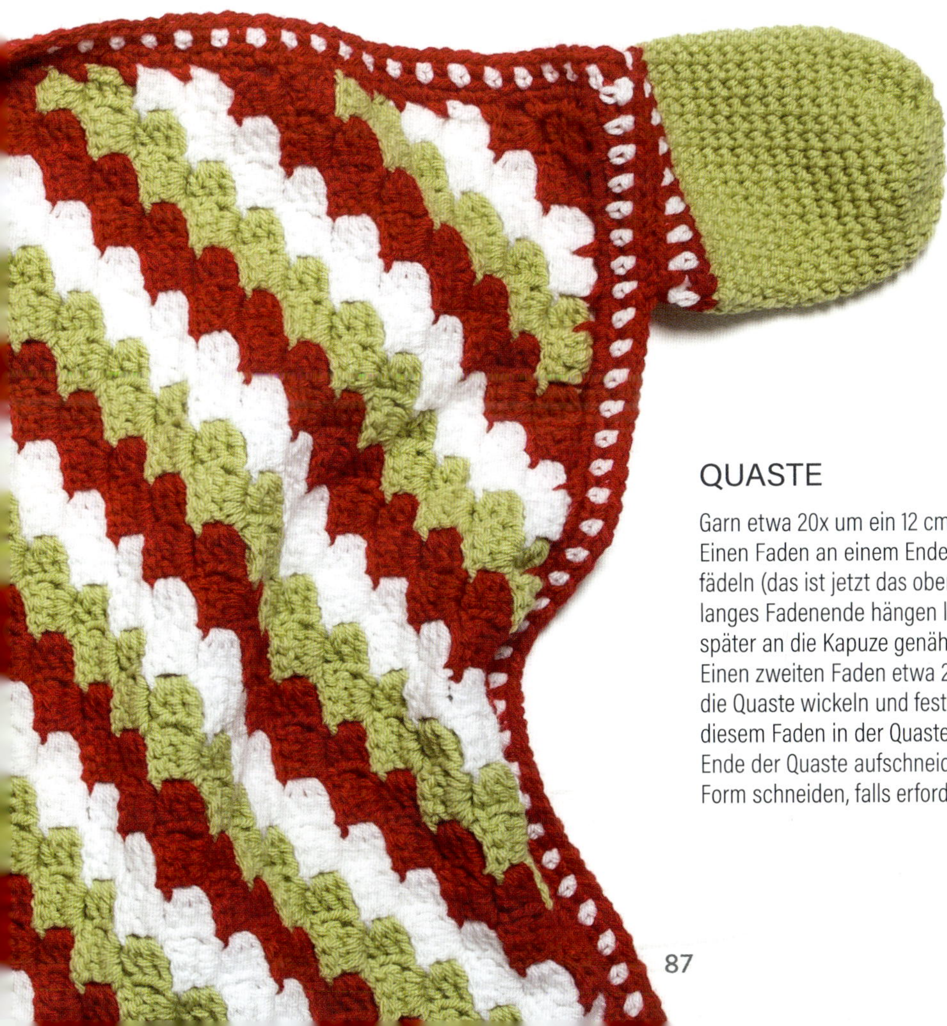

QUASTE

Garn etwa 20x um ein 12 cm breites Kartonstück wickeln. Einen Faden an einem Ende unter die gewickelten Fäden fädeln (das ist jetzt das obere Ende). Fest verknoten und ein langes Fadenende hängen lassen. Damit wird die Quaste später an die Kapuze genäht. Das Garn vom Karton abnehmen. Einen zweiten Faden etwa 2 cm vom oberen Ende entfernt um die Quaste wickeln und fest zusammenknoten. Die Enden von diesem Faden in der Quaste verstecken. Die Fäden am unteren Ende der Quaste aufschneiden und die Quaste ein wenig in Form schneiden, falls erforderlich.

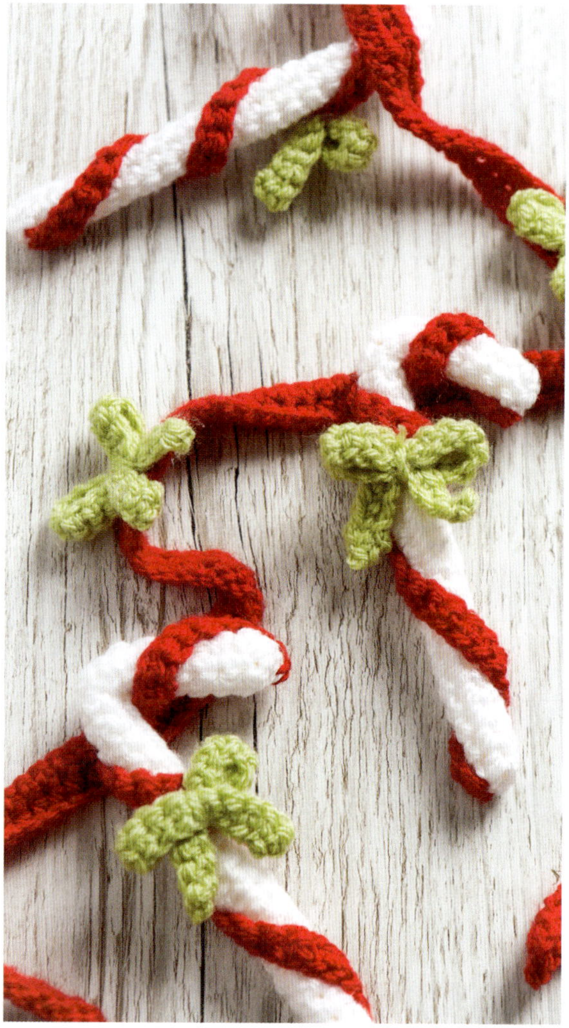

GIRLANDE

Zuckerstange (7x)

Mit Garn D und Häkelnd 4,0 mm 29 Lm häkeln.

1. R: 1 fM in die 2. Lm von der Nd aus, je 1 fM in jede M bis zum R-Ende, wenden (= 28 M).

2. R: 1 Lm (zählt nicht als M), 1 fM in jede M bis zum R-Ende, wenden.

3.-5. R: Wie die 2. R.

Abmaschen.

Roter Streifen der Zuckerstange (7x)

Mit Garn E und Häkelnd 4,0 mm 40 Lm häkeln.

1. R: 1 fM in die 2. Lm von der Nd aus, je 1 fM in jede Lm bis zum R-Ende (= 39 M).

Abmaschen.

Schleife (13x)

Mit Garn F und Häkelnd 4,0 mm 27 Lm häkeln.

1. R: 1 fM in die 2. Lm von der Nd aus, 1 fM in jede Lm bis zum R-Ende (= 26 M).

Abmaschen.

Girlandenschnur

Mit Garn E und Häkelnd 4,0 mm 161 Lm häkeln.

1. R: 1 fM in die 2. Lm von der Nd aus, je 1 fM in jede Lm bis zum R-Ende, wenden (= 160 M).

2. R: 1 Lm (zählt nicht als M), je 1 fM in jede M bis zum R-Ende, wenden.

Abmaschen.

FERTIGSTELLUNG

Die gehäkelten Zuckerstangen längs zu einem Röhrchen legen und zusammennähen. Dabei ein kurzes Ende offen lassen. Einen Pfeifenreiniger in das Röhrchen schieben und abschneiden, falls er zu lang ist. Die Zuckerstange zu einem Haken biegen. Den roten Streifen aus Garn E von unten nach oben um die Zuckerstange legen und mit Nähgarn festnähen. Die Streifen aus Garn F zu Schleifen legen und mit einem kurzen Faden in der Mitte umwickeln, damit sie die Form behalten. Falls erforderlich, die Schleifen mit Sprühstärke einsprühen, flach hinlegen und trocknen lassen. Auf jede Zuckerstange vorne eine Schleife aufnähen oder aufkleben. Die Zuckerstangen gleichmäßig auf der Girlandenschnur verteilen und festnähen. Die restlichen Schleifen aus Garn F zwischen den Zuckerstangen festnähen oder festkleben.

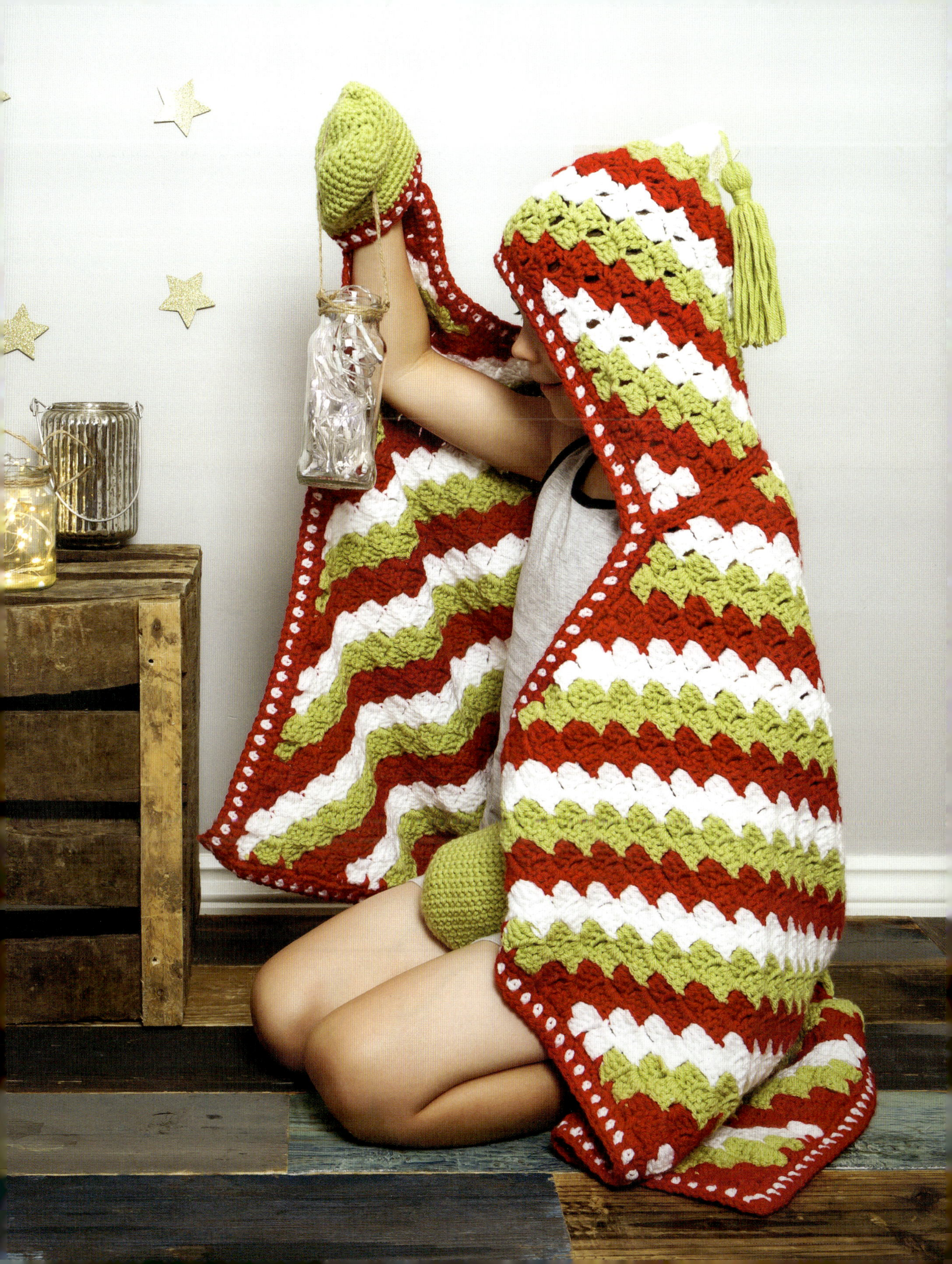

Fisch

Erst mit einer Decke zum Thema „Meer“ wird diese Deckenkollektion vollständig, daher habe ich diesen niedlichen Korallenfisch mit seiner Girlande aus lustigen Meeresbildern in dieses Buch aufgenommen. Du kannst die Decke in praktisch jeder Farbe häkeln: Für einen Clownfisch kannst du ein leuchtendes Orange mit schwarz-weißer Kante nehmen, oder du wählst verschiedene Blautöne in Kombination mit Gelb aus. Mit den Flossen an der Kapuze schwimmen die kleinen Fische los und erleben spannende Meeresabenteuer!

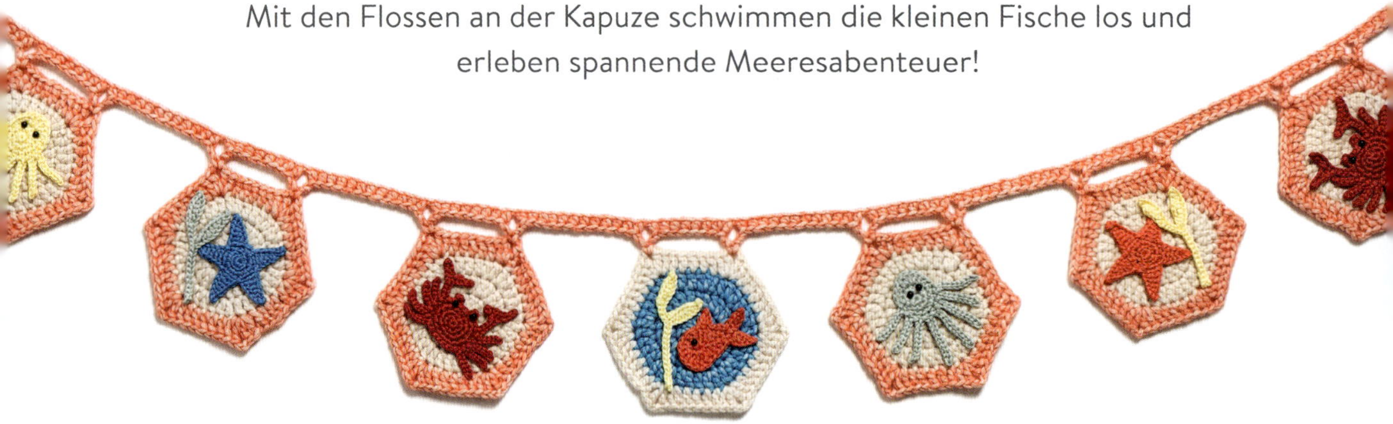

AUFBAU

Eine quadratische Decke in der Ecke-zu-Ecke-Technik. Kapuze, Taschen und Flossen werden separat gehäkelt und zum Schluss angesetzt.

Die Zierkante um die Decke herum wird aus Muschelmaschen gehäkelt.

Sechseckige Fähnchen bilden eine Meeresgirlande.

SCHWIERIGKEITSGRAD

Mittel – 3

GRÖSSE

Alter: 2-4 [5-7] Jahre

Kleidergröße: Etwa 92-104 cm [110-122 cm]

DECKENMASS

56 cm [66 cm] im Quadrat ohne Zierkante

68 cm [78 cm] im Quadrat mit Zierkante

Die Kapuze ist an der breitesten Stelle etwa 41 cm [46 cm] breit (flach hingelegt und ohne Zierkante).

GIRLANDE

Jedes Sechseck hat einen Durchmesser von 11,5 cm.

SPEZIALMASCHEN

Muschelmasche: (2 M überspringen, 7 Stb wie angegeben in die nächste M oder den nächsten Lm-Bogen, 2 M überspringen, 1 Km in die nächste M) so oft wdh wie angegeben.

3-Lm-Picot: 3 Lm, 1 Km in die 3. Lm von der Nd aus.

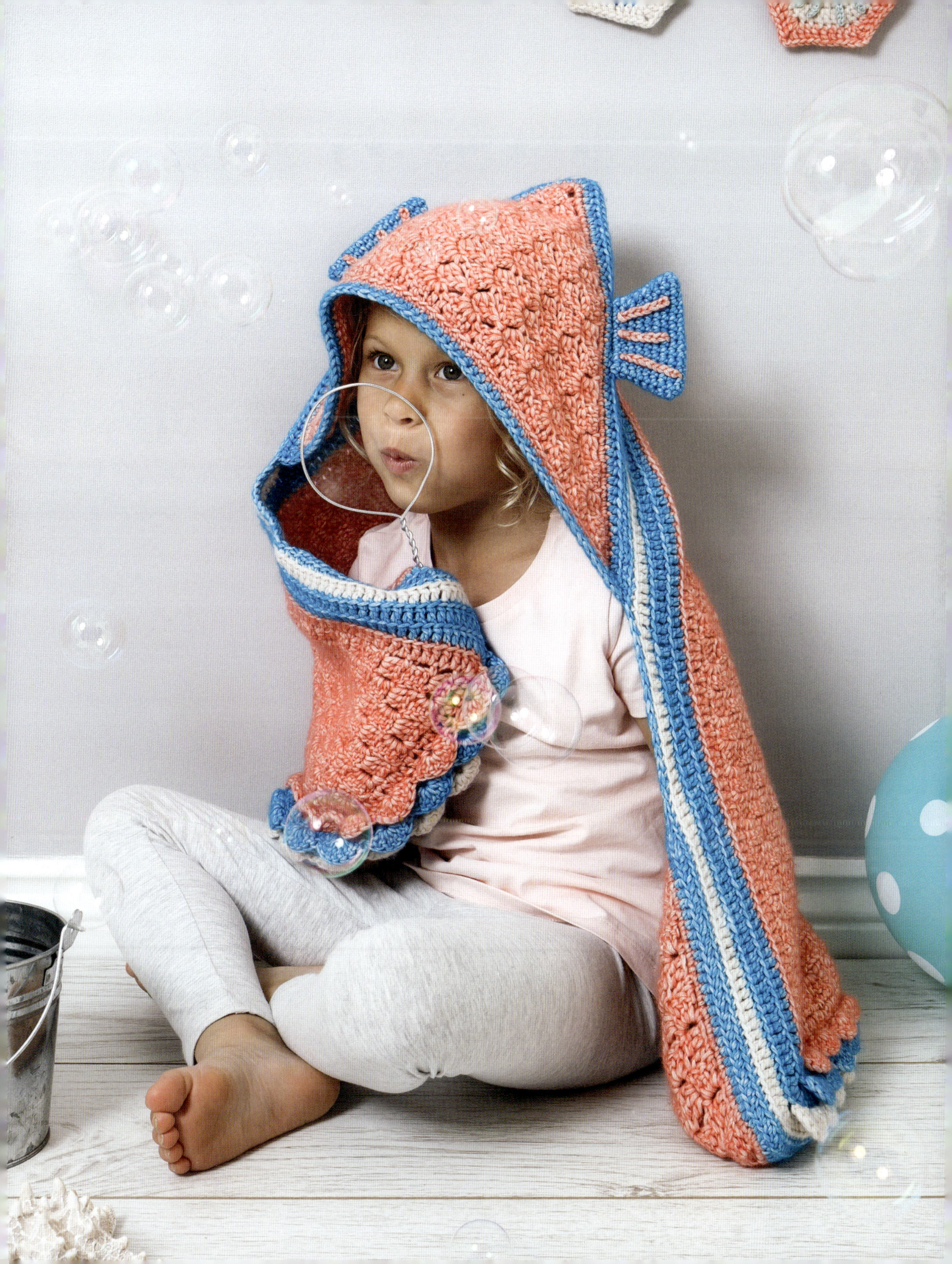

DAS BRAUCHST DU

GARN

FÜR DIE DECKE:

8 [11] Knäuel Aran (10-fädig/worsted) Garn in Orange (A), 2 [2] Knäuel in Türkis (B) und 1 [1] Knäuel in Creme (C); 100 m/50 g

FÜR DIE GIRLANDE:

Je 1 [1] Knäuel Aran (10-fädig/worsted) Garn in Orange (A), Türkis (B) und Creme (C); 100 m/50 g

Je 1 Knäuel 4-fädig (fingering) Baumwollgarn in Rot (D), Türkis (E), Blassgrün (F), Gelb (G) und Orange (H); 25 m/10 g

HINWEISE ZUM GARN

ICH HABE VERWENDET:

Garn A: Wendy Purity Superwash Merino Cotton (70 % Baumwolle, 30 % Acryl, LL 100 m/50 g) in Breeze (Fb 5165)

Garn B: Wendy Purity Superwash Merino Cotton (70 % Baumwolle, 30 % Acryl, LL 100 m/50 g) in Air (Fb 5167)

Garn C: Wendy Purity Superwash Merino Cotton (70 % Baumwolle, 30 % Acryl, LL 100 m/50 g) in Mist (Fb 5160)

Garn D: Scheepjes Catona minis (100 % Baumwolle, LL 25 m/10 g) in Rosewood (Fb 258)

Garn E: Scheepjes Catona minis (100 % Baumwolle, LL 25 m/10 g) in Vivid Blue (Fb 146)

Garn F: Scheepjes Catona minis (100 % Baumwolle, LL 25 m/10 g) in Silver Green (Fb 402)

Garn G: Scheepjes Catona minis (100 % Baumwolle, LL 25 m/10 g) in Lemonade (Fb 403)

Garn H: Scheepjes Catona minis (100 % Baumwolle, LL 25 m/10 g) in Watermelon (Fb 252)

DAS BRAUCHST DU NOCH

Häkelnadeln 2,75 mm, 4,0 mm und 4,5 mm

12 schwarze Perlen, ø 4 mm

Heißklebepistole und Heißkleber oder Stoffkleber

Maschenmarkierer

Sprühstärke (optional)

MASCHENPROBE

Garn A-C, etwa 5,75 Quadrate mit Häkelnd 4,5 mm = 10 cm x 10 cm

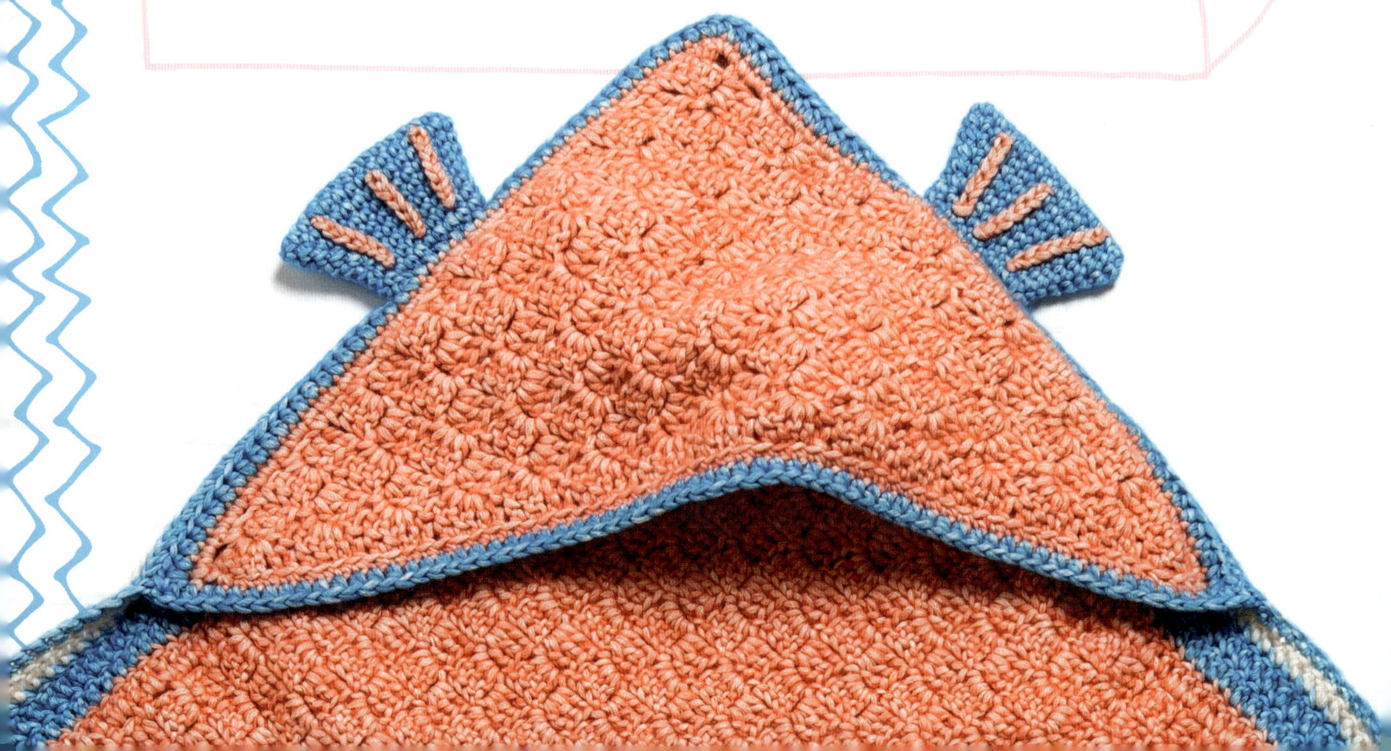

ÜBRIGENS …

Hier wird nach der Standardanleitung für eine quadratische Decke gehäkelt (Seite 32).

Anleitung

DECKE

Mit Garn A und Häkelnd 4,5 mm eine Anfangsschlinge machen.

Nach der Standardanleitung für eine quadratische Decke arb:

- Bis auf 32 [38] Quadrate zunehmen (oder bis die geraden Seitenkanten 56 cm [66 cm] lang sind).
- Bis auf 1 Quadrat abnehmen, nicht abmaschen.

Weiter eine Grundrunde für die Zierkante um die gesamte Decke herum häkeln.

GRUNDRUNDE FÜR DIE ZIERKANTE

Mit dieser Rd wird die Kante deiner Decke schön gerade (siehe Grundlegende Techniken: Grundrunde für die Zierkante, Schritte 3-9).

1. Rd: 1 Lm (zählt nicht als M), (1 fM, 2 Lm, 1 fM) in dieselbe Eck-M, 2 Lm, * 1 fM in den Lm-Bogen zwischen den nächsten 2 Quadraten, 2 Lm; ab * bis zur nächsten Ecke wdh **, (1 fM, 2 Lm, 1 fM) in die Eck-M, 2 Lm ***; ab * bis *** noch 2x wdh, dann ab * bis ** noch 1x wdh, mit 1 Km in die 1. fM schließen.

Nicht abmaschen.

Die Zierkante wird mit Stäbchen gehäkelt:

1. Rd der Zierkante: 1 Km in den 2-Lm-Bogen in der Ecke, 3 Lm (zählt als 1. Stb), 2 Stb in denselben Bogen, * 1 Stb in die nächste fM, 1 Stb in den nächsten 2-Lm-Bogen, 1 Stb in die nächste fM, 2 Stb in den nächsten 2-Lm-Bogen; ab * bis zur nächsten Ecke wdh (die letzte Wdh endet nach dem Stb in die letzte fM), 3 Stb in den nächsten Lm-Bogen in der Ecke **; ab * bis ** noch 3x wdh, die letzten 3 Stb überspringen, mit 1 Km in die oberste der 3 Anfangs-Lm schließen. Abmaschen.

2. Rd der Zierkante: Mit Garn B in der hinteren Schlinge des mittleren Stb der 3 Eck-Stb neu anschlingen, 3 Lm (zählen als das 1. Stb), 4 Stb in dieselbe M, * 1 Stb in die hintere Schlinge von jedem Stb bis zum mittleren Stb in der nächsten Ecke, 5 Stb nur in die hintere Schlinge des mittleren Eck-Stb arb; ab * noch 3x wdh, die letzten 5 Stb überspringen, mit 1 Km in die oberste Lm der 3 Anfangs-Lm schließen. Nicht abmaschen.

3. Rd der Zierkante: 3 Lm (zählt als 1. Stb), 1 Stb in die hintere Schlinge der nächsten M, 5 Stb in die hintere Schlinge der nächsten M (das ist das mittlere der 5 Eck-Stb), * 1 Stb in die hintere Schlinge aller Stb bis zum mittleren Stb in der nächsten Ecke, 5 Stb in die hintere Schlinge des mittleren Eck-Stb; ab * noch 2x wdh, 1 Stb in jede M bis zum Ende der Rd, mit 1 Km die oberste der 3 Anfangs-Lm schließen. Abmaschen.

4. Rd der Zierkante: Mit Garn C in der hinteren Schlinge des mittleren Stb einer beliebigen Ecke aus 5 Stb neu anschlingen, 3 Lm (zählen als das 1. Stb), 4 Stb in dieselbe M, * je 1 Stb in die hintere Schlinge von jedem Stb bis zum nächsten mittleren Eck-Stb, 5 Stb nur in die hintere Schlinge des mittleren Eck-Stb arb; ab * noch 3x wdh, die letzten 5 Stb überspringen, mit 1 Km in die oberste Lm der 3 Anfangs-Lm schließen. Abmaschen.

5. Rd der Zierkante: Mit Garn B in der hinteren Schlinge einer beliebigen M neu anschlingen, 1 Lm (zählt nicht als M), je 1 fM in die hintere Schlinge aller M, dabei 3 fM in die hintere Schlinge jeder Eck-M, mit 1 Km in die 1. fM schließen. Abmaschen.

KAPUZE

Mit Garn A und Häkelnd 4,5 mm eine Anfangsschlinge häkeln.

Nach der Standardanleitung für eine quadratische Decke arb:

- 14 [16] R häkeln.

Nächste R (damit die Kante gerade wird): Je 1 Km in die nächsten 3 Stb, 1 Km oben in die 3 Lm am Ende des Quadrats, jetzt entlang der Zickzackkante: * 1 Stb in die nächste M, 1 hStb in die nächste M, 1 fM in die nächste M, 1 Km oben in die nächsten 3 Lm (1 Quadrat ausgefüllt); ab * bis zum Ende wdh (siehe Grundlegende Techniken: Eine Zickzackkante begradigen).

Nicht abmaschen, stattdessen die Zierkante häkeln:

1. Rd der Zierkante: 1 Lm (zählt nicht als M), (1 fM, 2 Lm, 1 fM) in dieselbe Eck-M, 2 Lm, * 1 fM in den Lm-Bogen zwischen den nächsten 2 Quadraten, 2 Lm; ab * bis zur nächsten Ecke wdh, (1 fM, 2 Lm, 1 fM) in die Eck-M, 2 Lm **; ab * bis *** entlang der nächsten Kante und um die Ecke wdh, dann je 1 fM in die hinteren Schlingen aller M an der geraden Kante der Kapuze, mit 1 Km in die 1. fM schließen.

2. Rd der Zierkante: 1 Km in den 2-Lm-Bogen in der Ecke, 3 fM in denselben Eck-Bogen, 1 fM in die nächste fM, * 2 fM in den nächsten 2-Lm-Bogen, 1 fM in die nächste fM *; ab * bis * wdh, bis der 2-Lm-Bogen an der Kapuzenspitze erreicht ist, (1 fM, 2 Lm, 1 fM) in den 2-Lm-Bogen an der Kapuzenspitze, 1 fM in die nächste fM; ab * bis * wdh, bis der nächste Lm-Bogen in der Ecke erreicht ist, 3 fM in den Lm-Bogen in der Ecke, mit 1 Km in die nächste M schließen und abmaschen (nicht an der geraden Kapuzenkante entlanghäkeln).

3. Rd der Zierkante: Decke mit der Außenseite nach oben legen, die Kapuzenspitze zeigt nach oben. Mit Garn B in der unteren rechten Eck-M neu anschlingen, 1 Lm (zählt nicht als M), 1 hStb in dieselbe M, je 1 hStb in jede M an allen drei Kanten der Kapuze, dabei 3 hStb in die mittlere M der Kapuzenspitze und 2 hStb in die gegenüberliegenden Eck-M, mit 1 Km in das 1. hStb schließen. Abmaschen.

AUFGESETZTE TASCHEN FÜR DIE HÄNDE (2x)

Mit Garn A und Häkelnd 4,5 mm eine Anfangsschlinge häkeln.

Nach der Standardanleitung für eine quadratische Decke arb:

- 9 [10] R häkeln.

Nächste R (damit die Kante gerade wird): Wie die entsprechende R bei der Kapuze häkeln. Nicht abmaschen, sondern wie bei der Kapuze die 1. und 2. R der Zierkante arb.

3. Rd der Zierkante: Decke mit der Außenseite nach oben legen, wobei die Ecke mit der Tasche nach oben zeigt. Mit Garn B in der unteren rechten Eck-M neu anschlingen, 1 Lm (zählt nicht als M), 1 hStb in dieselbe M, je 1 hStb in jede M bis zur Spitze der Tasche, 3 hStb in die Spitze der Tasche, je 1 hStb an der zweiten Kante der Tasche entlang, 2 hStb in die nächste Eck-M und abmaschen (nicht an der gerade Taschenkante entlanghäkeln).

Die Decke flach ausbreiten, dabei liegt die Innenseite oben. Die Taschen an gegenüberliegende Ecken der Decke legen, die

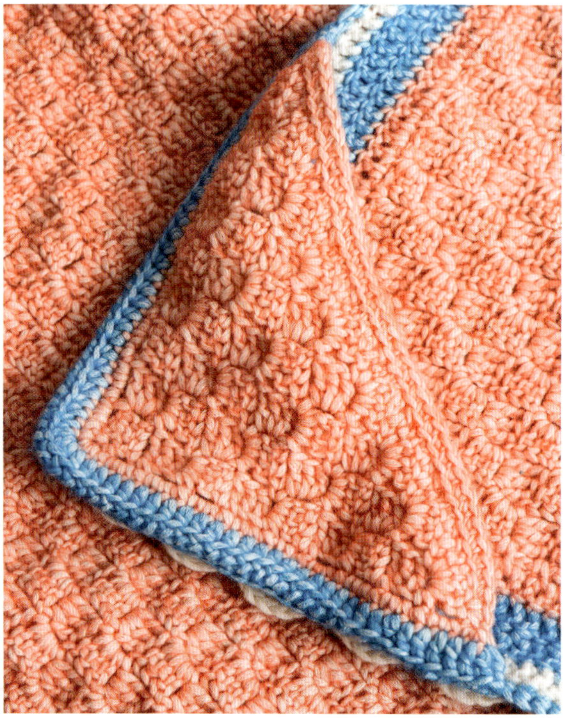

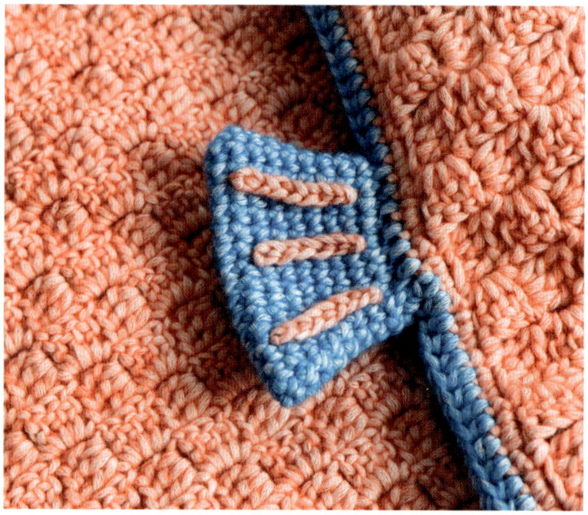

Kapuze kommt an eine freie Ecke (die Taschen und die Kapuze werden jeweils mit der linken Seite (Innenseite) auf die Decke gelegt). Mit Maschenmarkierern fixieren und im Überwendlingsstich mit passendem Garn zusammennähen, dabei durch die hinteren Schlingen der jeweiligen Maschen nähen (siehe Grundlegende Techniken: Teile zusammennähen).

FLOSSEN (2x)

In Spiral-Rd arb, ohne die Rd am Ende zu schließen. Einen Maschenmarkierer in die 1. M der Rd einhängen und in jeder weiteren Rd versetzen (siehe Grundlegende Techniken: In Spiralrunden häkeln – so funktioniert der Fadenring).

Mit Garn A und Häkelnd 4,5 mm 15 Lm häkeln.

1. Rd: 1 fM in die 2. Lm von der Nd aus, je 1 fM in die nächsten 12 Lm, 3 fM in die letzte Lm, wenden und an der anderen Kante der Lm-Kette arb: Je 1 fM in die nächsten 12 Lm, 2 fM in dieselbe Lm wie die 1. fM (= 30 M).

2. Rd: Je 1 fM in jede M.

3. Rd: * Je 1 fM in jede der nächsten 13 M, 2 fM zus; ab * noch 1x wdh (= 28 M).

4. Rd: * Je 1 fM in jede der nächsten 12 M, 2 fM zus; ab * noch 1x wdh (= 26 M).

5. Rd: * Je 1 fM in jede der nächsten 11 M, 2 fM zus; ab * noch 1x wdh (= 24 M).

6. Rd: * Je 1 fM in jede der nächsten 10 M, 2 fM zus; ab * noch 1x wdh (= 22 M).

7. Rd: * Je 1 fM in jede der nächsten 9 M, 2 fM zus; ab * noch 1x wdh (= 20 M).

8. Rd: * Je 1 fM in jede der nächsten 8 M, 2 fM zus; ab * noch 1x wdh (= 18 M).

9. und 10. Rd: Je 1 fM in jede M.

Mit 1 Km in die nächste M schließen und abmaschen.

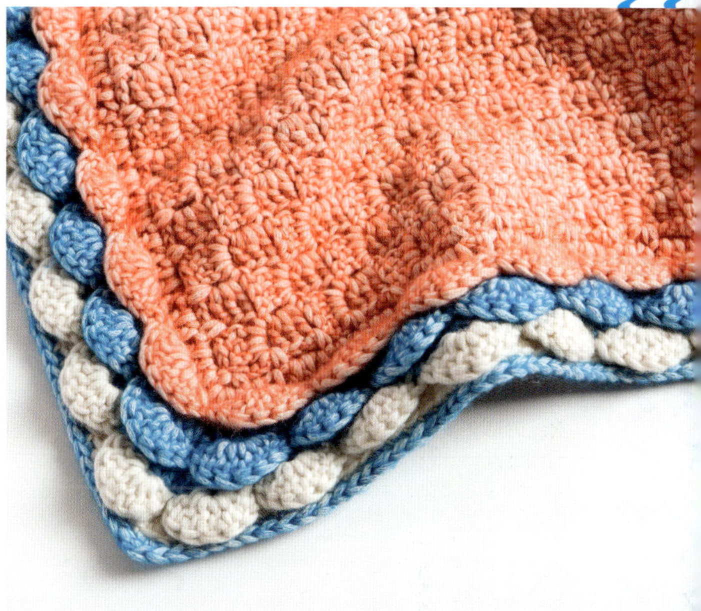

STREIFEN

Aus 8 Lm (4x)

Mit Garn A und Häkelnd 4,5 mm 8 Lm häkeln. Abmaschen.

Aus 6 Lm (2x)

Mit Garn A und Häkelnd 4,5 mm 6 Lm häkeln. Abmaschen.

Auf eine Seite einer Flosse 2 Streifen aus 8 Lm und dazwischen 1 Streifen aus 6 Lm aufnähen (dabei am Foto auf Seite 94 orientieren). Die andere Flosse genauso fertigstellen.

Eine Flosse etwa in der Mitte einer Seitenkante der Kapuze mit Km annähen, dabei zeigen die Streifen nach vorne. Die andere Flosse auf der anderen Seite befestigen.

SCHUPPENKANTE

An den beiden unteren Seitenkanten der Decke arb.

Die Außenseite der Decke liegt oben, die Rückseite der Kapuze zeigt nach rechts. Mit Garn A mit 1 Km um den Lm-Bogen in der Ecke der 1. Rd der Kante neu anschlingen (die mittlere Masche der 3 Eck-Stb), und zwar an der unteren Taschenecke (die am nächsten bei dir liegt, die Rückseiten der M zeigen nach unten).

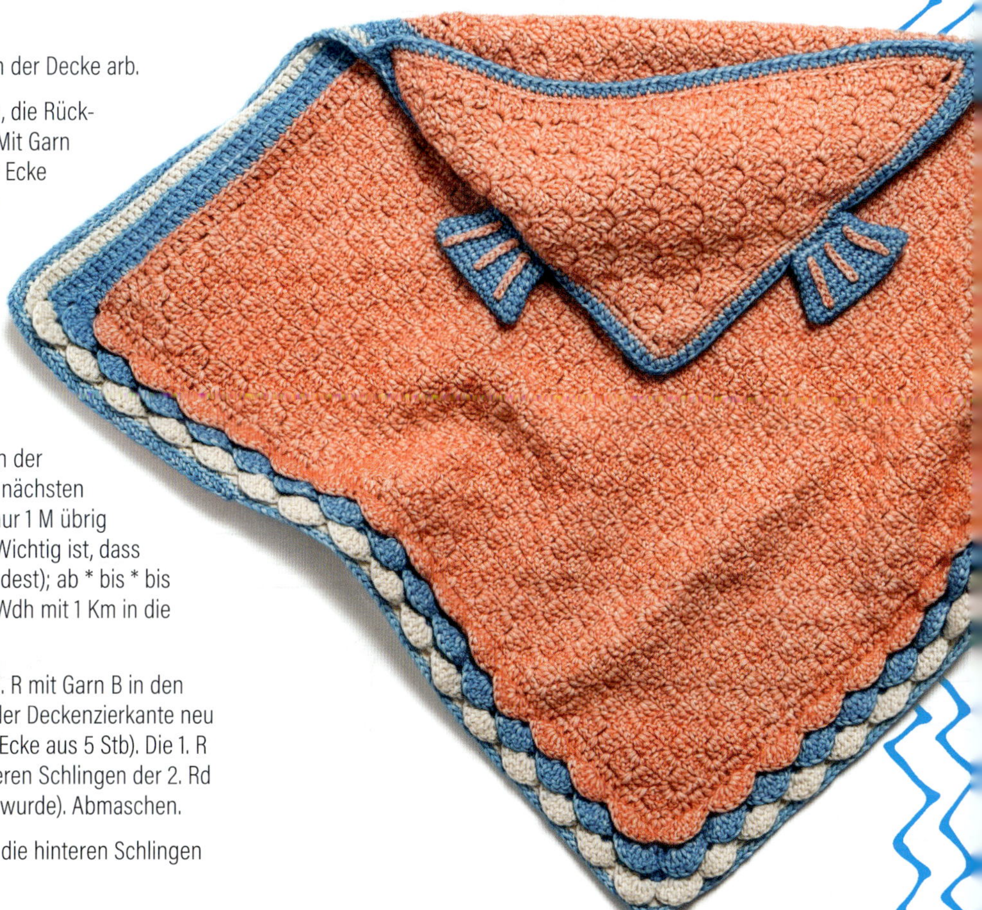

1. R: * 2 M überspringen, 7 Stb in den Lm-Bogen der nächsten M, 2 M überspringen, 1 Km in den Lm-Bogen der nächsten M *; ab * bis * wdh bis zur nächsten Eck-M (es macht nichts, wenn hier nur 1 M übrig ist, dann einfach 1 M überspringen. Wichtig ist, dass du mit 1 Km in die nächste Eck-M endest); ab * bis * bis zur nächsten Eck-M wdh, die letzte Wdh mit 1 Km in die nächste Eck-M enden. Abmaschen.

2. R: In derselben Eck-M wie in der 1. R mit Garn B in den Lm-Bogen der Eck-M aus der 2. Rd der Deckenzierkante neu anschlingen (in der mittleren M der Ecke aus 5 Stb). Die 1. R in Garn B wdh und dabei in die hinteren Schlingen der 2. Rd häkeln (die auch in Garn B gehäkelt wurde). Abmaschen.

3. R: Die 2. R mit Garn C wdh und in die hinteren Schlingen der 3. Rd häkeln.

GIRLANDE

9 Sechsecke häkeln: 6 mit Garn C in der Mitte und Garn A als Kante; 2 mit Garn B in der Mitte und Garn A als Kante; 1 mit Garn B in der Mitte und Garn C als Kante.

Mit dem Garn für die Mitte und Häkelnd 4,0 mm einen Fadenring häkeln (siehe Grundlegende Techniken: In Spiralrunden häkeln – so funktioniert der Fadenring).

1. Rd: 3 Lm (zählt als 1 Stb), 11 Stb in den Ring, mit 1 Km oben in die 3 Anfangs-Lm schließen (= 12 M).

2. Rd: 3 Lm (zählt als 1 Stb), 1 Stb in dieselbe M, je 2 Stb in jedes Stb bis zum Rd-Ende, mit 1 Km oben in die 3 Anfangs-Lm schließen (= 24 M).

3. Rd: 3 Lm (zählt als 1 Stb), 1 Stb in dieselbe M, 1 Stb in die nächste M, * 2 Stb in die nächste M, 1 Stb in die nächste M; ab * bis zum Rd-Ende wdh, mit 1 Km oben in die 3 Anfangs-Lm schließen (= 36 M).

Abmaschen.

4. Rd: Die äußere Farbe mit 1 Km in einer beliebigen M neu anschlingen, 3 Lm (zählt als 1 Stb), (1 Stb, 2 Lm, 2 Stb) in dieselbe M, je 1 Stb in die nächsten 5 M, * (2 Stb, 2 Lm, 2 Stb) in die nächste M, je 1 Stb in die nächsten 5 M; ab * bis zum Rd-Ende wdh, mit 1 Km oben in die 3 Anfangs-Lm schließen (= 54 M und 6 2-Lm-Bögen).

Abmaschen.

APPLIKATIONEN

Mit 4-fädigem Garn und Häkelnd 2,75 mm arb.

Seestern

1x in Garn E, 1x in Garn H

Mit einem Fadenring beginnen (siehe Grundlegende Techniken: In Spiralrunden häkeln – so funktioniert der Fadenring).

1. Rd: 10 fM in den Ring, die Rd nicht schließen, sondern weiter in Spiral-Rd arb (= 10 M).

2. Rd: Je 2 fM in die hintere Schlinge jeder M (= 20 M).

3. Rd (nur in die hinteren Schlingen): * 7 Lm, 1 Km in die 2. Lm von der Nd aus, 1 fM in die nächste M, je 1 hStb in die nächsten 2 Lm, je 1 Stb in die nächsten 2 Lm, die nächsten 3 fM am Mittelkreis überspringen, mit 1 Km in die nächste fM schließen; ab * noch 4x wdh. Faden abschneiden und abmaschen. Fadenenden auf der Rückseite vernähen und kurz abschneiden.

Krebs

3x in Garn D.

Mit Garn D einen Fadenring häkeln (siehe Grundlegende Techniken: In Spiralrunden häkeln – so funktioniert der Fadenring).

1. Rd: 6 fM in den Ring, die Rd nicht schließen, sondern weiter in Spiral-Rd arb (= 6 M).

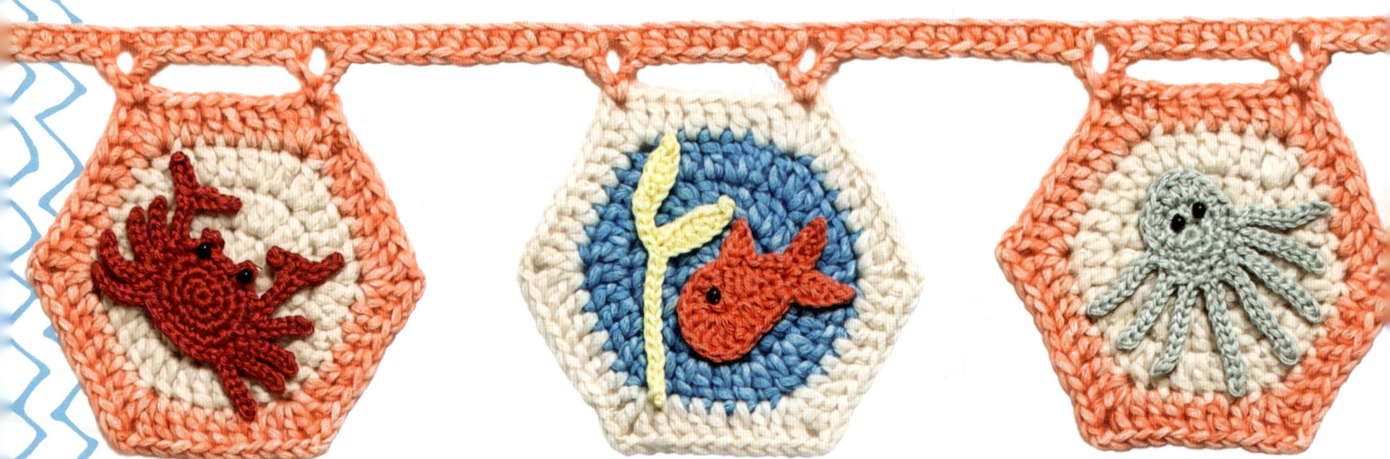

2. Rd: (Je 2 fM in die nächsten 2 M, 1 fM in die nächste M) 2x (= 10 M).

3. Rd: 1 fM in die nächste M, je 2 fM in die nächsten 3 M, je 1 fM in die nächsten 2 M, je 2 fM in die nächsten 3 M, 1 fM in die nächste M (= 16 M).

4. Rd: Je 1 fM in die nächsten 2 M, je 2 fM in die nächsten 4 M, je 1 fM in die nächsten 4 M, je 2 fM in die nächsten 4 M, 1 fM in die nächste M, 1 Km in die nächste M (= 24 M).

5. Rd: 3 Lm, 1 Km in die 3. Lm von der Nd aus (1 Picot aus 3 Lm fertig), je 1 Km in die nächsten 3 M, 3 Lm, 1 Km in die 3. Lm von der Nd aus (1 Picot aus 3 Lm fertig), je 1 Km in die nächsten 2 M, 10 Lm, 1 Km in die 2. Lm von der Nd aus, 1 Km in die nächste Lm, 1 fM in die nächste Lm, 1 Km in die nächste Lm, 5 Lm, 1 Km in die 2. Lm von der Nd aus, 1 Km in die nächste Lm, je 1 fM in die nächsten 2 Lm, je 1 Km in die restlichen Lm, jetzt weiter am Mittelkreis, (1 Km in die nächste M, 6 Lm, 1 Km in die 2. Lm von der Nd aus, 1 Km in jede Lm bis zum Ende) 2x, (1 Km in die nächste M, 7 Lm, 1 Km in die 2. Lm von der Nd aus, je 1 Km in jede Lm bis zum Ende) 2x, je 1 Km in die nächsten 8 M, (1 Km in die nächste M, 7 Lm, 1 Km in die 2. Lm von der Nd aus, je 1 Km in jede Lm bis zum Ende) 2x, (1 Km in die nächste M, 6 Lm, 1 Km in die 2. Lm von der Nd aus, je 1 Km in jede Lm bis zum Ende) 2x, 1 Km in die nächste M, 10 Lm, 1 Km in die 2. Lm von der Nd aus, 1 Km in die nächste Lm, je 1 fM in die nächsten 2 Lm, 4 Lm, 1 Km in die 2. Lm von der Nd aus, 1 Km in die nächste M, 1 fM in die nächste M, je 1 Km in die restlichen Lm, 1 Km in die nächste M. Faden abschneiden und abmaschen. Fadenenden auf der Rückseite vernähen und kurz abschneiden. 2 kleine schwarze Perlen als Augen aufnähen.

Fisch

1x in Garn G, 1x in Garn H.

8 Lm arb.

1. Rd: 1 fM in die 2. Lm von der Nd aus, je 1 hStb in die nächsten 2 Lm, je 1 Stb in die nächsten 2 Lm, 3 DStb in die nächste Lm, 4 Stb in die letzte Lm, Arbeit drehen und weiter an der anderen Seite der Lm, 3 DStb in die nächste Lm, je 1 Stb in die nächsten 2 Lm, je 1 hStb in die nächsten 2 Lm, 1 fM in die nächste Lm. Jetzt folgt der Schwanz: * 5 Lm, 1 Km in die 2. Lm von der Nd aus, 1 fM in die nächste Lm, 1 hStb in die nächste Lm, 1 Stb in die nächste Lm, 1 Km in die M unter den 5 Anfangs-Lm; ab * bis * noch 1x wdh, nicht abmaschen.

Flosse: Je 1 Km in die nächsten 4 M, 4 Lm, 1 Km in die 2. Lm von der Nd aus, 1 fM in die nächste Lm, 1 hStb in die nächste Lm, die nächste M am Rumpf überspringen, 1 Km in die nächste M.

Faden abschneiden und abmaschen.

Fadenenden auf der Rückseite vernähen und kurz abschneiden. 1 schwarze Perle als Auge vorne auf den Fisch aufnähen.

Oktopus

1x in Garn F, 1x in Garn G.

Mit einem Fadenring beginnen (siehe Grundlegende Techniken: In Spiralrunden häkeln – so funktioniert der Fadenring).

1. Rd: 7 fM in den Ring, die Rd nicht schließen, sondern weiter in Spiral-Rd arb (= 7 M).

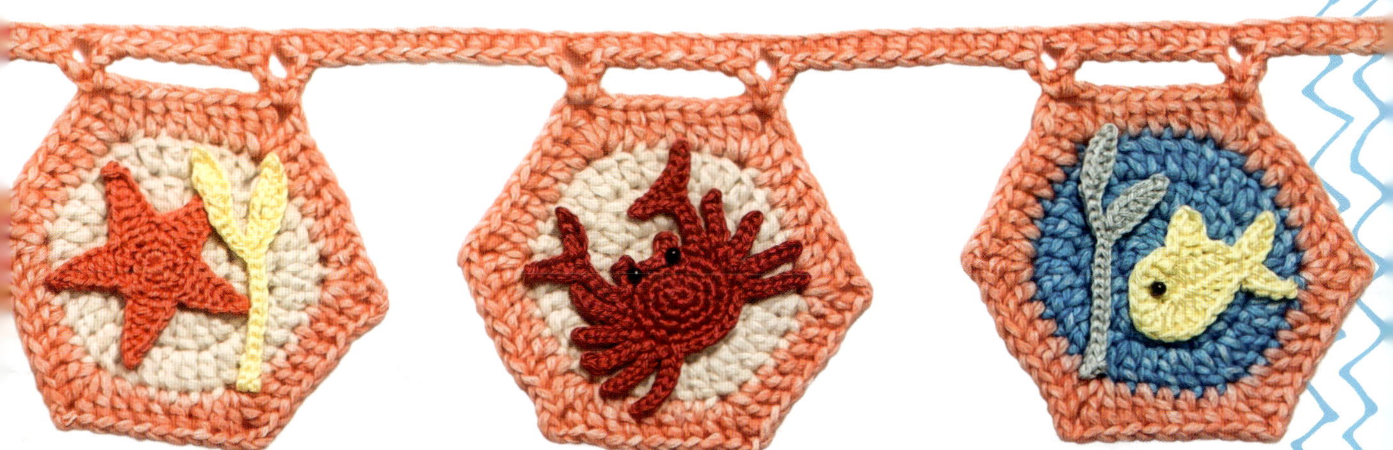

2. Rd: Je 2 fM in die nächsten 4 M, je 2 hStb in die nächsten 3 M (= 14 M).

3. Rd: Je 1 fM in die nächsten 8 M, 1 hStb in die nächste M, 2 hStb in die nächste M, je 2 Stb in die nächsten 2 M, 2 hStb in die nächste M, 1 hStb in die nächste M, 1 Km in die nächste M (= 18 M).

4. Rd: 1 Km in die nächste M, 9 Lm, * 1 Km in die 2. Lm von der Nd aus, je 1 Km in die restlichen Lm, 1 Km in die nächste M am Rumpf*, 9 Lm, ab * bis * wdh, 10 Lm, ab * bis * wdh, (11 Lm, ab * bis * wdh) 2x, 10 Lm, ab * bis * wdh, (9 Lm, ab * bis * wdh) 2x, Faden abschneiden und abmaschen.

2 kleine schwarze Perlen als Augen aufnähen.

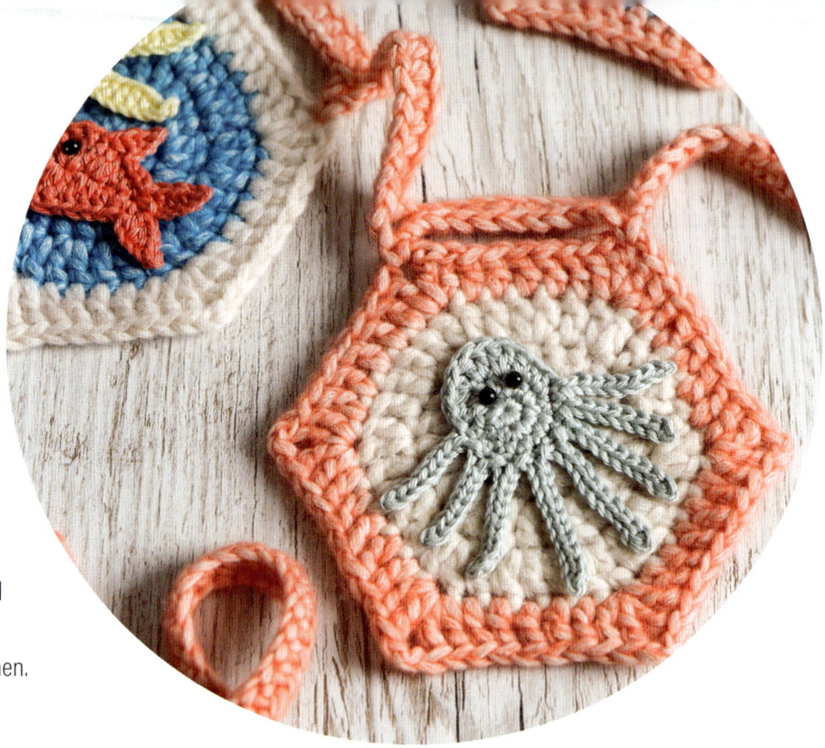

Seegras

2x in Garn F, 2x in Garn G.

21 Lm, 1 Km in die 2. Lm von der Nd aus, je 1 fM in die nächsten 2 Lm, je 1 hStb in die nächsten 3 Lm, 1 fM in die nächste Lm, 1 Km in die nächste Lm, 11 Lm, 1 Km in die 2. Lm von der Nd aus, 1 fM in die nächste Lm, je 1 hStb in die nächsten 2 Lm, je 1 fM in die nächsten 2 Lm, je 1 Km in die nächsten 4 Lm, je 1 Km in die restlichen Lm.

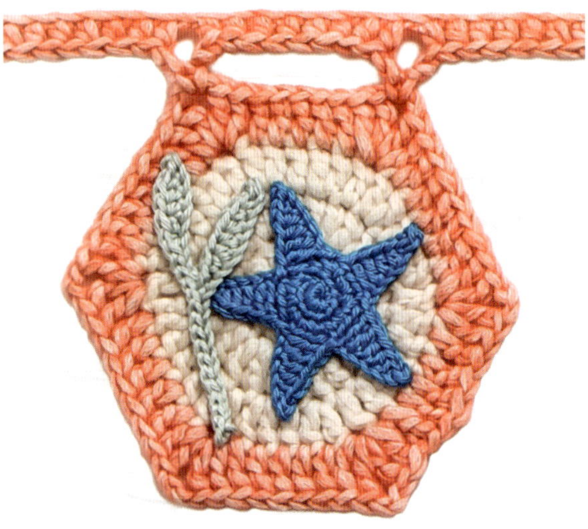

Sechsecke zur Girlande verbinden

Mit Garn A und Häkelnd 4,0 mm 245 Lm häkeln.

7 Lm überspringen (so entsteht eine Aufhängeschlaufe), je 1 Stb in die nächsten 35 Lm, * 2 Lm, das erste Sechseck mit der rechten Seite (Vorderseite) nach oben legen, 1 Km in den ersten 2-Lm-Bogen an der oberen Kante, 2 Lm, je 1 Stb in die nächsten 8 Lm, 2 Lm, 1 Km in den zweiten 2-Lm-Bogen der oberen Sechseckkante, noch 2 Lm, je 1 Stb in die nächsten 12 Lm *, ab * bis * noch 8x wdh, je 1 Stb in die restlichen 23 Lm, noch 7 Lm und 1 Km unten in das letzte Stb, sodass die andere Aufhängeschlaufe entsteht. Abmaschen und Fadenenden vernähen.

FERTIGSTELLUNG

Alle Sechsecke und alle Applikationen auf der Rückseite mit Sprühstärke einsprühen, damit sie steifer werden. Flach spannen und vollständig trocknen lassen (siehe Grundlegende Techniken: Spannen).

Mit Stoffkleber oder einer Klebepistole die Applikationen auf die Sechsecke kleben. Dabei an den Fotos orientieren. Die Sechsecke müssen mit einer geraden Kante nach oben liegen. Zu jedem Fisch und jedem Seestern kommt noch ein Stückchen Seegras dazu.

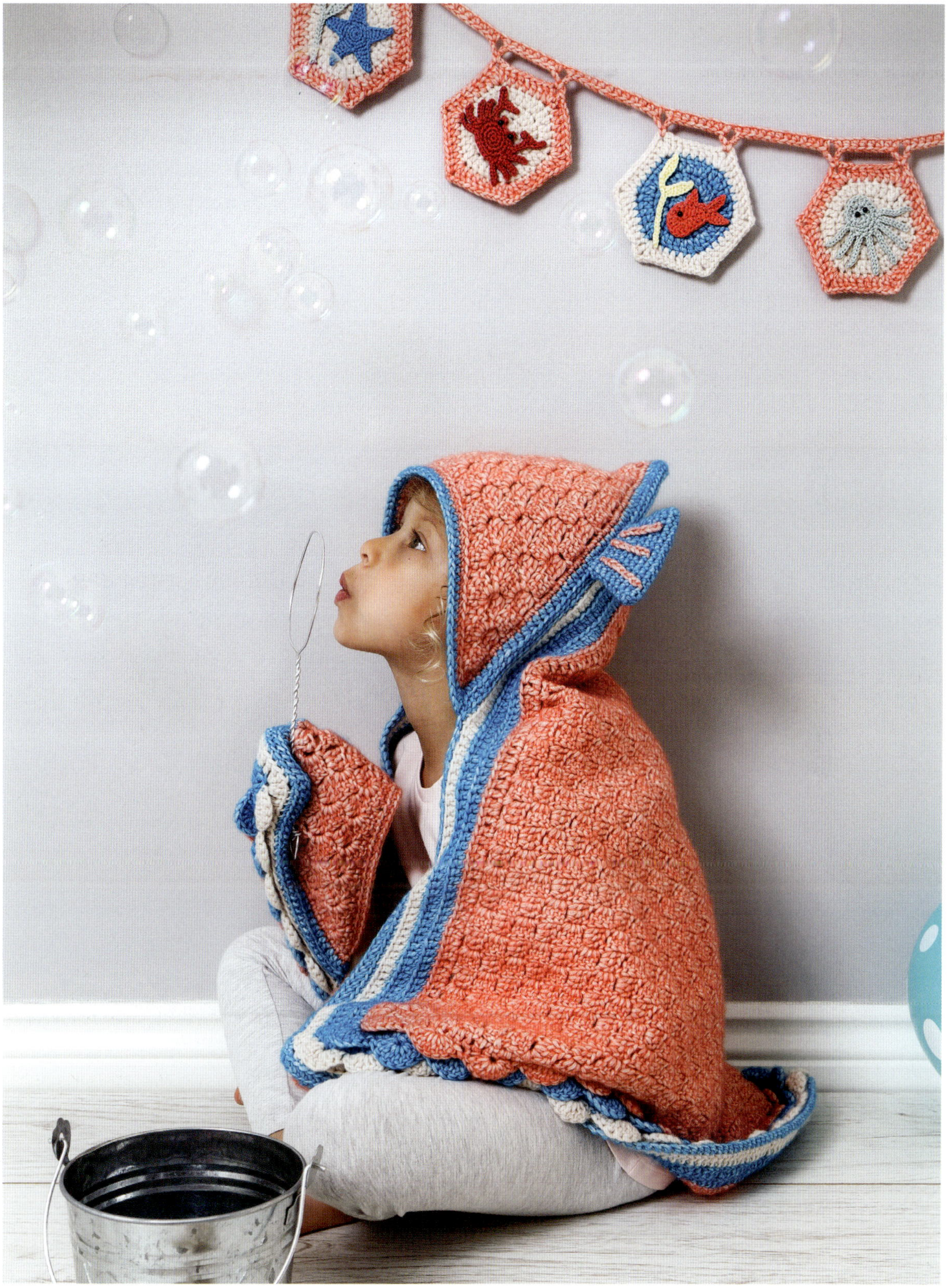

Löwe

Vor vielen Jahren begann meine große Liebe zu Löwen mit dem Musical „Der Zauberer von Oz“. Ich war so glücklich, als der Löwe endlich seinen Mut fand und laut und stolz brüllte – daher musste ich für dieses Buch einfach einen Löwen häkeln. Alle Löwen halten gerne ausgiebige Nickerchen, und so ist diese Decke einfach perfekt, um sich im Bett einzukuscheln und einer Gutenachtgeschichte zu lauschen.

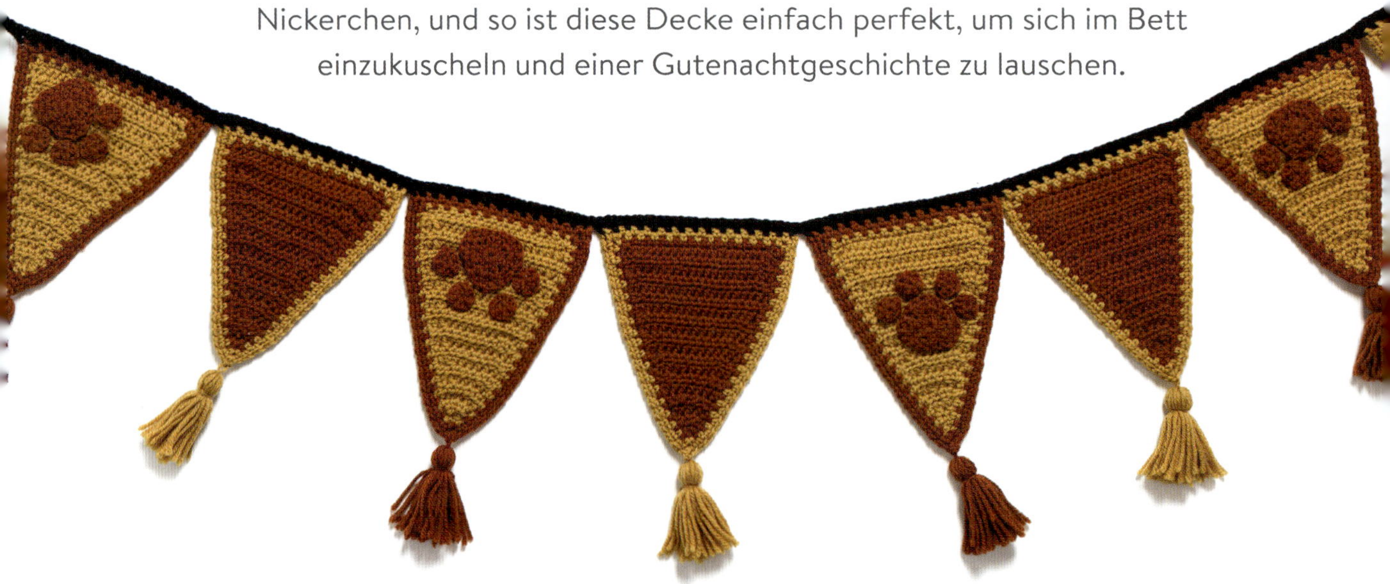

AUFBAU

Eine quadratische Decke in der Ecke-zu-Ecke-Technik

Schwanz, Taschen, Kapuze und Ohren werden separat gehäkelt und zum Schluss angesetzt.

Mit Mähnenfransen an der Kapuze und Pfotenapplikationen auf den Taschen

Girlande mit dreieckigen Fähnchen und Pfotenapplikationen wie auf den Taschen

Die Kapuze liegt recht eng am Kopf an und sitzt eher am Hinterkopf.

SCHWIERIGKEITSGRAD

Mittel – 3/4

GRÖSSE

Alter: 2-4 [5-7] Jahre

Kleidergröße: Etwa 92-104 cm [110-122 cm]

DECKENMASS

57 cm [67 cm] im Quadrat ohne Zierkante

59,5 cm [69,5 cm] im Quadrat mit Zierkante

Die Kapuze ist an der breitesten Stelle etwa 35 cm [37 cm] breit (flach hingelegt).

GIRLANDE

Jedes Fähnchen ist 15 cm breit und 18 cm lang (ohne Girlande und Quasten).

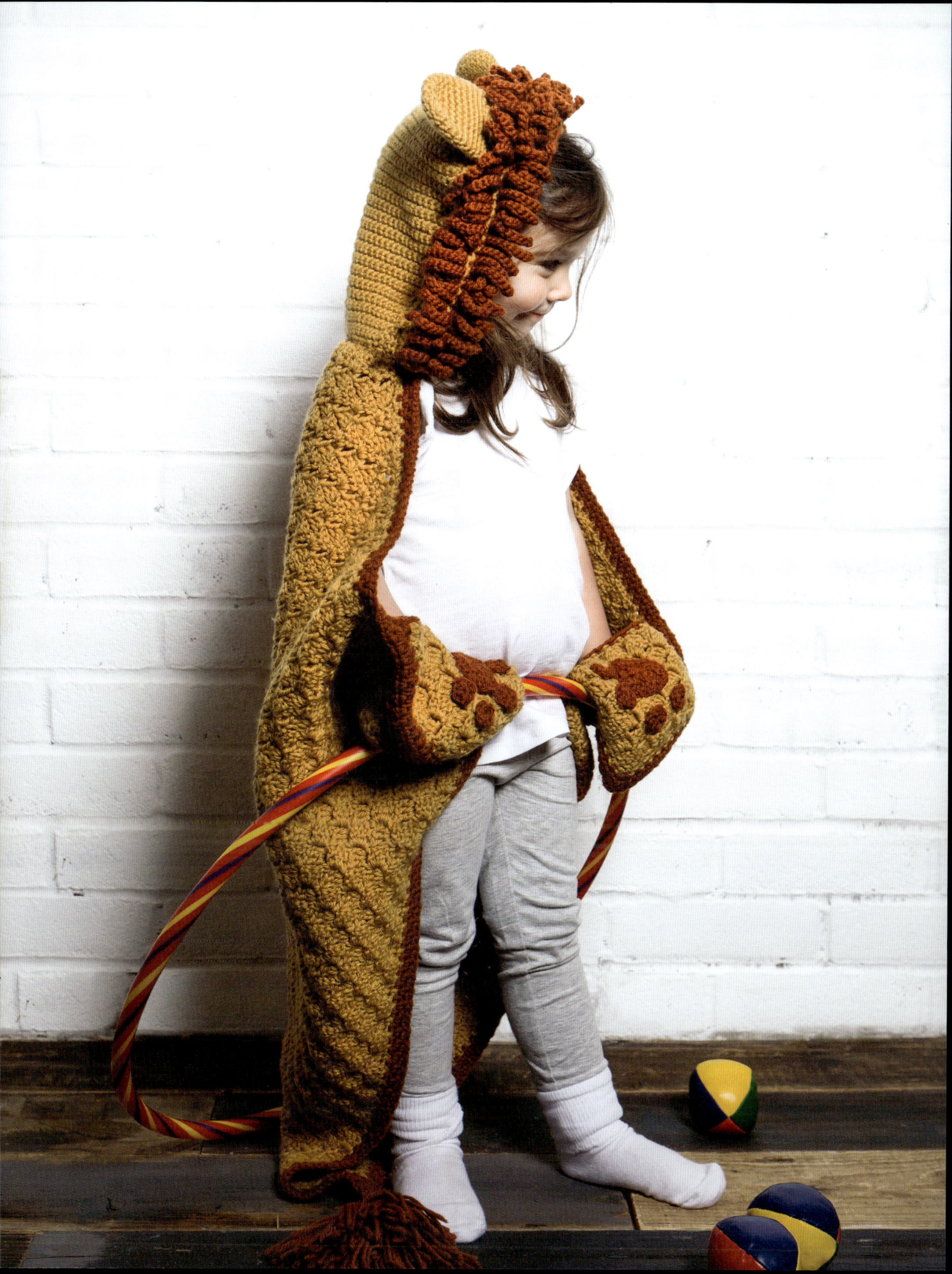

DAS BRAUCHST DU

GARN

Für Die Decke:
4 [5] Knäuel Aran (10-fädig/worsted) Garn in Senf (A) und 2 [2] Knäuel in Rost (B); 200 m/100 g

FÜR DIE GIRLANDE:
Je 1 [1] Knäuel Aran (10-fädig/worsted) Garn in Senf (A) und Rost (B) und Garnreste in Schwarz (C); 200 m/100 g

HINWEISE ZUM GARN

ICH HABE VERWENDET:

Garn A: Rowan Pure Wool Superwash Worsted (100 % Merinowolle, LL 200 m/ 100 g) in Gold (Fb 133)

Garn B: Rowan Pure Wool Superwash Worsted (100 % Merinowolle, LL 200 m/ 100 g) in Rost (Fb 106)

Garn C: Rowan Pure Wool Superwash Worsted (100 % Merinowolle, LL 200 m/ 100 g) in Schwarz (Fb 109)

DAS BRAUCHST DU NOCH

Häkelnadel 4,5 mm
Maschenmarkierer
Sprühstärke (optional)

MASCHENPROBE

Garn A-C, etwa 6 Quadrate mit Häkelnd 4,5 mm = 10 cm x 10 cm; 16 hStb mit Häkelnd 4,5 mm = 10 cm x 10 cm

ÜBRIGENS ...

Hier wird nach der Standardanleitung für eine quadratische Decke gehäkelt (Seite 32).

Anleitung

KAPUZE

Mit Garn A und Häkelnd 4,5 mm 34 [41] Lm häkeln.

1. R (Hinr): 1 fM in die 2. Lm von der Nd aus, je 1 fM in jede M bis zum R-Ende, wenden (= 33 [40] M).

2. R: 1 Lm (zählt in dieser und den folgenden R nicht als M), je 1 fM in jede M bis zum R-Ende, wenden.

Die 2. R noch 42x [48x] wdh.

Kapuzenrundung

Nächste R: 1 Lm, 1 fM in die nächste M, 2 fM zus, je 1 fM in jede M bis zum R-Ende, wenden (= 1 M abgenommen).

Die letzte R noch 10x [13x] wdh (= 22 [26] M).

Abmaschen.

Die Außenseite der Arbeit liegt oben. Mit 1 Km an der unteren rechten Kapuzenecke neu anschlingen. An den R-Enden der Seitenkanten und oben auf der Kapuze entlang arb.

Nächste R: 1 Lm, 1 fM in dieselbe M, 79 [89] fM gleichmäßig über die Kapuzenkanten verteilen, aber nicht an der Anfangs-Luftmaschenkette entlanghäkeln, wenden (= 80 [90] M).

Hinweis: Unterteile die Kapuzenkante mit Maschenmarkierern in 4 [5] Abschnitte, sodass du 20 [18] M in jedem Abschnitt arbeitest.

Nächste R (Hinr): 1 Lm, je 1 hStb in jede M bis zum R-Ende, wenden.

Nächste R: 1 Lm, je 1 hStb in jede M bis zum R-Ende, wenden.

Nächste R: 1 Lm, * 2 hStb zus, je 1 hStb in die nächsten 8 M; ab * bis zum R-Ende wdh, wenden (= 72 [81] M).

Nächste R: 1 Lm, je 1 hStb in jede M bis zum R-Ende, wenden.

Nächste R: 1 Lm, * 2 hStb zus, je 1 hStb in die nächsten 7 M; ab * bis zum R-Ende wdh, wenden (= 64 [72] M).

Nächste R: 1 Lm, je 1 hStb in jede M bis zum R-Ende, wenden.

Nächste R: 1 Lm, * 2 hStb zus, je 1 hStb in die nächsten 6 M; ab * bis zum R-Ende wdh, wenden (= 56 [63] M).

Nächste R: 1 Lm, je 1 hStb in jede M bis zum R-Ende, wenden.

Die letzte R noch 1x [3x] wdh.

Abmaschen und die Kapuze beiseitelegen.

DECKE

Mit Garn A und Häkelnd 4,5 mm eine Anfangsschlinge häkeln.

Nach der Standardanleitung für eine quadratische Decke arb:

- Bis auf 34 [40] Quadrate zunehmen (oder bis die geraden Seitenkanten 57 cm [67 cm] lang sind).
- Auf 14 [16] Quadrate abnehmen oder bis die Kante der Decke genau an die Unterkante der Kapuze passt.

Nächste R (damit die Kante gerade wird): Je 1 Km in die nächsten 3 Stb, 1 Km oben in die 3 Lm am Ende des Quadrats, jetzt entlang der Zickzackkante: * 1 Stb in die nächste M, 1 hStb in die nächste M, 1 fM in die nächste M, 1 Km oben in die nächsten 3 Lm (1 Quadrat ausgefüllt); ab * bis zum Ende wdh (siehe Grundlegende Techniken: Eine Zickzackkante begradigen).

Abmaschen.

Damit ist die Deckenfläche fertig.

Die Unterkante der Kapuze an der entsprechenden Deckenkante feststecken und in Garn A mit Überwendlingsstichen annähen oder mit Kettmaschen zusammenhäkeln (siehe Grundlegende Techniken: Teile zusammennähen). Beide Kanten (von Kapuze und Decke) sollten etwa gleich lang sein. Falls eine Kante etwas länger ist als die andere, kannst du die kürzere Kante beim Zusammennähen ein wenig dehnen.

ZIERKANTE DER DECKE

Decke mit der Außenseite nach oben legen, Garn A am Schwanzende der Decke (an der spitzen Ecke gegenüber der Kapuze) mit 1 Km in der Eck-M der Decke neu anschlingen.

1. Rd: 1 Lm (zählt in dieser und den folgenden Rd nicht als M), (1 fM, 2 Lm, 1 fM) in dieselbe M, 1 Lm, fM seitlich in die Stb entlang der Deckenkante, 1 Lm, * 1 fM in das mittlere Stb des nächsten Quadrats, 1 Lm, 1 fM in den Lm-Bogen vor dem nächsten Quadrat, 1 Lm, fM seitlich in das Stb am Ende des nächsten Quadrats, 1 Lm *; ab * bis * bis zur nächsten Ecke wdh, (1 fM, 2 Lm, 1 fM) in die Eck-M, 1 Lm, ab * bis * wdh, bis die Kapuze erreicht ist, je 1 fM in jede M um die Kapuze herum, 1 Lm, ab * bis * um die restliche Decke herum, dabei (1 fM, 2 Lm, 1 fM) in die Eck-M, mit 1 Km in die 1. fM schließen. Abmaschen.

Garn B mit 1 Km im 2-Lm-Bogen an der Schwanz-Ecke neu anschlingen.

2. Rd: 1 Lm, (1 fM, 2 Lm, 1 fM) in denselben Bogen, * 1 Lm, die nächste fM überspringen, 1 fM in den nächsten Lm-Bogen *; ab * bis * um die gesamte Decke herum bis zur Kapuze wdh, dabei (1 fM, 2 Lm, 1 fM) in die M an der Taschenecke arb, je 1 hStb in jede M an der Kapuze, dann ab * bis * um die restliche Decke herum wdh und (1 fM, 2 Lm, 1 fM) in die M an der Taschenecke arb, mit 1 Km in die 1. fM schließen.

3. und 4. Rd: 1 Km in die nächste Eck-M und die 2. Rd wdh.

Abmaschen.

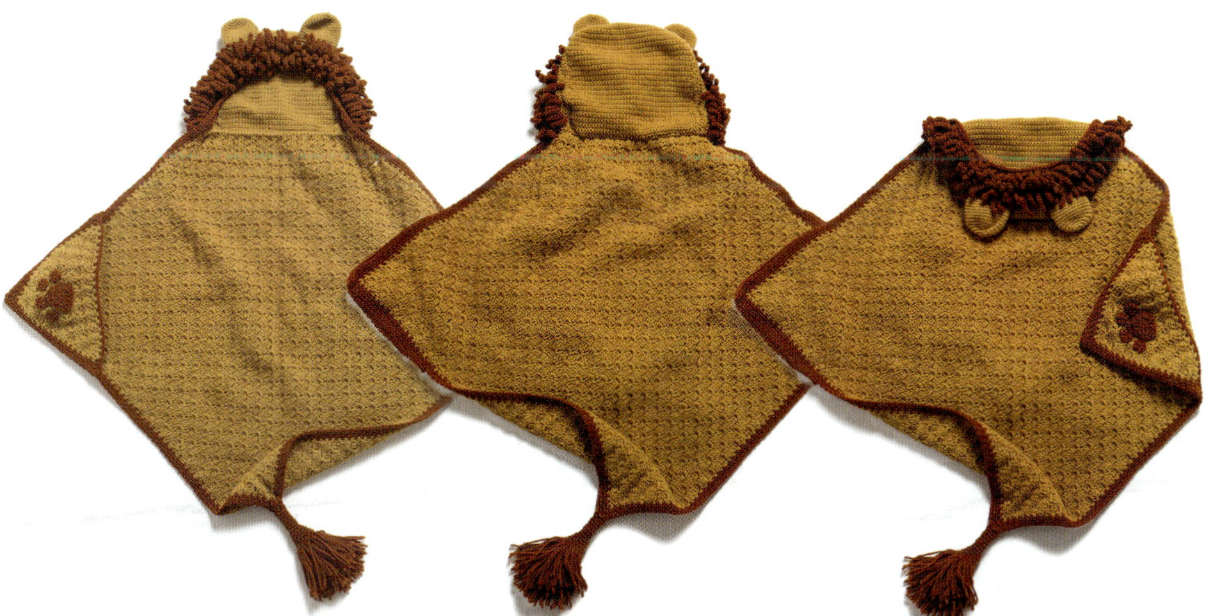

Hier siehst du die Innenseite der fertigen Decke, die Außenseite der Decke und die Decke mit zurückgeschlagener Kapuze.

AUFGESETZTE TASCHEN FÜR DIE HÄNDE (2x)

Mit Garn A und Häkelnd 4,5 mm eine Anfangsschlinge häkeln.

Nach der Standardanleitung für eine quadratische Decke arb:

- 8 [11] R häkeln.

Nächste R (damit die Kante gerade wird): Je 1 Km in die nächsten 3 Stb, 1 Km oben in die 3 Lm am Ende des Quadrats, jetzt entlang der Zickzackkante: * 1 Stb in die nächste M, 1 hStb in die nächste M, 1 fM in die nächste M, 1 Km oben in die nächsten 3 Lm (1 Quadrat ausgefüllt); ab * bis zum Ende wdh (siehe Grundlegende Techniken: Eine Zickzackkante begradigen).

Abmaschen.

KANTEN AN DEN TASCHEN

Mit Garn A mit 1 Km an der oberen Eck-M gegenüber der geraden Kante der Tasche neu anschlingen.

1. Rd: 1 Lm (zählt in dieser und den folgenden Rd nicht als M), (1 fM, 2 Lm, 1 fM) in dieselbe M, 1 Lm, 1 fM seitlich in das Stb am nächsten Quadrat, 1 Lm, * 1 fM in das mittlere Stb des nächsten Quadrats, 1 Lm, 1 fM in den Lm-Bogen vor dem nächsten Quadrat, 1 Lm, 1 fM seitlich in das Stb am Ende des nächsten Quadrats, 1 Lm; ab * an der 1. Kante entlang wdh, (1 fM, 2 Lm, 1 fM) in die Eck-M, 1 Lm, dann weiter an der geraden Kante: ** 1 fM in die nächste M, 1 Lm, nächste M überspringen; ab ** bis zum Ende der geraden Kante wdh, (1 fM, 2 Lm, 1 fM) in die Eck-M, *** 1 fM in das mittlere Stb des nächsten Quadrats, 1 Lm, 1 fM in den Lm-Bogen vor dem nächsten Quadrat, 1 Lm, 1 fM seitlich in das Stb am Ende des nächsten Quadrats, 1 Lm; ab *** bis zum Rd-Ende wdh, mit 1 Km in die 1. fM schließen. Abmaschen.

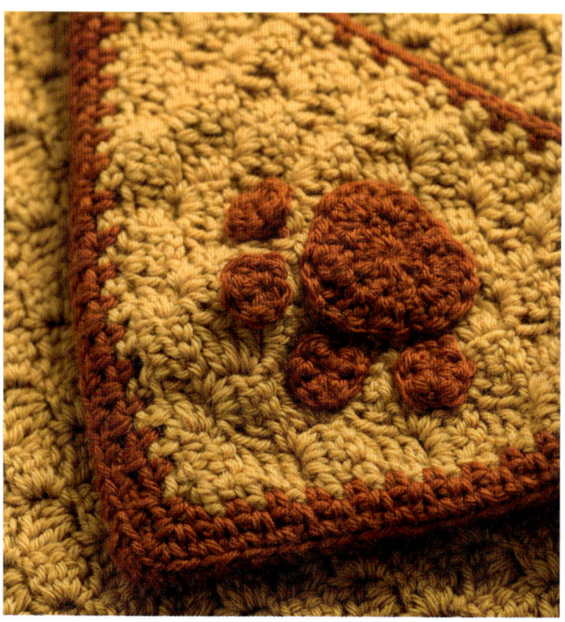

Die lange Kante der Tasche zeigt zu dir. Mit Garn B mit 1 Km in der rechten Ecke neu anschlingen.

2. Rd: 1 Lm, (1 fM, 2 Lm, 1 fM) in dieselbe M, 1 Lm, * 1 fM in den nächsten Lm-Bogen, 1 Lm, die nächste fM überspringen; ab * bis zum nächsten Lm-Bogen in der Ecke wdh, (1 fM, 2 Lm, 1 fM) in die Eck-M **; 1 Lm, ab * bis ** noch 1x wdh, weiter an der langen Kante der Tasche, 1 Lm, nächste M überspringen ***, 1 fM in die nächste M, 1 Lm, nächste M überspringen; ab *** bis zum Rd-Ende wdh, mit 1 Km in die 1. fM schließen.

3. Rd: 1 Km in den nächsten Lm-Bogen in der Ecke, 1 Lm, (1 fM, 2 Lm, 1 fM) in dieselbe M, 1 Lm, * 1 fM in den nächsten Lm-Bogen, 1 Lm, die nächste fM überspringen; ab * bis zum nächsten Lm-Bogen in der Ecke wdh, (1 fM, 2 Lm, 1 fM) in den Lm-Bogen in der Ecke **, 1 Lm, ab * bis ** noch 1x wdh, wenden.

4. Rd: Die 3. Rd wdh.

Abmaschen.

GROSSE BALLEN (2x)

Mit Garn B und Häkelnd 4,5 mm einen Fadenring häkeln (siehe Grundlegende Techniken: In Spiralrunden häkeln – so funktioniert der Fadenring).

1. Rd: 3 Lm (zählen hier und in den nächsten Rd als 1. Stb), 1 hStb in den Ring, (1 Stb, 1 hStb) 7x in den Ring, mit 1 Km in die oberste der 3 Anfangs-Lm schließen (= 16 M). Den Fadenring am Fadenende fest zusammenziehen, bis kein Loch mehr zu sehen ist.

2. Rd: 3 Lm, 1 Stb in dieselbe M wie die 3 Anfangs-Lm, 1 hStb in die nächste M, 1 fM in die nächste M, 1 hStb in die nächste M, (2 Stb in die nächste M) 2x, 1 hStb in die nächste M, je 1 fM in die nächsten 2 M, 1 hStb in die nächste M, (2 Stb in die nächste M) 2x, 1 hStb in die nächste M, 1 fM in die nächste M, 1 hStb in die nächste M, 2 Stb in die nächste M, mit 1 Km oben in die 3 Anfangs-Lm schließen.

Abmaschen und Fadenenden vernähen.

KLEINE BALLEN (8x)

Mit Garn B und Häkelnd 4,5 mm einen Fadenring häkeln (siehe Grundlegende Techniken: In Spiralrunden häkeln – so funktioniert der Fadenring).

1. Rd: (1 fM, 1 hStb) 5x in den Ring, mit 1 Km in die 1. fM schließen, Faden abschneiden und abmaschen.

Den Fadenring am Fadenende fest zusammenziehen, bis kein Loch mehr zu sehen ist.

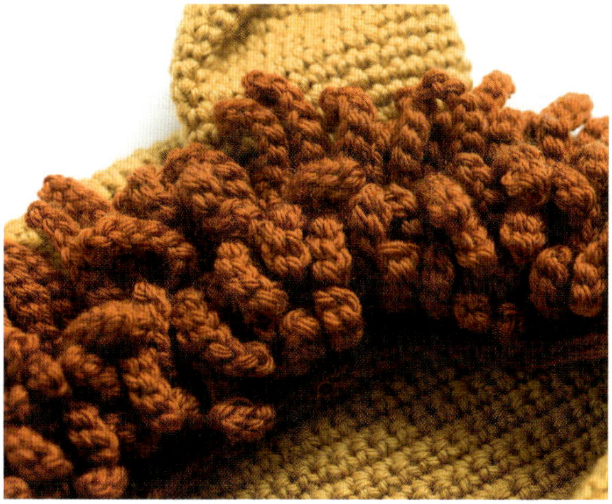

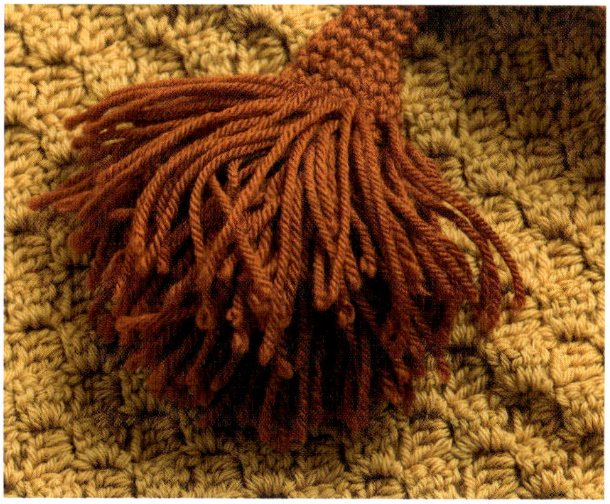

Einen großen Ballen mittig auf die Tasche legen und festnähen.

4 kleine Ballen oben über dem großen Ballen anordnen und festnähen (dazu am Foto auf Seite 104 orientieren).

Fadenenden auf der Rückseite vernähen.

Die Taschen an gegenüberliegenden Ecken auf die Decke legen und mit Maschenmarkierern fixieren. Dabei müssen die einzelnen Maschen genau übereinanderliegen. Im Überwendlingsstich in die hinteren Schlingen der übereinanderliegenden Maschen nähen (siehe Grundlegende Techniken: Teile zusammennähen). Fadenenden auf der Rückseite vernähen.

MÄHNENFRANSEN AN DER KAPUZE

Die Kante der Kapuze zeigt nach oben. Mit Garn B und Häkelnd 4,5 mm in der ersten M aus Garn A der Kapuze (direkt unter der Zierkante aus Garn B) neu anschlingen.

1. R: * 9 Lm, 1 Km in die 2. Lm von der Nd aus, je 1 Km in die Lm bis zum Ende der 9 Lm, 1 Km in die nächste M an der Kapuze; ab * bis zum anderen Ende der Kapuze wdh, die Kapuze drehen, um in entgegengesetzter Richtung um die Kapuze herum zu arb.

2. und 3. R: 1 Km in die M über der zuletzt gearbeiteten M in der Vor-R, dann die 1. R wdh.

Abmaschen.

SCHWANZ

Mit Garn B und Häkelnd 4,5 mm einen Fadenring häkeln. In Spiral-Rd arb, ohne die Rd am Ende zu schließen. Einen Maschenmarkierer in die 1. M der Rd einhängen und in jeder weiteren Rd versetzen (siehe Grundlegende Techniken: In Spiralrunden häkeln – so funktioniert der Fadenring).

1. Rd: 6 fM in den Fadenring (= 6 M).

2. Rd: * 2 fM in die nächste M, je 1 fM in die nächsten 2 M; ab * noch 1x wdh (= 8 M).

3. Rd: * 2 fM in die nächste M, je 1 fM in die nächsten 3 M; ab * noch 1x wdh (= 10 M).

4. Rd: * 2 fM in die nächste M, je 1 fM in die nächsten 4 M; ab * noch 1x wdh (= 12 M).

5. Rd: * 2 fM in die nächste M, je 1 fM in die nächsten 5 M; ab * noch 1x wdh (= 14 M).

6. Rd: * 2 fM in die nächste M, je 1 fM in die nächsten 6 M; ab * noch 1x wdh (= 16 M).

7.-10. Rd: 1 fM in jede M.

11. Rd: * 2 fM zus, 1 fM in jede der nächsten 6 M; ab * noch 1x wdh (= 14 M).

12. Rd: * 2 fM zus, 1 fM in jede der nächsten 5 M; ab * noch 1x wdh (= 12 M).

13. Rd: * 2 fM zus, 1 fM in jede der nächsten 4 M; ab * noch 1x wdh (= 10 M).

14. Rd: * 2 fM zus, 1 fM in jede der nächsten 3 M; ab * noch 1x wdh (= 8 M).

15.-24. Rd: Je 1 fM in jede M, am Ende der Rd mit 1 Km in die nächste M schließen und abmaschen.

Mit der Häkelnd Fäden aus Garn B an den Schwanz ansetzen (siehe Grundlegende Techniken: Fransen ansetzen), bis der Schwanz von der 1. bis zur 11. Rd mit Fransen bedeckt ist. Je mehr Fransen du ansetzt, umso puscheliger wird der Schwanz.

Das Schwanzende an die Ecke der Decke annähen, die der Kapuze gegenüberliegt.

OHREN (2x)

Für eine kleine Decke

Mit Garn A und Häkelnd 4,5 mm einen Fadenring häkeln. In Spiral-Rd arb, ohne die Rd am Ende zu schließen. Einen Maschenmarkierer in die 1. M der Rd einhängen und in jeder weiteren Rd versetzen (siehe Grundlegende Techniken: In Spiralrunden häkeln – so funktioniert der Fadenring).

1. Rd: 5 fM in den Fadenring (= 5 M).

2. Rd: 2 fM in jede M (= 10 M).

3. Rd: (2 fM in die nächste M, 1 fM in die nächste M) 5x (= 15 M).

4. Rd: (2 fM in die nächste M, je 1 fM in die nächsten 2 M) 5x (= 20 M).

5. Rd: (2 fM in die nächste M, je 1 fM in die nächsten 3 M) 5x (= 25 M).

6.-12. Rd: 1 fM in jede M.

13. Rd: (2 fM zus, je 1 fM in die nächsten 3 M) 5x (= 20 M).

14. Rd: (2 fM zus, je 1 fM in die nächsten 2 M) 5x, mit 1 Km in die nächste M schließen und abmaschen (= 15 M).

Für eine große Decke

Wie die Ohren für eine kleine Decke bis Ende der 5. R arb.

6. Rd: (2 fM in die nächste M, je 1 fM in die nächsten 4 M) 5x (= 30 M).

7.-13. Rd: 1 fM in jede M.

14. Rd: (2 fM zus, je 1 fM in die nächsten 4 M) 5x (= 25 M).

15. Rd: (2 fM zus, je 1 fM in die nächsten 3 M) 5x (= 20 M).

16. Rd: (2 fM zus, je 1 fM in die nächsten 2 M) 5x, mit 1 Km in die nächste M schließen und abmaschen (= 15 M).

Vorne auf die Kapuze nähen, dabei hinter den Mähnenfransen und auf die 1. R der Kapuzenrundung nähen.

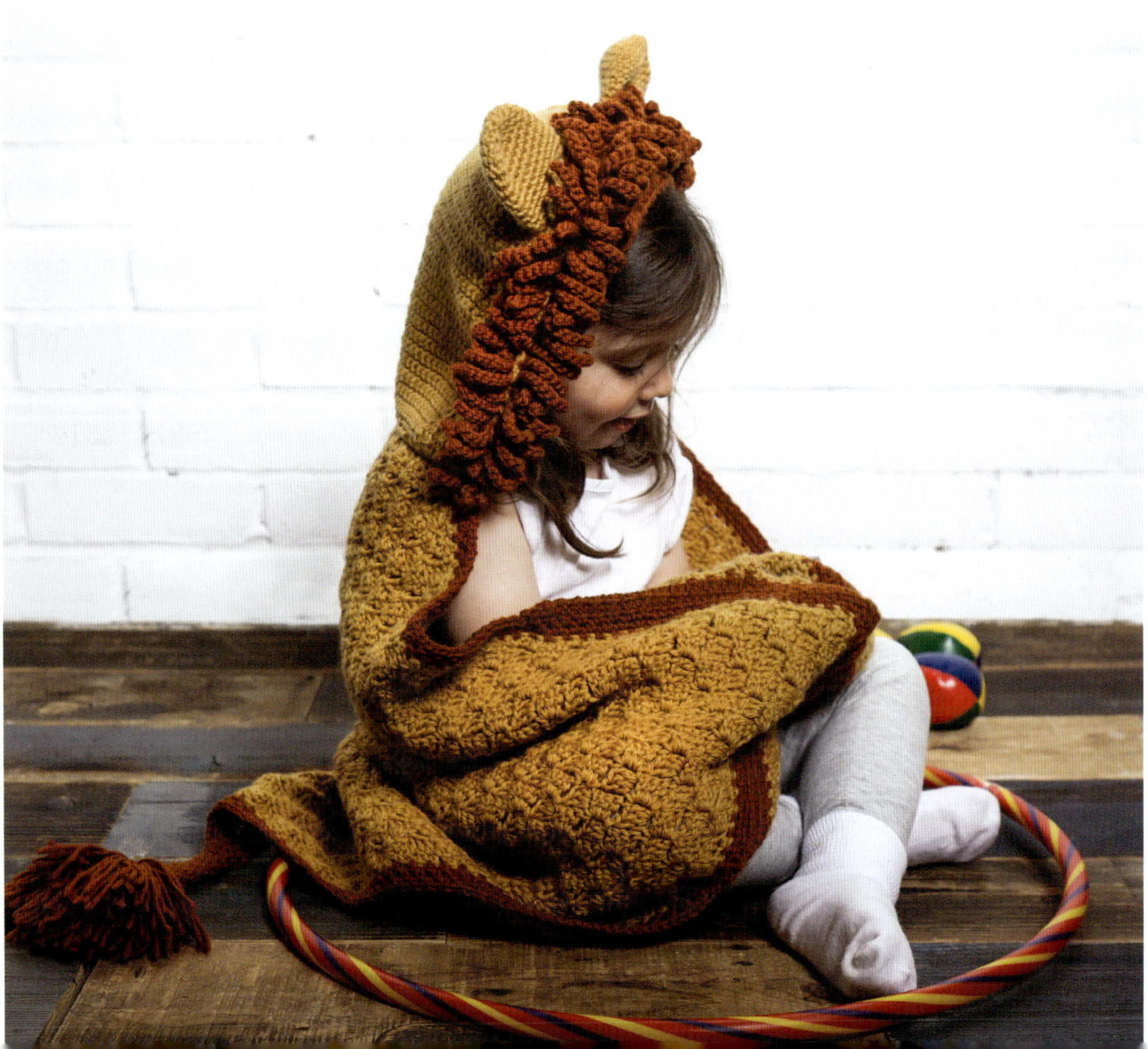

GIRLANDE

9 Fähnchen häkeln: 5 in Garn A und 4 in Garn B.

Mit Garn A bzw. B und Häkelnd 4,5 mm 23 Lm häkeln.

1. R: 1 hStb in die 2. Lm von der Nd aus, je 1 hStb in jede M bis zum R-Ende, wenden (= 22 M).

2. R: 1 Lm (zählt in dieser und den folgenden R nicht als M), 1 hStb in die 1. M, 2 hStb zus, je 1 hStb in jede M bis zum R-Ende, wenden (= 21 M)

3.-20. R: Die 2. Rd wdh (= 3 M).

21. R: 1 Lm, 1 hStb in die 1. M, 2 hStb zus, wenden (= 2 M).

22. R: 1 Lm, 2 hStb zus, wenden (= 1 M).

Nicht abmaschen.

Zierkante in derselben Farbe beginnen.

Zierkante

1. Rd: (1 fM, 2 Lm, 1 fM) in dieselbe M, * 1 Lm, 1 fM in das nächste R-Ende; ab * bis zur nächsten Ecke wdh, 1 Lm, (1 fM, 2 Lm, 1 fM) in die Ecke, jetzt oben am Fähnchen entlang: 1 Lm, 1 M überspringen, ** 1 fM in die nächste M, 1 Lm, 1 M überspringen; ab ** bis zur nächsten Ecke wdh, (1 fM, 2 Lm, 1 fM) in die nächste Ecke, jetzt ab * bis zur nächste Ecke wdh, 1 Lm, mit 1 Km in die 1. fM schließen. Abmaschen.

Mit der Kontrastfarbe in der unteren Ecke im 2-Lm-Bogen neu anschlingen.

2. Rd: 1 Lm (zählt nicht als M), (1 fM, 2 Lm, 1 fM) in die Eck-M, 1 Lm, die nächste fM überspringen, * 1 fM in den nächsten Lm-Bogen, 1 Lm, die nächste fM überspringen *; ab * bis * bis zur nächsten Ecke wdh, (1 fM, 2 Lm, 1 fM) in die Eck-M **, 1 Lm, die nächste fM überspringen; ab * bis ** noch 1x wdh, 1 Lm, die nächste fM überspringen; ab * bis * bis zum Rd-Ende wdh, mit 1 Km in die 1. fM schließen.

3. Rd: 1 Km in den nächsten Lm-Bogen in der Ecke, dann die 2. Rd wdh.

Abmaschen.

5 komplette Pfotenabdrücke (aus 1 großen und 4 kleinen Ballen) in Garn B häkeln und auf die Fähnchen in Garn A nähen. Dabei das Foto zur Orientierung verwenden.

Die Fähnchen zur Girlande verbinden

1. R: Mit Garn C und Häkelnd 4,5 mm 40 Lm häkeln. Quer über die obere Kante des ersten Fähnchens häkeln: * (1 fM, 1 Lm) in jeden Lm-Bogen bis zum Ende des Fähnchens, dann ebenso über das nächste Fähnchen häkeln und ab * wdh, bis alle Fähnchen befestigt sind, 40 Lm, wenden.

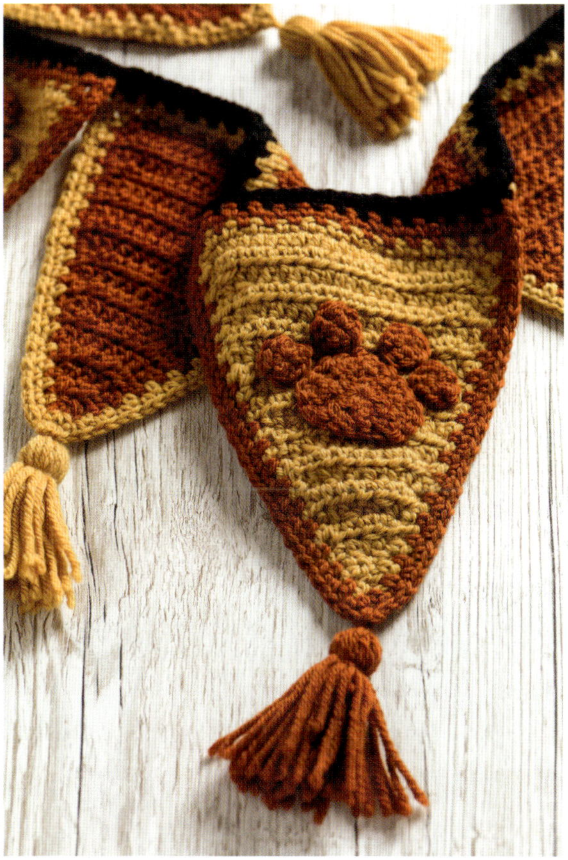

2. R: 6 Lm (als Aufhängeschlaufe), 1 hStb in die 7. Lm von der Nd aus, je 1 hStb in die nächsten 39 Lm, ab * der 1. R bis zum Ende der Fähnchen wdh, je 1 hStb in jede M bis zum Ende, wenden.

3. R: 6 Lm (als Aufhängeschlaufe), je 1 Km in jede M bis zum R-Ende, jedoch vor der Aufhängeschlaufe am anderen Ende enden.

Abmaschen.

FERTIGSTELLUNG

Mit einem 8 cm breiten Kartonstreifen Quasten wie bei der Einhorn-Girlande knüpfen (siehe Seite 117). An jedes Fähnchen unten eine Quaste nähen, dabei auf die passende Farbe der Zierkante achten.

Die Fähnchen anfeuchten und spannen, dabei die Vorderseite mit Wasser und die Rückseiten auf Wunsch mit Sprühstärke einsprühen. Vollständig trocknen lassen (siehe Grundlegende Techniken: Spannen).

Einhorn

Ohne eine bunte Einhorndecke mit einer farbenfrohen Mähne und ein wenig Glitzer wäre dieses Buch einfach nicht komplett. Nimm den Zauberstab und los geht's im fliegenden Galopp in eine magische Welt! Sei ein Held oder eine Heldin und verzaubere unterwegs, was immer dir gefällt. Für die Mähne und die Girlande kannst du deine Lieblingsfarben wählen, damit du eine ganz persönliche und einzigartige Decke bekommst.

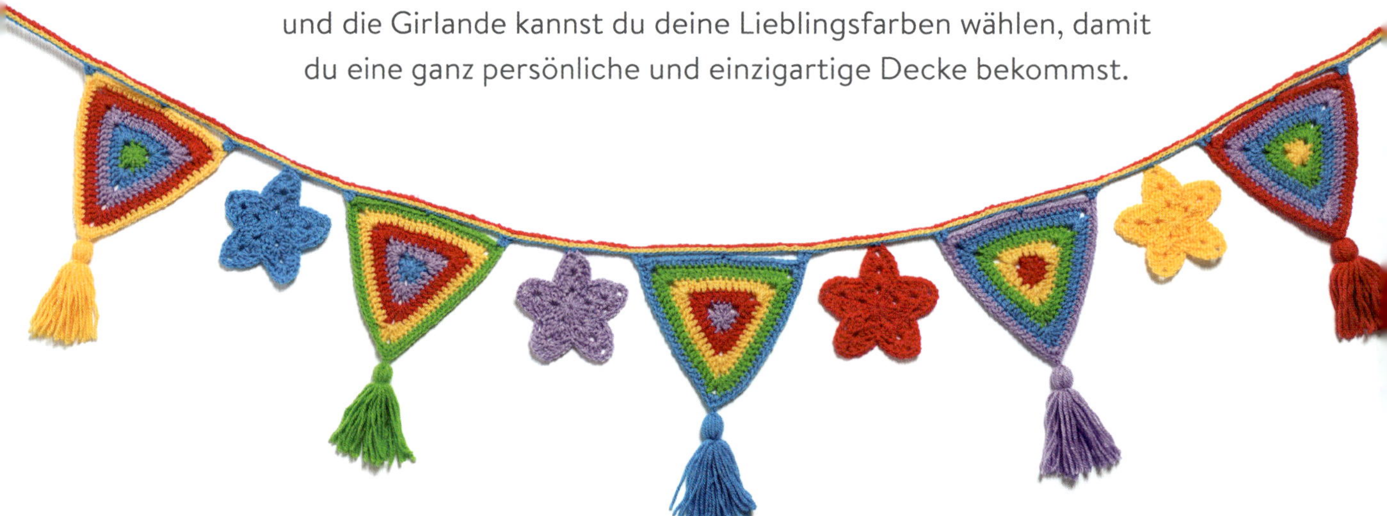

AUFBAU

Eine quadratische Decke in der Ecke-zu-Ecke-Technik. Kapuze, Taschen, Ohren, das Horn und die Mähne werden separat gehäkelt und zum Schluss angesetzt.

Mit einer Fransenkante verziert

Passende Girlande aus Sternchen und Dreiecken mit Quasten

SCHWIERIGKEITSGRAD

Mittel – 3/4

GRÖSSE

Alter: 2-4 [5-7] Jahre

Kleidergröße: Etwa 92-104 cm [110-122 cm]

DECKENMASS

60 cm [70 cm] im Quadrat ohne Zierkante

68 cm [78 cm] im Quadrat mit Zierkante

Die Kapuze ist an der breitesten Stelle etwa 43 cm [48 cm] breit (flach hingelegt).

GIRLANDE

Jeder Stern ist etwa 9 cm breit, und jedes Dreieck misst etwa 13,5 cm an der breitesten Stelle.

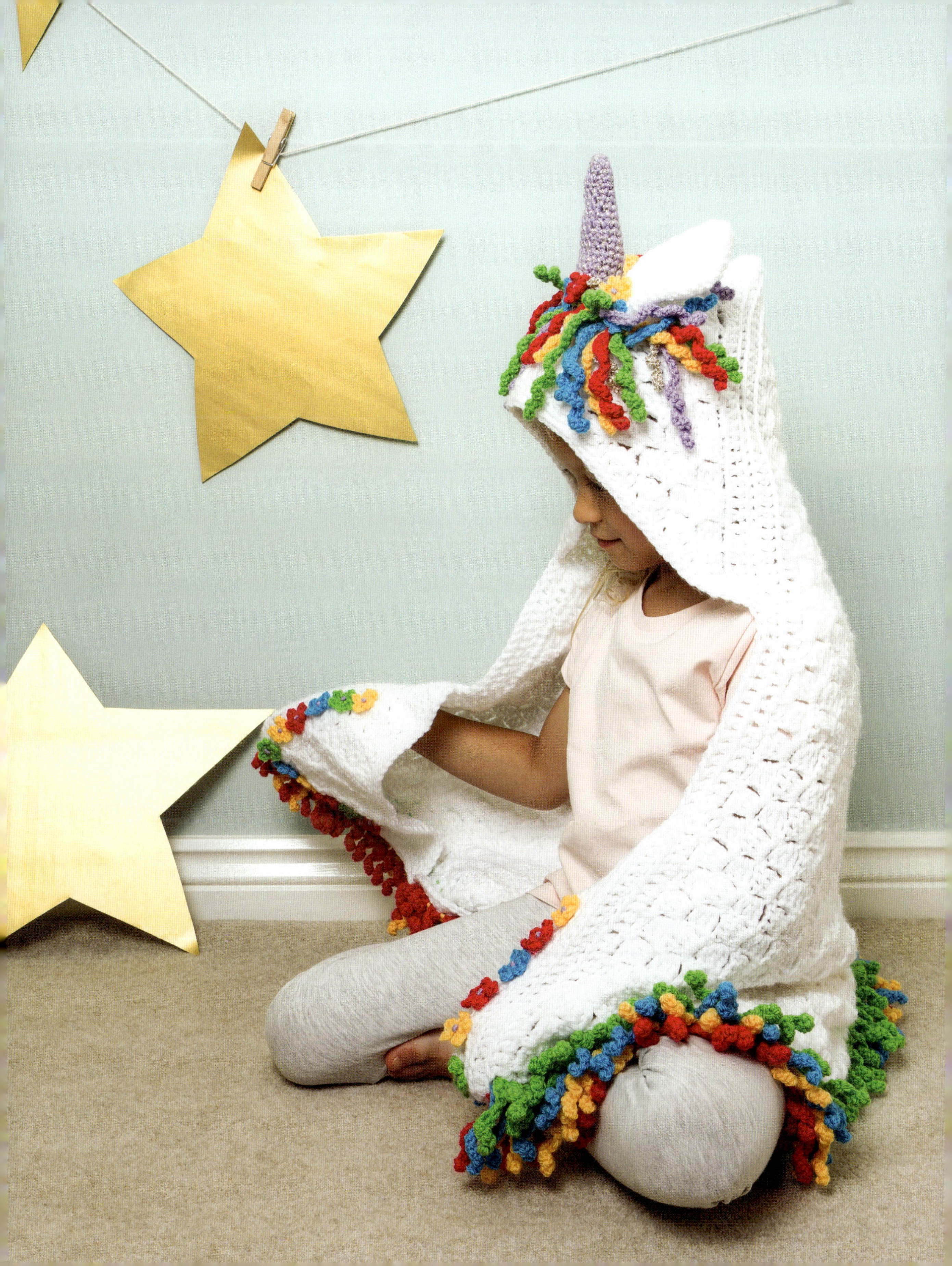

DAS BRAUCHST DU

GARN

FÜR DIE DECKE:

5 [7] Knäuel chunky (bulky) Garn in Weiß (A); 144 m/100 g

1 [1] Knäuel Metallicfaden in Gold/Silber (B); 150 m/20 g

1 [1] Knäuel DK (8-fädig/light worsted) Garn in Lavendel (C), Pink (D), Grün (E), Gelb (F) und Türkis (G); 295 m/100 g

FÜR DIE GIRLANDE:

1 Knäuel DK (8-fädig/light worsted) Garn in Lavendel (C), Pink (D), Grün (E), Gelb (F) und Türkis (G); 295 m/100 g

HINWEISE ZUM GARN

ICH HABE VERWENDET:

Garn A: Stylecraft Special Chunky (100 % Acryl, LL 144 m/100 g) in Weiß (Fb 1001)

Garn B: DMC Lumina Metallic Thread (60 % Viskose, 40 % Polyester, LL 150 m/20 g) in White Gold (Fb 3866)

Garn C: Stylecraft Special DK (100 % Acryl, LL 295 m/100 g) in Wisteria (Fb 1432)

Garn D: Stylecraft Special DK (100 % Acryl, LL 295 m/100 g) in Bright Pink (Fb 1435)

Garn E: Stylecraft Special DK (100 % Acryl, LL 295 m/100 g) in Grass Green (Fb 1821)

Garn F: Stylecraft Special DK (100 % Acryl, LL 295 m/100 g) in Saffron (Fb 1081)

Garn G: Stylecraft Special DK (100 % Acryl, LL 295 m/100 g) in Turquoise (Fb 1068)

DAS BRAUCHST DU NOCH

Häkelnadeln 4,0 mm und 5,5 mmm

Maschenmarkierer

Füllwatte

Sprühstärke (optional)

MASCHENPROBE

Garn A, etwa 5 Quadrate mit Häkelnd 5,5 mm = 10 cm x 10 cm

ÜBRIGENS ...

Hier wird nach der Standardanleitung für eine quadratische Decke gehäkelt (Seite 32).

Anleitung

DECKE

Mit Garn A und Häkelnd 5,5 mm eine Anfangsschlinge häkeln.

Nach der Standardanleitung für eine quadratische Decke arb:

- Bis auf 30 [35] Quadrate zunehmen (oder bis die geraden Seitenkanten 60 cm [70 cm] lang sind).
- Bis auf 1 Quadrat abnehmen, nicht abmaschen.

Weiter eine Grundrunde für die Zierkante um die gesamte Decke herum häkeln.

GRUNDRUNDE FÜR DIE ZIERKANTE

Mit dieser Rd wird die Kante der Decke schön gerade (siehe Grundlegende Techniken: Grundrunde für die Zierkante, Schritte 3-9).

1. Rd: 1 Lm (zählt nicht als M), (1 fM, 2 Lm, 1 fM) in dieselbe Eck-M, 2 Lm, * 1 fM in den Lm-Bogen zwischen den nächsten Quadraten, 2 Lm; ab * bis zur nächsten Ecke wdh **, (1 fM, 2 Lm, 1 fM) in die Eck-M, 2 Lm ***; ab * bis *** noch 2x wdh, dann ab * bis ** noch 1x wdh, mit 1 Km in die 1. fM schließen.

Nicht abmaschen.

Die Zierkante wird mit Stäbchen gehäkelt:

1. Rd der Zierkante: 1 Km in den 2-Lm-Bogen in der Ecke, 3 Lm (zählt als 1. Stb), 2 Stb in denselben Bogen, * 1 Stb in die nächste fM, 1 Stb in den nächsten 2-Lm-Bogen, 1 Stb in die nächste fM, 2 Stb in den nächsten 2-Lm-Bogen; ab * bis zur nächsten Ecke wdh (die letzte Wdh endet mit dem Stb in die letzte fM) **, 3 Stb in den nächsten Lm-Bogen in der Ecke ***; ab * bis *** noch 2x wdh, dann von * bis ** noch 1x wdh, 1 Km in die erste der 3 Anfangs-Lm. Nicht abmaschen.

2. Rd der Zierkante: 3 Lm (zählt als 1. Stb), 3 Stb in die hintere Schlinge der nächsten M (für die Ecke), * je 1 Stb in die hintere Schlinge aller Stb bis zum mittleren Stb der nächsten Ecke **, 3 Stb in die hintere Schlinge des mittleren Stb der Ecke ***; ab * bis *** noch 2x wdh, dann ab * bis ** noch 1x wdh, bei den 3 Anfangs-Lm enden, mit 1 Km in die erste der 3 Anfangs-Lm schließen. Abmaschen.

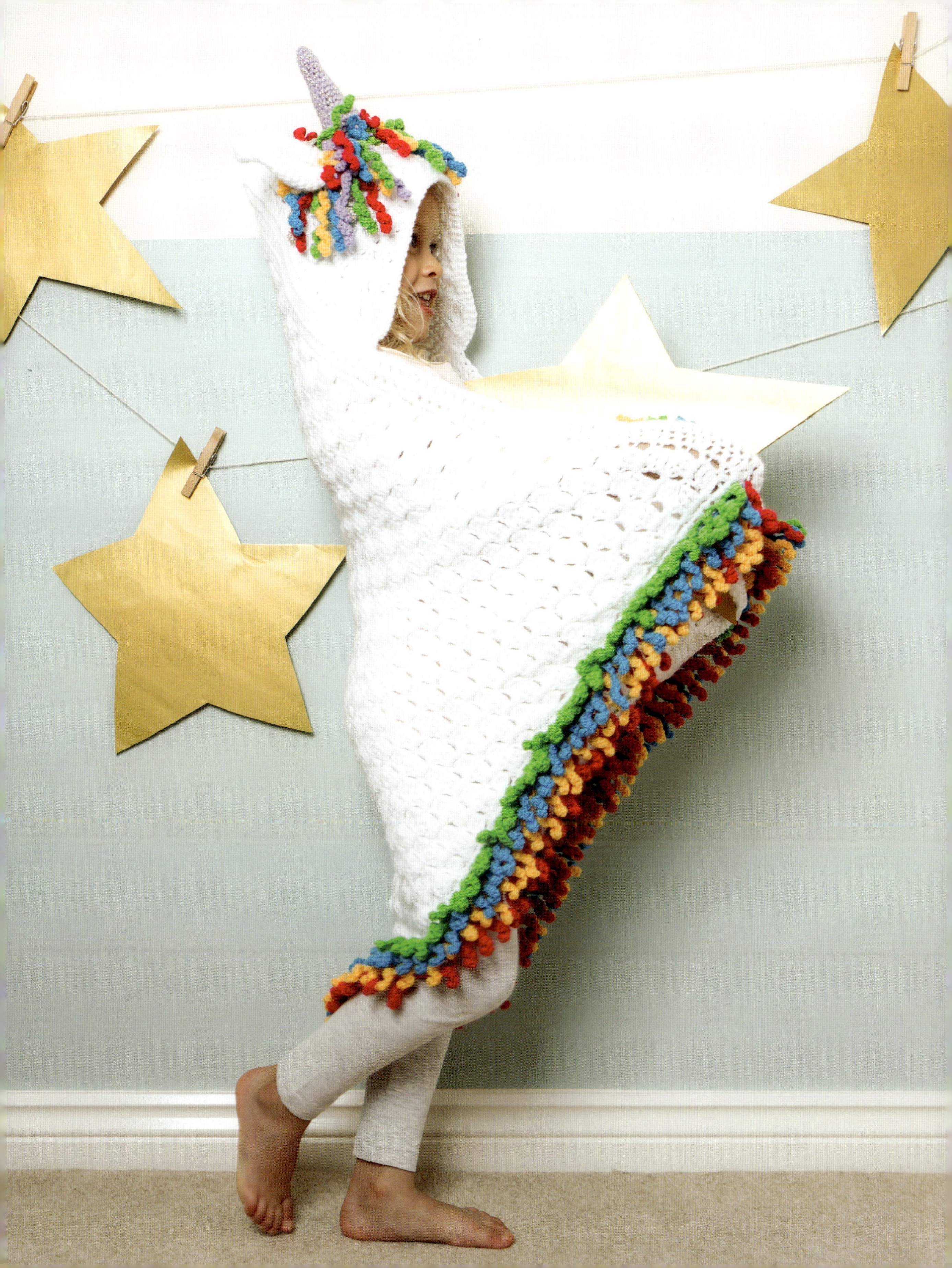

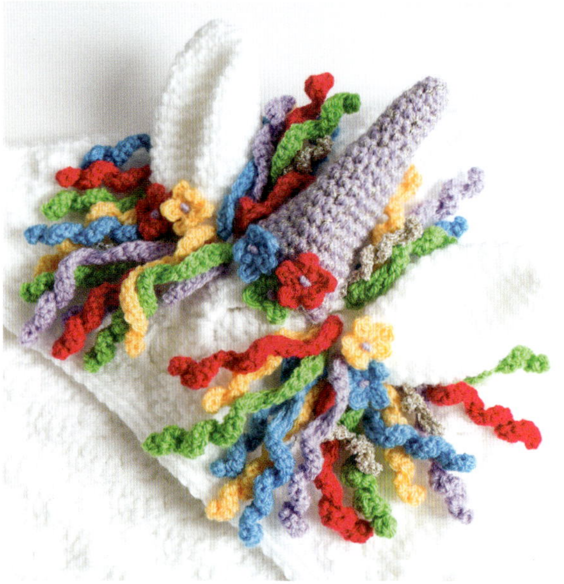

KAPUZE

Mit Garn A und Häkelnd 5,5 mm eine Anfangsschlinge häkeln.

Nach der Standardanleitung für eine quadratische Decke arb:

- 14 [16] R häkeln.

Nächste Rd (damit die Kante gerade wird): 1 Km in die nächsten 3 Stb, 1 Km oben in die 3 Lm am Ende des Quadrats, jetzt entlang der Zickzackkante: * 1 Stb in die nächste M, 1 hStb in die nächste M, 1 fM in die nächste M, 1 Km oben in die nächsten 3 Lm (1 Quadrat ausgefüllt); ab * bis zum Ende wdh (siehe Grundlegende Techniken: Eine Zickzackkante begradigen).

Nicht abmaschen.

Nächste Rd (Kante): Weiter mit Garn A, 1 Lm (zählt nicht als M), (1 fM, 2 Lm, 1 fM) in dieselbe M, 2 Lm, * 1 fM zwischen die nächsten Quadrate, 2 Lm *; ab * bis * an der ersten Kapuzenkante bis zur Kapuzenspitze wdh, (1 fM, 2 Lm, 1 fM) in die M an der Kapuzenspitze, 2 Lm; ab * bis * an der nächsten Kapuzenkante wdh, (1 fM, 2 Lm, 1 fM) in die Eck-M, je 1 fM nur in die hinteren Schlingen aller M an der geraden Kapuzenkante, mit 1 Km in die 1. fM schließen.

1. Rd der Zierkante: 1 Km in den 2-Lm-Bogen in der Ecke, 3 Lm (zählt als 1. Stb), 2 Stb in denselben Lm-Bogen in der Ecke, 1 Stb in die nächste fM, * 2 Stb in den nächsten 2-Lm-Bogen, 1 Stb in die nächste fM *; ab * bis * wdh, bis der 2-Lm-Bogen an der Kapuzenspitze erreicht ist, 3 Stb in den 2-Lm-Bogen, 1 Stb in die nächste fM; ab * bis * wdh, bis der nächste Lm-Bogen in der Ecke erreicht ist, 3 Stb in den Lm-Bogen in der Ecke, mit 1 Km in die nächste M schließen und abmaschen (nicht an der geraden Kapuzenkante entlanghäkeln).

AUFGESETZTE TASCHEN FÜR DIE HÄNDE (2x)

Mit Garn A und Häkelnd 5,5 mm eine Anfangsschlinge häkeln.

Nach der Standardanleitung für eine quadratische Decke arb:

- 8 [10] R häkeln.

Nächste R (damit die Kante gerade wird): Je 1 Km in die nächsten 3 Stb, 1 Km oben in die 3 Lm am Ende des Quadrats, jetzt entlang der Zickzackkante: * 1 Stb in die nächste M, 1 hStb in die nächste M, 1 fM in die nächste M, 1 Km oben in die nächsten 3 Lm (1 Quadrat ausgefüllt); ab * bis zum Ende wdh (siehe Grundlegende Techniken: Eine Zickzackkante begradigen).

Nicht abmaschen, sondern wie bei der Kapuze die Grundrunde für die Zierkante häkeln und die 1. R der Zierkante folgendermaßen arb:

1. Rd der Zierkante: 1 Km in den 2-Lm-Bogen in der Ecke, 3 fM in denselben Eck-Bogen, 1 fM in die nächste fM, * 2 fM in den nächsten 2-Lm-Bogen, 1 fM in die nächste fM *; ab * bis * wdh, bis der 2-Lm-Bogen an der Kapuzenspitze erreicht ist, (1 fM, 2 Lm, 1 fM) in den 2-Lm-Bogen, 1 fM in die nächste fM; ab * bis * wdh, bis der nächste Lm-Bogen in der Ecke erreicht ist, 3 fM in den Lm-Bogen in der Ecke, mit 1 Km in die nächste M schließen und abmaschen (nicht an der geraden Kapuzenkante entlanghäkeln).

Die Decke flach ausbreiten, dabei liegt die Außenseite oben. Die Taschen auf gegenüberliegende Ecken der Decke legen, die Kapuze kommt an eine freie Ecke (die Taschen und die Kapuze werden jeweils mit der Außenseite auf die Decke gelegt). Mit Maschenmarkierern fixieren und im Überwendlingsstich mit passendem Garn zusammennähen, dabei durch die hinteren Schlingen der jeweiligen Teile nähen (siehe Grundlegende Techniken: Teile zusammennähen).

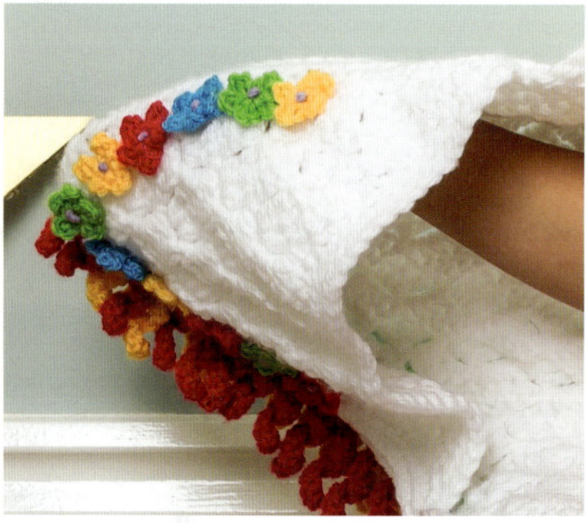

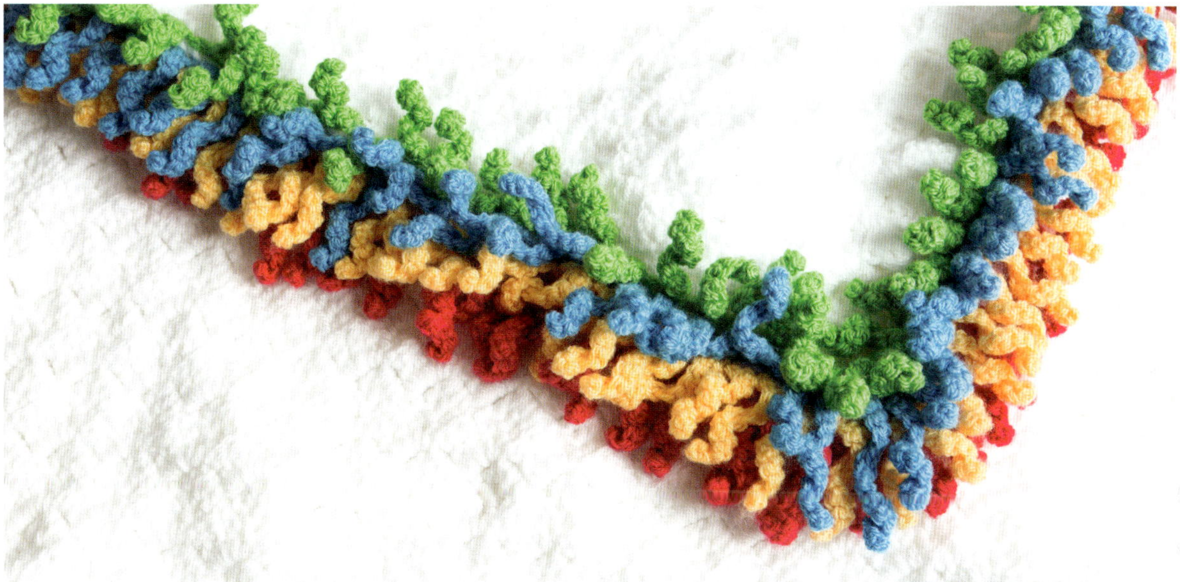

LOCKENFRANSEN AN DER DECKE

An den beiden unteren Seitenkanten der Decke arb.

Die Außenseite der Decke liegt oben, die Rückseite der Kapuze zeigt nach rechts. An der unteren Taschenecke (die am nächsten bei dir liegt) mit Garn D mit 1 Km um den Bogen der Eck-M der 1. Rd der Zierkante neu anschlingen (die mittlere M der 3 Eck-Stb).

1. R: * 15 Lm, 1 fM in die 2. Lm von der Nd aus, je 1 fM in die nächsten 13 Lm, die nächste M an der Decke überspringen, 1 Km in die nächste M *; ab * bis * an beiden Seitenkanten der Decke wdh, an der gegenüberliegenden Taschenecke enden. Abmaschen.

2. R: An derselben Taschenecke wie in der 1. R beginnen, mit Garn F in der ersten übersprungenen M der 1. R neu anschlingen, dann die 1. R mit Garn F wdh und dabei alle Km in die hinteren Schlingen der übersprungenen M aus der 1. R arb. Abmaschen.

3. R: Die Decke liegt ebenso wie für die 1. R, mit Garn G an der gleichen Stelle wie in der 1. R mit einer Km um das Stb in der Ecke der ersten Tasche neu anschlingen, also direkt unter der ersten Locke aus Garn D. Die 1. R mit Garn G wdh und dabei alle Km um die Stb in der R direkt unter der 1. R arb.

4. R: Die Decke liegt ebenso wie für die 1. R, mit Garn E an der gleichen Stelle wie in der 1. R mit einer Km um dasselbe Stb in der Ecke der ersten Tasche neu anschlingen, also direkt unter der ersten Locke aus Garn G. Die 1. R mit Garn E wdh und dabei alle Km um dieselben Stb wie in der 3. R arb.

Alle Fadenenden vernähen.

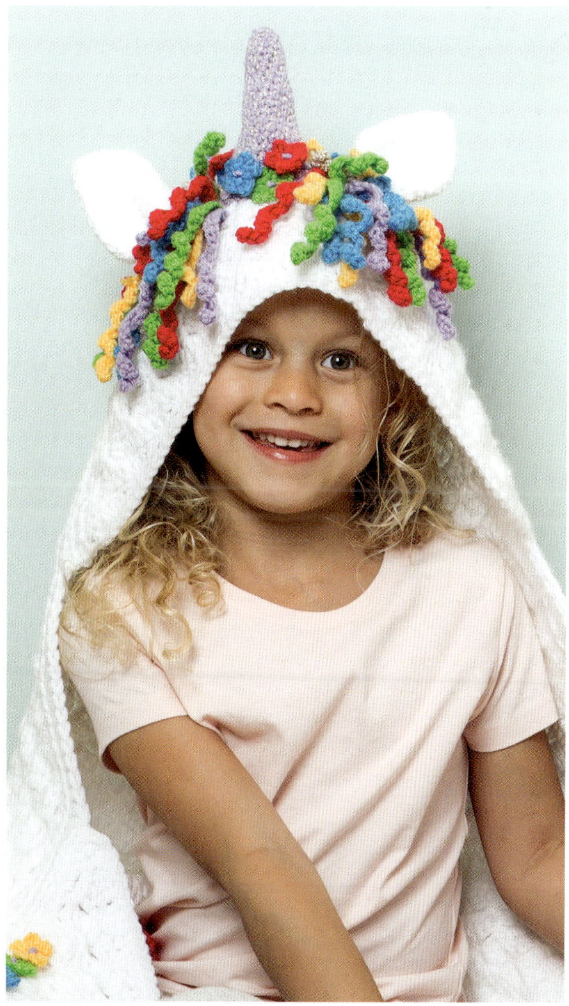

HORN

Für eine kleine Decke

Mit Garn B und C doppelfädig arb und mit Häkelnd 4,0 mm einen Fadenring häkeln. In Spiral-Rd arb, ohne die Rd am Ende zu schließen. Einen Maschenmarkierer in die 1. M der Rd einhängen und in jeder weiteren Rd versetzen (siehe Grundlegende Techniken: In Spiralrunden häkeln – so funktioniert der Fadenring).

1. Rd: 6 fM in den Fadenring (= 6 M).

2. Rd: 1 fM in jede M.

3. Rd: (2 fM in die nächste M, je 1 fM in die nächsten 2 M) 2x (= 8 M).

4. und 5. Rd: 1 fM in jede M.

6. Rd: (2 fM in die nächste M, je 1 fM in die nächsten 3 M) 2x (= 10 M).

7. und 8. Rd: 1 fM in jede M.

9. Rd: (2 fM in die nächste M, je 1 fM in die nächsten 4 M) 2x (= 12 M).

10. und 11. Rd: 1 fM in jede M.

12. Rd: (2 fM in die nächste M, je 1 fM in die nächsten 5 M) 2x (= 14 M).

13. und 14. Rd: 1 fM in jede M.

15. Rd: (2 fM in die nächste M, je 1 fM in die nächsten 6 M) 2x (= 16 M).

16. und 17. Rd: 1 fM in jede M.

18. Rd: (2 fM in die nächste M, je 1 fM in die nächsten 7 M) 2x (= 18 M).

19.-22. Rd: 1 fM in jede M.

Mit 1 Km in die nächste M schließen und abmaschen. Das Horn soll eher flach als rund werden, leicht mit Füllwatte ausstopfen und die untere Naht mit Überwendlingsstichen schließen. Mit Stecknadeln vorne in der Mitte auf die Kapuze stecken, etwa 9 cm [10 cm] von der Kapuzenkante entfernt. An der unteren Naht an die Kapuze nähen und dann die Rückseite des Horns mit einer etwa 3-4 cm langen Naht an die Kapuze nähen. So wird verhindert, dass das Horn nach vorne kippt (siehe Grundlegende Techniken: Teile zusammennähen).

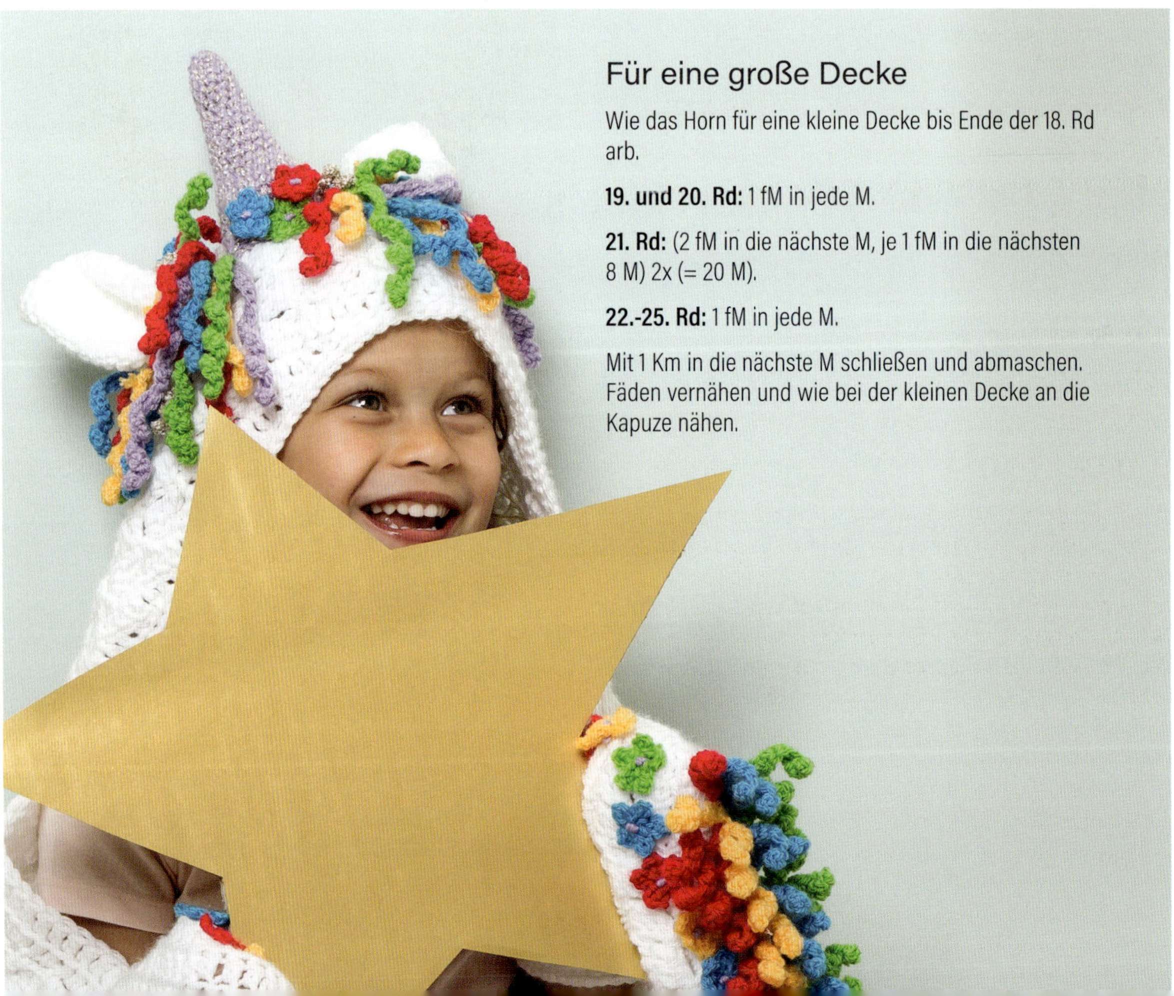

Für eine große Decke

Wie das Horn für eine kleine Decke bis Ende der 18. Rd arb.

19. und 20. Rd: 1 fM in jede M.

21. Rd: (2 fM in die nächste M, je 1 fM in die nächsten 8 M) 2x (= 20 M).

22.-25. Rd: 1 fM in jede M.

Mit 1 Km in die nächste M schließen und abmaschen. Fäden vernähen und wie bei der kleinen Decke an die Kapuze nähen.

OHREN (2x)

Für eine kleine Decke

Mit Garn A und Häkelnd 5,5 mm einen Fadenring häkeln. In Spiral-Rd arb, ohne die Rd am Ende zu schließen. Einen Maschenmarkierer in die 1. M der Rd einhängen und in jeder weiteren Rd versetzen (siehe Grundlegende Techniken: In Spiralrunden häkeln – so funktioniert der Fadenring).

1. Rd: 6 fM in den Fadenring (= 6 M).

2. Rd: (2 fM in die nächste M, je 1 fM in die nächsten 2 M) 2x (= 8 M).

3. Rd: (2 fM in die nächste M, je 1 fM in die nächsten 3 M) 2x (= 10 M).

4. Rd: (2 fM in die nächste M, je 1 fM in die nächsten 4 M) 2x (= 12 M).

5. Rd: (2 fM in die nächste M, je 1 fM in die nächsten 5 M) 2x (= 14 M).

6. Rd: (2 fM in die nächste M, je 1 fM in die nächsten 6 M) 2x (= 16 M).

7. Rd: (2 fM in die nächste M, je 1 fM in die nächsten 7 M) 2x (= 18 M).

8. Rd: (2 fM in die nächste M, je 1 fM in die nächsten 8 M) 2x (= 20 M).

9. Rd: (2 fM in die nächste M, je 1 fM in die nächsten 9 M) 2x (= 22 M).

10. Rd: (2 fM in die nächste M, je 1 fM in die nächsten 10 M) 2x (= 24 M).

11.-13. Rd: 1 fM in jede M.

14. Rd: (2 fM zus, je 1 fM in die nächsten 6 M) 3x (= 21 M).

15. Rd: (2 fM zus, je 1 fM in die nächsten 5 M) 3x (= 18 M).

16. Rd: 1 fM in jede M.

Mit 1 Km in die nächste M schließen und abmaschen. Das Ohr längs doppelt legen und die untere Naht ein wenig zusammendrücken. Mit ein paar Stichen sichern. Auf beiden Seiten des Horns mit Stecknadeln fixieren und dann mit einer flachen Naht an die Kapuze nähen. Ein paar Stiche auf der Rückseite des Ohrs verhindern, dass die Ohren nach vorne fallen.

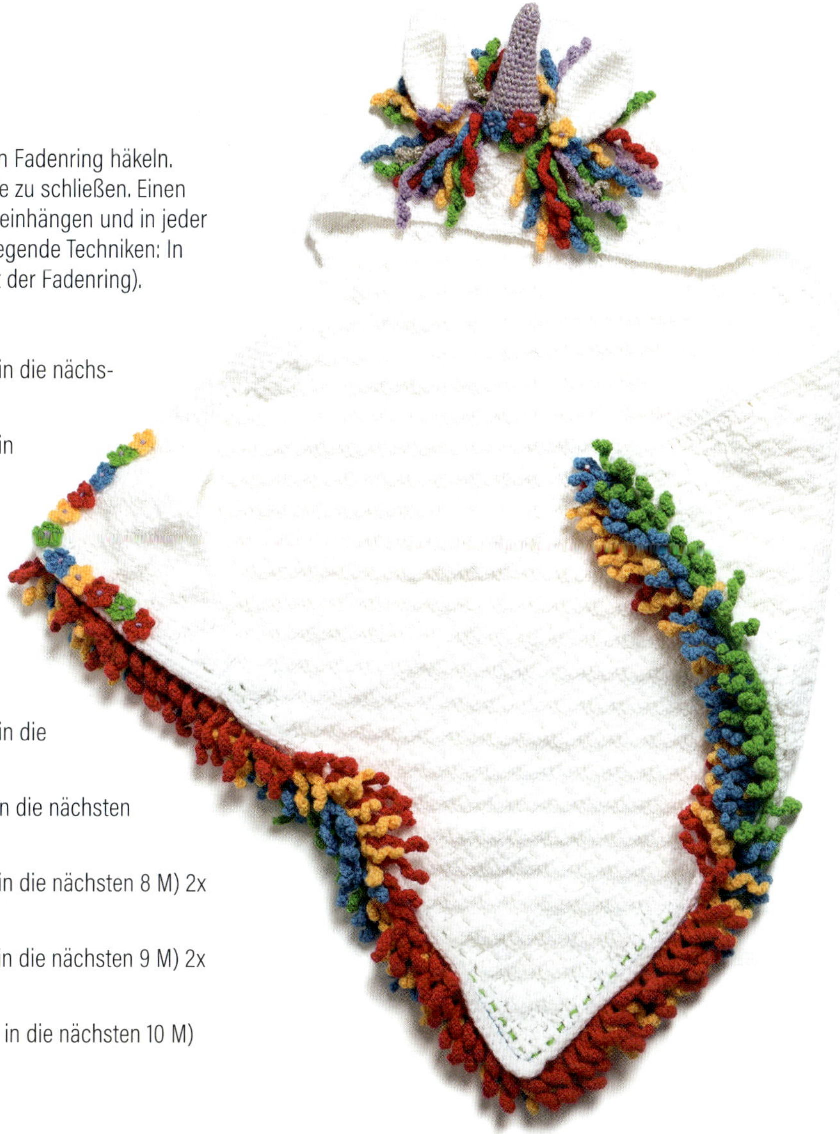

Für eine große Decke

Wie die Ohren für eine kleine Decke bis Ende der 10. Rd arb (= 24 M).

11. Rd: (2 fM in die nächste M, je 1 fM in die nächsten 7 M) 3x (= 27 M).

12.-14. Rd: 1 fM in jede M.

15. Rd: (2 fM zus, je 1 fM in die nächsten 7 M) 3x (= 24 M).

16. Rd: (2 fM zus, je 1 fM in die nächsten 6 M) 3x (= 21 M).

17. Rd: (2 fM zus, je 1 fM in die nächsten 5 M) 3x (= 18 M).

18. Rd: 1 fM in jede M.

Mit 1 Km in die nächste M schließen und abmaschen. Fäden vernähen und wie bei der kleinen Decke an die Kapuze nähen.

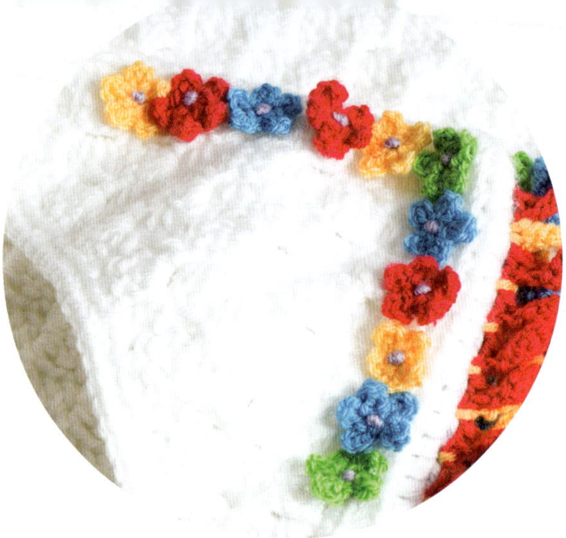

SCHMUCKELEMENTE

Blüten

27 Blüten in den Garnen D, E, F und G häkeln. Mit dem Garn und Häkelnd 4,0 mm 6 Lm arb, 1 Km in die 6. Lm von der Nd aus, (5 Lm, 1 Km in dieselbe Lm wie die vorherige Km) 4x. Abmaschen.

Einen Knoten in einen Faden aus Garn C knüpfen und von vorne nach hinten durch die Mitte der Blüte fädeln, sodass der Knoten mitten in der Blüte sitzt. Die Enden auf der Rückseite fest verknoten und vernähen. Die Blüte mit den Fadenenden an die Decke nähen oder mit einer Klebepistole befestigen. 3 oder 4 Blüten unten an das Horn nähen, 2 oder 3 Blüten unten an jedes Ohr und 11 Blüten jeweils an die Taschen – entweder in Grüppchen oder in einer Reihe an die Taschenecke (dabei an den Fotos orientieren).

Locken

Du kannst so viele Locken wie du möchtest in den Garnen B, C, D, E, F und G häkeln.

Mit dem gewünschten Garn und Häkelnd 4,0 mm eine Anfangsschlinge machen. Diese Schlinge mit 1 Km an eine M der Kapuze häkeln.

Für die einzelnen Locken häkelst du unterschiedlich lange Luftmaschenketten, damit die Locken unterschiedlich lang werden.

Eine Kette aus 20, 25 oder 30 Lm häkeln, dann 1 fM in die 2. Lm von der Nd aus, je 1 fM in jede Lm bis zum Ende, 1 Km in dieselbe M an der Kapuze. Faden abschneiden, abmaschen und die Fadenenden auf der Rückseite der Kapuze vernähen und abschneiden. Alle Locken unten um die Ohren und seitlich an die Ohren nähen, dabei mehrere Farben abwechselnd verwenden.

GIRLANDE

Dreiecke

Du kannst beliebig viele häkeln, dabei mit den Garnen C, D, E, F und G arb und für jede Rd eine andere Farbe verwenden.

Mit Häkelnd 4,0 mm einen Fadenring häkeln (siehe Grundlegende Techniken: In Spiralrunden häkeln – so funktioniert der Fadenring).

1. Rd: 3 Lm (zählt als 1. Stb), 2 Stb in den Ring, 3 Lm, (3 Lm in den Ring, 3 Lm) 2x, mit 1 Km oben in die 3 Anfangs-Lm schließen. Faden abschneiden und abmaschen.

2. Rd: Mit der nächsten Farbe in einem beliebigen 3-Lm-Bogen neu anschlingen, 3 Lm (zählt als 1. Stb), (2 Stb, 3 Lm, 3 Stb) in denselben 3-Lm-Bogen, * je 1 Stb in die nächsten 3 Stb, (3 Stb, 3 Lm, 3 Stb) in den nächsten 3-Lm-Bogen; ab * noch 1x wdh, je 1 Stb in die nächsten 3 Stb, mit 1 Km in die oberste der 3 Anfangs-Lm schließen. Faden abschneiden und abmaschen.

3. Rd: Mit der nächsten Farbe in einem beliebigen 3-Lm-Bogen neu anschlingen, 3 Lm (zählt als 1. Stb), (2 Stb, 3 Lm, 3 Stb) in denselben 3-Lm-Bogen, * je 1 Stb in die nächsten 9 Stb, (3 Stb, 3 Lm, 3 Stb) in den nächsten 3-Lm-Bogen; ab * noch 1x wdh, je 1 Stb in die nächsten 9 Stb, mit 1 Km oben in die 3 Anfangs-Lm schließen. Faden abschneiden und abmaschen.

4. Rd: Mit der nächsten Farbe in einem beliebigen 3-Lm-Bogen neu anschlingen, 3 Lm (zählt als 1. Stb), (2 Stb, 3 Lm, 3 Stb) in denselben 3-Lm-Bogen, * je 1 Stb in die nächsten 15 Stb, (3 Stb, 3 Lm, 3 Stb) in den nächsten 3-Lm-Bogen; ab * noch 1x wdh, je 1 Stb in die nächsten 15 Stb, mit 1 Km oben in die 3 Anfangs-Lm schließen. Faden abschneiden und abmaschen.

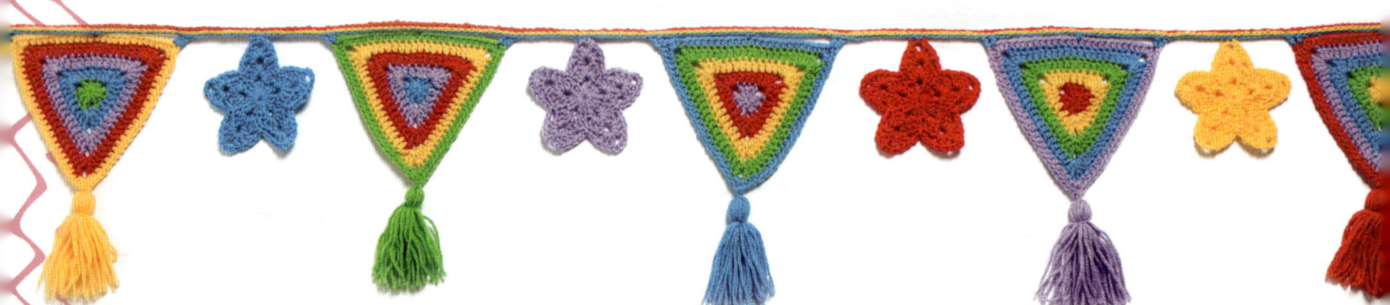

5. Rd: Mit der nächsten Farbe in einem beliebigen 3-Lm-Bogen neu anschlingen, 1 Lm (zählt nicht als M), 3 fM in denselben 3-Lm-Bogen, * je 1 fM in die nächsten 21 Stb, 3 fM in den nächsten 3-Lm-Bogen; ab * noch 1x wdh, je 1 fM in die nächsten 21 Stb, mit 1 Km in die 1. fM schließen. Faden abschneiden und abmaschen.

Fadenenden auf der Rückseite vernähen und kurz abschneiden.

Quasten

Für jedes Dreieck eine Quaste in derselben Farbe wie die Außenkante (5. Rd) arb.

Den entsprechenden Faden 25 bis 30x um ein festes Kartonstück (etwa 8-9 cm lang) wickeln. Faden abschneiden.

Einen 20 cm langen Faden abschneiden und an einem Ende unter das aufgewickelte Garn fädeln. Dies ist die Oberseite der Quaste.

Mit dem Faden einen richtig festen Knoten binden.

Das aufgewickelte Garn am anderen Ende aufschneiden und vom Karton abnehmen.

Die Quaste mit einem anderen Faden etwa 1,5 cm unter der Oberseite umwickeln. Die Fadenenden in der Quaste verstecken.

Die Enden der Quaste gerade abschneiden und die Quaste mit dem Faden an der Oberseite am Dreieck festnähen.

Sterne

Einen Stern weniger häkeln, als du Dreiecke gehäkelt hast. Alle Rd des Sterns werden in derselben Farbe gehäkelt. Die Garne C, D, E, F und G verwenden. Mit Häkelnd 4,0 mm einen Fadenring häkeln (siehe Grundlegende Techniken: In Spiralrunden häkeln – so funktioniert der Fadenring).

1. Rd: 3 Lm, 2 Stb in den Ring, (3 Lm, 3 Stb in den Ring) 4x, 3 Lm, mit 1 Km oben in die 3 Anfangs-Lm schließen (= 5 Gruppen aus 3 Stb und 5 3-Lm-Bögen).

2. Rd: Je 1 Km in die nächsten 2 Stb, 1 Km in den nächsten 3-Lm-Bogen, 3 Lm (zählt als 1 Stb), (2 Stb, 3 Lm, 3 Stb) in denselben 3-Lm-Bogen, * (3 Stb, 3 Lm, 3 Stb) in den nächsten 3-Lm-Bogen; ab * noch 3x wdh, mit 1 Km in die erste der 3 Anfangs-Lm schließen (= Stern mit 5 Zacken).

3. Rd: * 2 Lm, die nächsten 3 Stb überspringen, (3 Stb, 3 Lm, 3 Stb) in den 3-Lm-Bogen an der Spitze, 2 Lm, die nächsten 3 Stb überspringen, 1 Km zwischen die Gruppen aus 3 Stb; ab * noch 4x wdh und abmaschen. Fadenenden auf der Rückseite vernähen und kurz abschneiden.

Zur Girlande verbinden

Mit Garn G und Häkelnd 4,0 mm 30 Lm, * 2 Stb in den Lm-Bogen in der Ecke eines Dreiecks, 13 Lm, 1 fM in die Mitte der Oberkante des Dreiecks (in die 13. M des Dreiecks), 13 Lm, 2 Stb in den Lm-Bogen der nächsten Ecke des Dreiecks, 9 Lm, 2 fM in einen Zacken eines Sterns, 9 Lm; ab * wdh, bis alle Dreiecke und Sterne an der Girlande hängen, mit einem Dreieck enden und 21 Lm arb. Abmaschen und Faden abschneiden.

Die Vorderseite liegt oben. Mit Garn F mit 1 Km am rechten Ende der Girlande neu anschlingen, dann je 1 Km in die hintere Schlinge jeder Lm oder M über die gesamte Länge arb. Abmaschen und Faden abschneiden.

Die Vorderseite liegt oben. Mit Garn D mit 1 Km am rechten Ende der letzten R neu anschlingen, je 1 Km in jede Schlinge aus Garn F auf der Rückseite der M aus Garn F bis zum Ende der Girlande häkeln. Abmaschen und Faden abschneiden.

Alle Fadenenden vernähen und alle Elemente der Girlande spannen (siehe Grundlegende Techniken: Spannen), damit die Dreiecke und Sterne schön flach liegen (Sprühstärke verwenden, falls erforderlich).

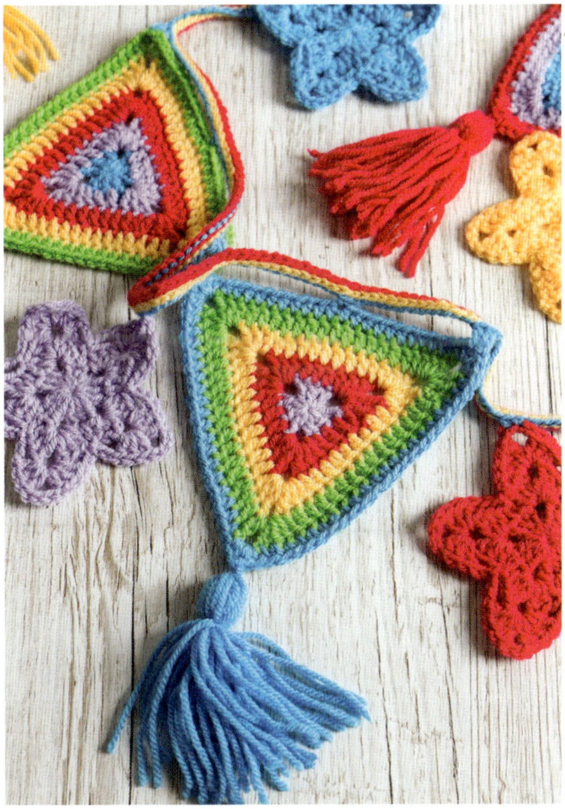

Drache

Häkle deine eigene mystische Welt mit dieser herrlichen Drachendecke. Hier können sich die Kinder fantasievoll austoben: Brüllend sausen Drachen durch die Lüfte und vollbringen Heldentaten! Ich habe eine eher traditionelle Farbpalette aus Grün- und Brauntönen gewählt, aber natürlich kannst du in den Farben häkeln, die dir am besten gefallen. Zusammen mit einer Prinzen- oder Prinzessinnendecke und dem Einhorn kennt die Fantasie keine Grenzen mehr!

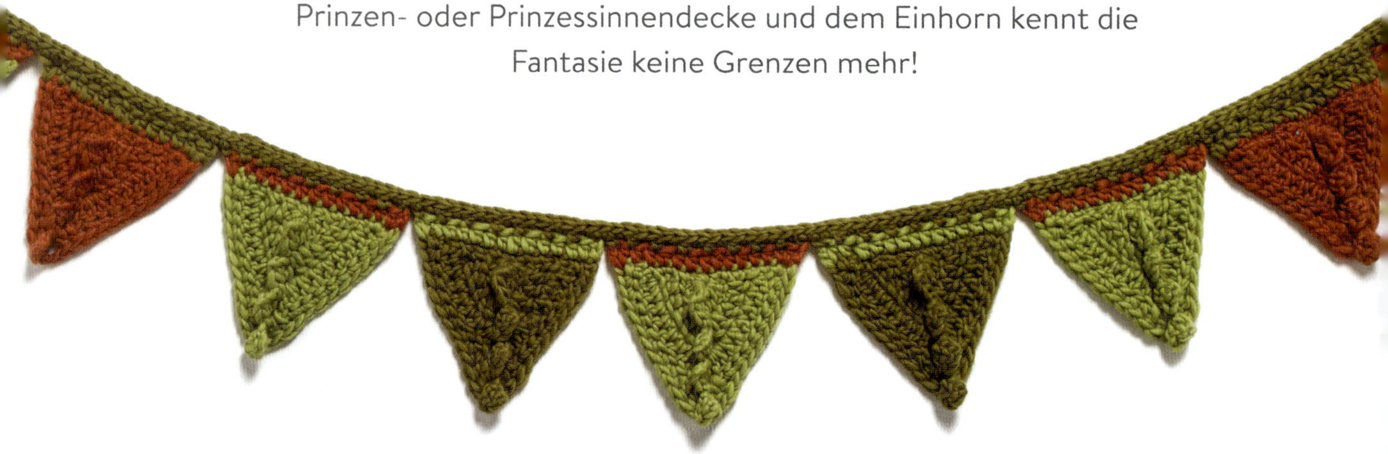

AUFBAU

Eine quadratische Decke in der Ecke-zu-Ecke-Technik. Kapuze, Taschen, Schwanz und Ohren werden separat gehäkelt und zum Schluss angesetzt.

Mit einer Zackenkante auf dem Rücken

Girlande mit dreieckigen Fähnchen, die ebenfalls Zacken haben.

SCHWIERIGKEITSGRAD

Mittel – 3

GRÖSSE

Alter: 2-4 [5-7] Jahre

Kleidergröße: Etwa 92-104 cm [110-122 cm]

DECKENMASS

57 cm [66,5 cm] im Quadrat ohne Zierkante

68 cm [77,5 cm] im Quadrat mit Zierkante

Die Kapuze ist an der breitesten Stelle etwa 38 cm [42 cm] breit (flach hingelegt).

GIRLANDE

Jedes dreieckige Fähnchen ist 15 cm breit und 15 cm hoch.

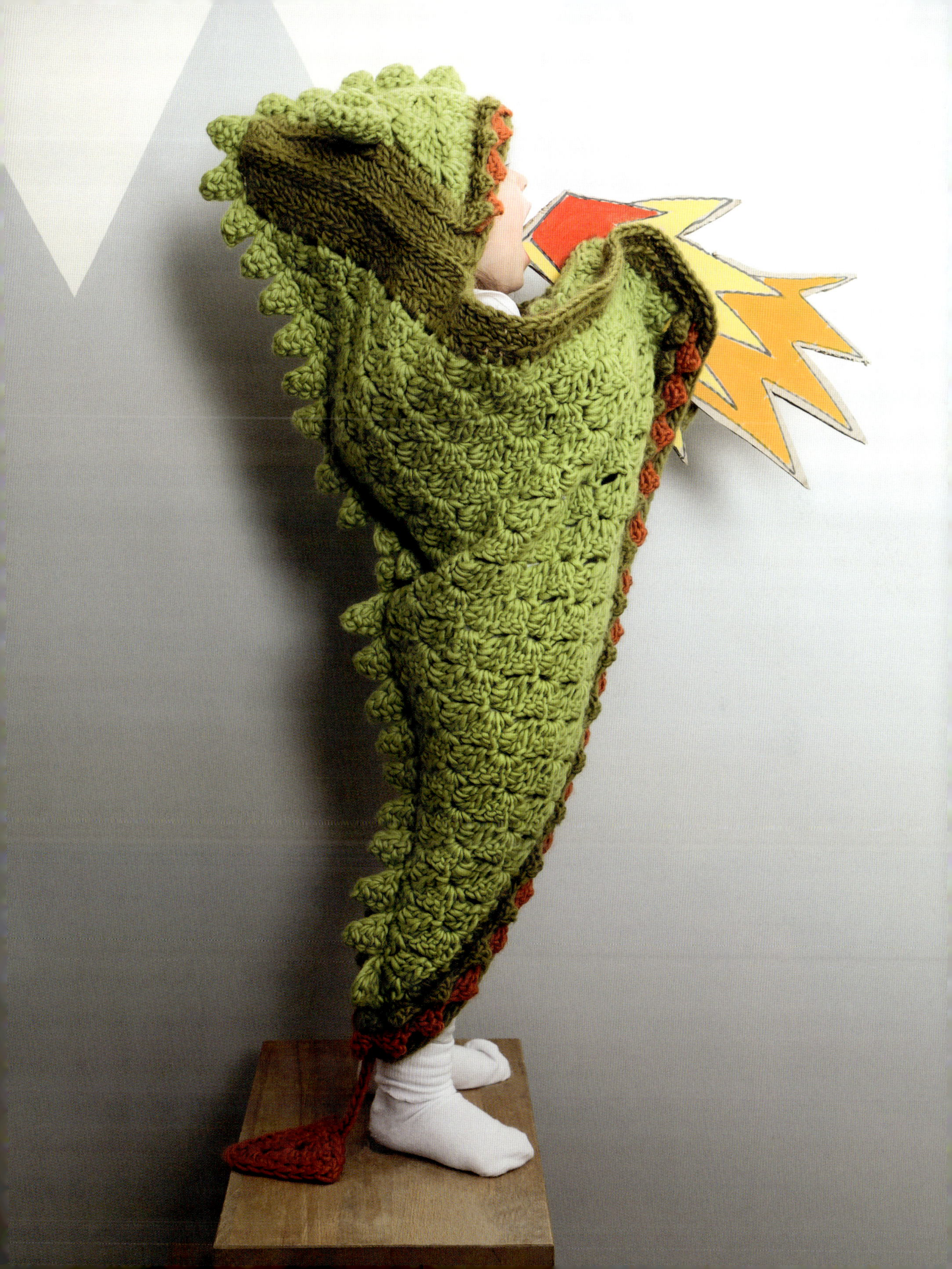

DAS BRAUCHST DU

GARN

FÜR DIE DECKE:

11 [15] Knäuel super chunky (super bulky) Garn in Blassgrün (A), 4 [5] Knäuel in Dunkelgrün (B) und 1 [2] Knäuel in Rost (C); 50 m/50 g

FÜR DIE GIRLANDE:

1 Knäuel super chunky (super bulky) Garn in Blassgrün (A), Dunkelgrün (B) und Rost (C); 50 m/50 g

HINWEISE ZUM GARN

ICH HABE VERWENDET:

Garn A: Drops Eskimo Super Chunky (100 % Wolle, LL 50 m/50 g) in Grün/Gelb (Fb 29)

Garn B: Drops Eskimo Super Chunky (100 % Wolle, LL 50 m/50 g) in Olive (Fb 06)

Garn C: Drops Eskimo Super Chunky (100 % Wolle, LL 50 m/50 g) in Orange (Fb 07)

DAS BRAUCHST DU NOCH

Häkelnadeln 7,0 mm und 8,0 mm

Maschenmarkierer

Sprühstärke (optional)

MASCHENPROBE

Garn A-C, etwa 3,5 Quadrate mit Häkelnd 7,0 mm = 10 cm x 10 cm

ÜBRIGENS ...

Hier wird nach der Standardanleitung für eine quadratische Decke gehäkelt (Seite 32).

Anleitung

DECKE

Mit Garn A und Häkelnd 7,0 mm eine Anfangsschlinge häkeln.

Nach der Standardanleitung für eine quadratische Decke arb:

- Bis auf 20 [23] Quadrate zunehmen (oder bis die geraden Seitenkanten 57 cm [66,5 cm] lang sind).
- Bis auf 1 Quadrat abnehmen.

Abmaschen und Faden abschneiden. Damit ist die Deckenfläche fertig.

AUFGESETZTE TASCHEN FÜR DIE HÄNDE (2x)

Mit Garn A und Häkelnd 7,0 mm eine Anfangsschlinge häkeln.

Nach der Standardanleitung für eine quadratische Decke arb:

- 6 [7] R häkeln.

Nächste R (damit die Kante gerade wird): Je 1 Km in die nächsten 3 Stb, 1 Km oben in die 3 Lm am Ende des Quadrats, jetzt entlang der Zickzackkante: * 1 Stb in die nächste M, 1 hStb in die nächste M, 1 fM in die nächste M, 1 Km oben in die nächsten 3 Lm (1 Quadrat ausgefüllt); ab * bis zum Ende wdh (siehe Grundlegende Techniken: Eine Zickzackkante begradigen).

Abmaschen und Faden abschneiden.

Die Decke flach ausbreiten (jede Seite kann die Außen- oder Innenseite sein) und die beiden Taschen an 2 gegenüberliegenden Ecken feststecken. Dabei die Quadrate aneinander ausrichten. Du kannst Maschenmarkierer verwenden, um die Taschen zu fixieren (siehe Grundlegende Techniken: Teile zusammennähen). Die Taschen werden zusammen mit der Grundrunde für die Zierkante an die Decke genäht.

GRUNDRUNDE FÜR DIE ZIERKANTE

Garn A mit 1 Km an einer Ecke ohne Tasche neu anschlingen und die Standard-Grundrunde arb (siehe Grundlegende Techniken: Standard-Grundrunde für die Zierkante, Schritte 3-9). Dabei wie unten beschrieben um die gesamte Decke herum arb und gleichzeitig durch die Taschen und die Decke nähen.

1. Rd: 1 Lm (zählt nicht als M), (1 fM, 2 Lm, 1 fM) in dieselbe Eck-M, 2 Lm, * 1 fM in den Lm-Bogen zwischen den nächsten 2 Quadraten, 2 Lm; ab * bis zur nächsten Ecke wdh **, (1 fM, 2 Lm, 1 fM) in die Eck-M, 2 Lm ***; ab * bis *** noch 2x wdh, dann ab * bis ** noch 1x wdh, mit 1 Km in die 1. fM schließen.

Abmaschen und Faden abschneiden.

ZIERKANTE

Mit Garn B mit 1 Km an einem beliebigen 2-Lm-Bogen in einer Ecke neu anschlingen.

Nächste Rd: 3 Lm (zählt als 1 Stb), 2 Stb in denselben Lm-Bogen wie die 3 Anfangs-Lm, je 1 Stb in jede fM und je 2 Stb in jeden Lm-Bogen um die gesamte Decke herum, dabei 3 Stb in jeden Lm-Bogen in der Ecke, mit 1 Km oben in die 3 Anfangs-Lm schließen.

Nächste Rd (Außenseite): 3 Lm (zählt als 1 Stb), je 1 Stb in die hintere Schlinge jeder M um die gesamte Decke herum, dabei 3 Stb in die hintere Schlinge jeder Eck-M, mit 1 Km oben in die 3 Anfangs-Lm schließen.

Abmaschen und Faden abschneiden.

KAPUZE

Mit Garn A und Häkelnd 7,0 mm eine Anfangsschlinge häkeln.

Nach der Standardanleitung für eine quadratische Decke arb:

- 8 [9] R häkeln.

Nächste R (damit die Kante gerade wird): Wie die entsprechende R bei den Taschen häkeln. Nicht abmaschen.

Nächste Rd (Grundrunde für die Zierkante): Weiter mit Garn A und wie für die Grundrunde für die Zierkante an den ersten 2 Seitenkanten der Kapuze arb, dabei mit (1 fM, 2 Lm, 1 fM) in der gegenüberliegenden Eck-M enden. Weiter mit Garn B beim letzten U der letzten fM, dann je 1 fM in jede M an der geraden Kante entlang, mit 1 Km in die 1. fM schließen.

Nächste Rd: 1 Km in den 2-Lm-Bogen, 3 Lm (zählt als 1 Stb), 2 Stb in denselben Lm-Bogen unten an den 3 Anfangs-Lm, je 1 Stb in jede fM und 2 Stb in jeden Lm-Bogen, 3 Stb in jede Eck-M, bis die ersten beiden Kanten der Kapuze fertig sind, dann je 1 hStb in jede M an der geraden Kante der Kapuze entlang, mit 1 Km oben in die 3 Anfangs-Lm schließen.

Nächste Rd (Außenseite): 3 Lm (zählt als 1 Stb), je 1 Stb in die hintere Schlinge aller M um die Decke herum, dabei 5 Stb in die hintere Schlinge aller Eck-M, bis die ersten 2 Kanten der Kapuze fertig sind, dann je 1 hStb in die hintere Schlinge an der geraden Kante der Kapuze entlang, mit 1 Km oben in die 3 Anfangs-Lm schließen. Abmaschen.

Die Decke flach ausbreiten, die Taschen zeigen nach oben. Die Kapuze an einer freien Ecke der Decke feststecken, sodass die Kanten von Kapuze und Decke genau aufeinanderliegen. Die Teile nach Belieben mit Maschenmarkierern fixieren (siehe Grundlegende Techniken: Teile zusammennähen). An der rechten unteren Ecke der Kapuze mit Garn B beginnen: Die beiden Teile mit jeweils 1 Km durch die hinteren Schlingen der aufeinanderliegenden Maschen von Kapuze und Decke aneinander befestigen. Sobald die linke untere Ecke der Kapuze erreicht ist, abmaschen.

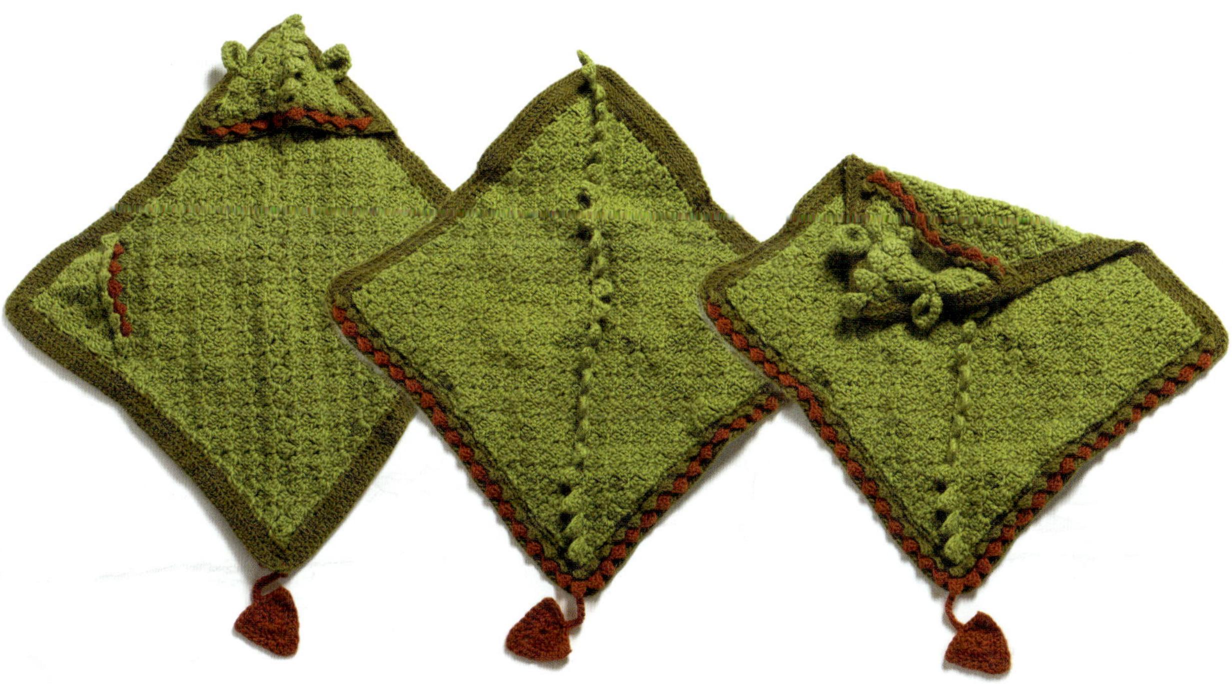

Hier siehst du die Innenseite der fertigen Decke, die Außenseite der Decke und die Decke mit zurückgeschlagener Kapuze.

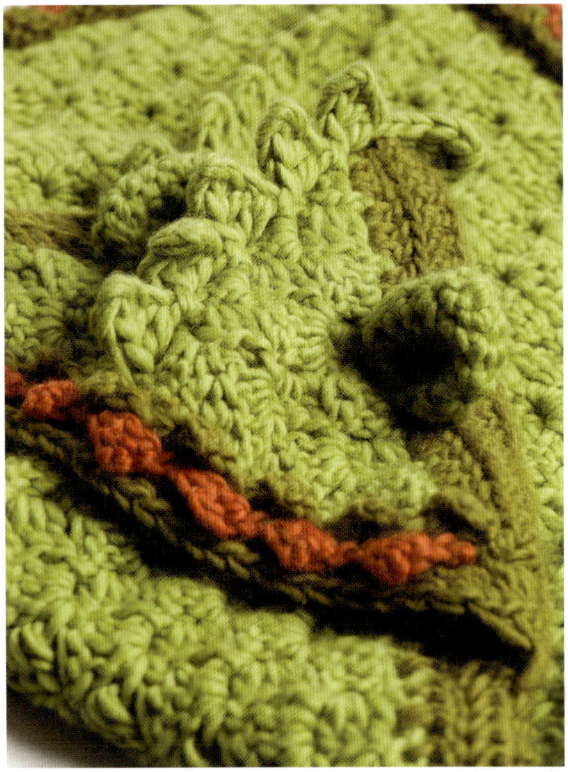

KAPUZENKANTE

Diese Kante wird in den freien Schlingen der letzten Kapuzen-Rd gearbeitet.

Dabei werden 2 R aus versetzten Zacken mit Garn B und Garn C gearbeitet.

Die Spitze der Kapuze zeigt nach oben, mit Garn B mit 1 Km in der freien vorderen Schlinge der M in der rechten Ecke an der Kapuzenkante neu anschlingen (an der Kopföffnung).

1. R: * 3 Lm, 1 fM in die 2. Lm von der Nd aus, 1 Stb in die nächste Lm, 2 M an der Kapuzenkante überspringen, 1 Km in die nächste M*; ab * bis * wdh bis zur letzten M vor den Eck-M, 3 Lm, 1 fM in die 2. Lm von der Nd aus, 1 Stb in die nächste Lm, die ersten 2 Eck-M überspringen und 1 Km in die nächste M. Abmaschen.

2. R: Mit Garn C in der 1. M der 2 übersprungenen M aus der 1. R neu anschlingen (in einer Linie mit der Mitte der 1. Zacke aus Garn B), wie die 1. R arb und 1 M vor der letzten Zacke aus Garn B enden. Damit hast du eine Zacke aus Garn C weniger als Zacken aus Garn B.

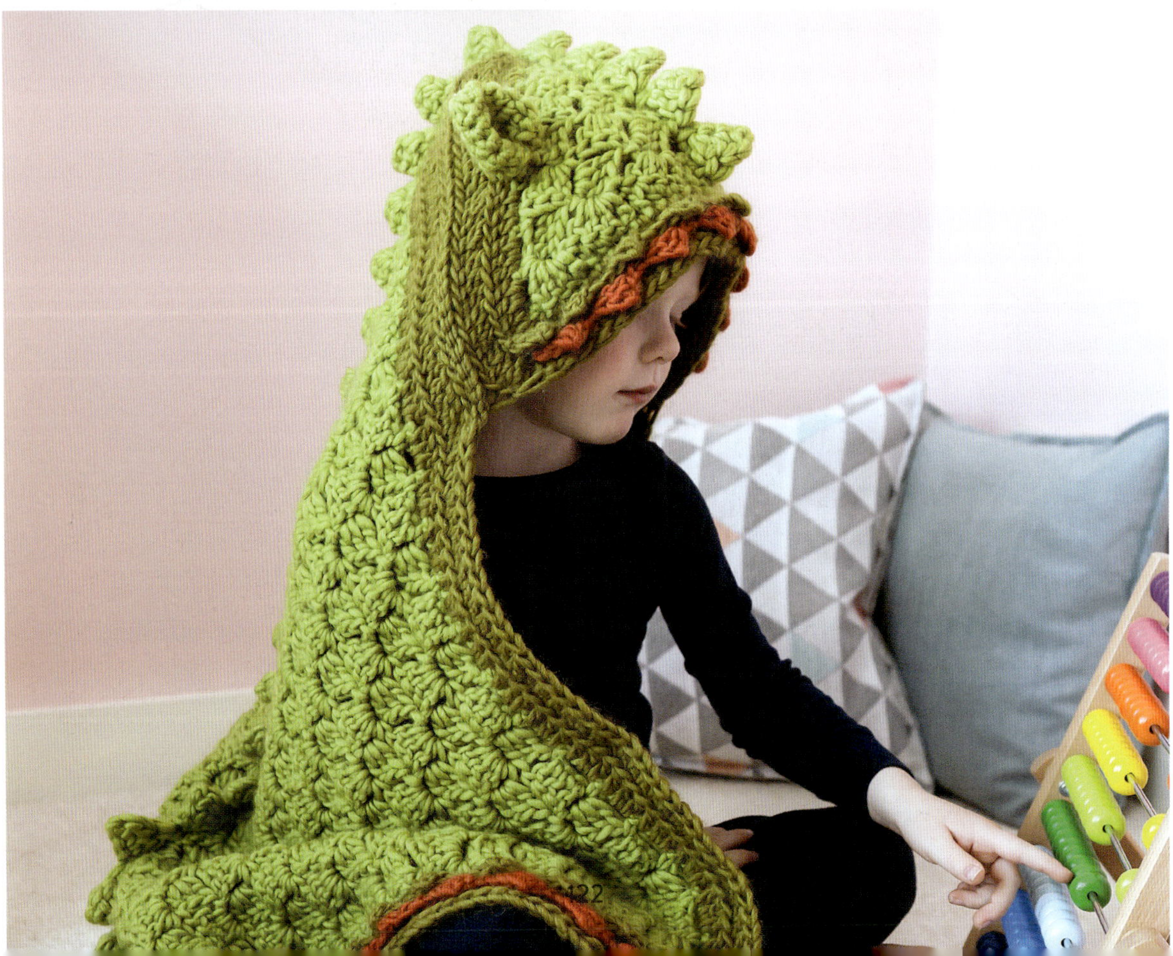

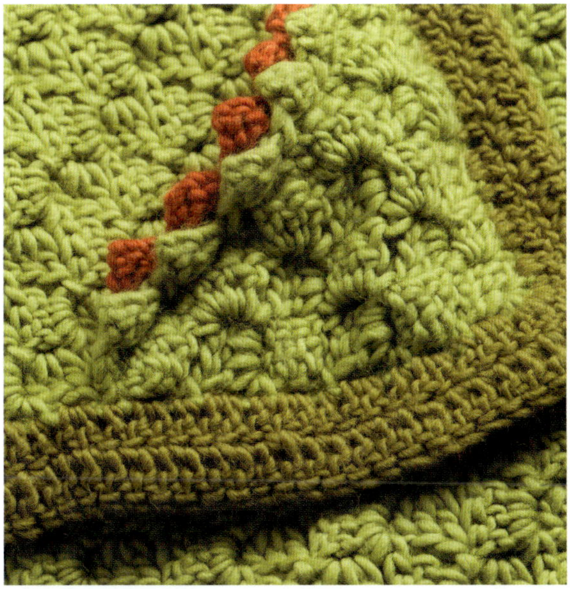

TASCHENKANTE (beide gleich)

Die Decke so legen, dass eine Ecke der Tasche nach oben zeigt. Mit Garn A in der rechten Eck-M dieser Tasche neu anschlingen. Die R werden von rechts nach links über die offene Taschenkante gearbeitet.

1. R: * 3 Lm, 1 fM in die 2. Lm von der Nd aus, 1 Stb in die nächste Lm, 3 M an der geraden Kante überspringen, 1 Km in die nächste M *; ab * bis * wdh bis zur letzten M vor den Eck-M, 3 Lm, 1 fM in die 2. Lm von der Nd aus, 1 Stb in die nächste Lm, die nächste M überspringen und 1 Km in die nächste M (= 6 [7] Zacken). Abmaschen.

2. R: Mit Garn C in der Mitte der ersten 3 übersprungenen M (zwischen den ersten 2 Zacken) neu anschlingen, wie die 1. R arb und in der Mitte der letzten 3 übersprungenen M enden (= 5 [6] Zacken). Abmaschen und Faden abschneiden.

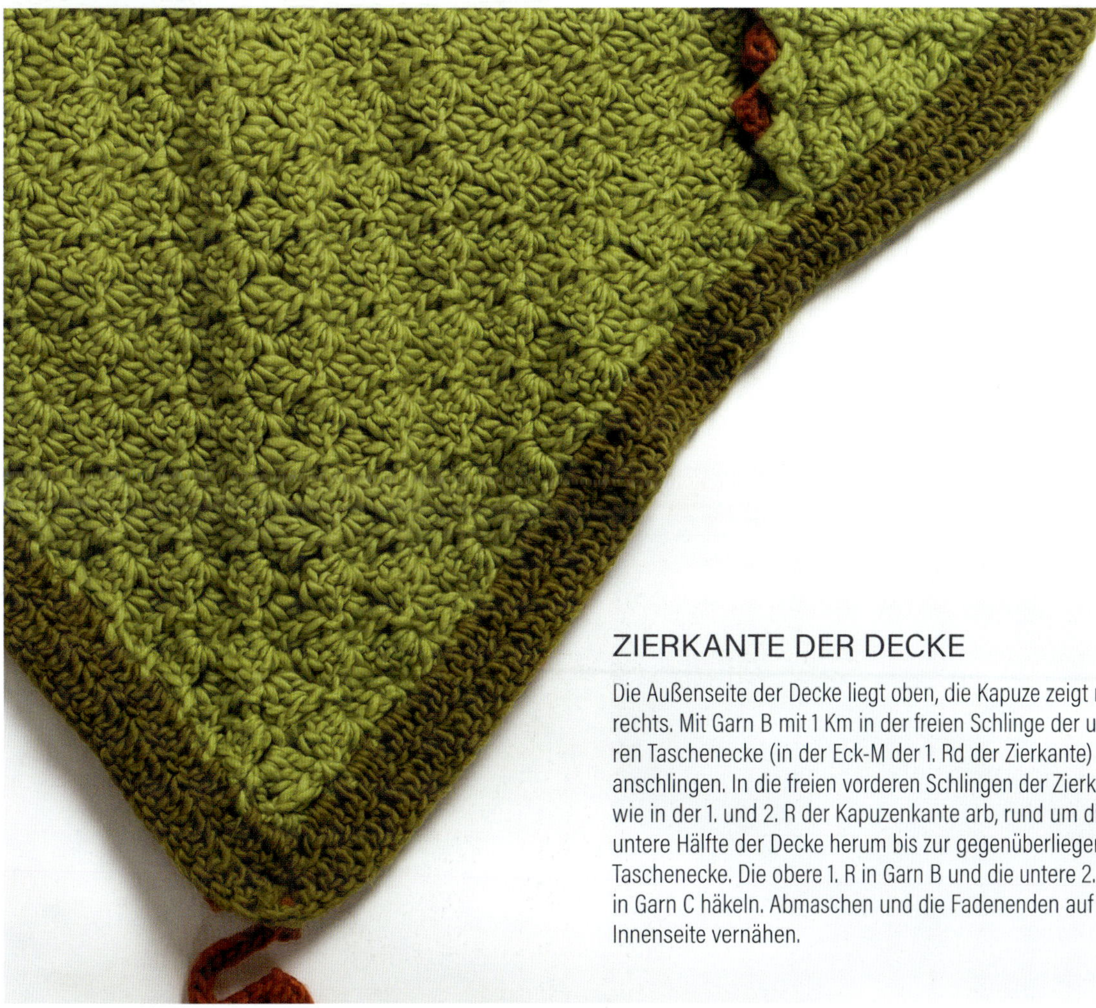

ZIERKANTE DER DECKE

Die Außenseite der Decke liegt oben, die Kapuze zeigt nach rechts. Mit Garn B mit 1 Km in der freien Schlinge der unteren Taschenecke (in der Eck-M der 1. Rd der Zierkante) neu anschlingen. In die freien vorderen Schlingen der Zierkante wie in der 1. und 2. R der Kapuzenkante arb, rund um die untere Hälfte der Decke herum bis zur gegenüberliegenden Taschenecke. Die obere 1. R in Garn B und die untere 2. R in Garn C häkeln. Abmaschen und die Fadenenden auf der Innenseite vernähen.

ZACKENKANTE AUF DEM RÜCKEN UND DER KAPUZE

Mit Häkelnd 8,0 mm und einem doppelten Faden von Garn A häkeln. Mit 1 Km in der Eck-M am Schwanzende neu anschlingen. Jetzt von der unteren Ecke in einer geraden Linie mittig über die Decke nach oben bis zur Spitze der Kapuze arb. Zunächst Maschenmarkierer in einer geraden Linie gleichmäßig zwischen den Quadraten einsetzen, damit die Zackenkante an dieser Linie entlang ganz gerade wird. So werden die Zacken gearbeitet:

1. R: * 4 Lm, 1 fM in die 2. Lm von der Nd aus, 1 hStb in die nächste Lm, 1 Stb in die nächste Lm, 1 Quadrat überspringen, 1 Km in die M vor dem nächsten Quadrat*; ab * bis * wdh, bis die Spitze der Kapuze erreicht ist, die letzte Km in die Spitze der Kapuze arb. Die Anzahl der Zacken entspricht der Anzahl der zugenommenen R plus einer zusätzlichen Zacke am Rücken. Jetzt eine weitere Zacke häkeln, dann 1 Km in die Spitze der Kapuze, ab * bis * entlang der Mittellinie vorne an der Kapuze entlang arb, bis die vordere Zierkante erreicht ist. Abmaschen und die Fadenenden innen in der Kapuze vernähen. Die Zacken können sich ruhig ein wenig rollen, du kannst sie später spannen, damit sie gerade werden.

SCHWANZ

Mit Garn C und Häkelnd 7,0 mm einen Fadenring häkeln (siehe Grundlegende Techniken: In Spiralrunden häkeln – so funktioniert der Fadenring). In Hin- und Rückr arb.

1. R: 3 Lm (zählt als Stb), (2 Stb, 2 Lm, 3 Stb) in den Fadenring, wenden und den Ring fest zusammenziehen, wenden (= 3 Stb an jeder Seite).

2. R: 3 Lm (zählt als Stb), 1 Stb in die M unter den 3 Anfangs-Lm, je 1 Stb in die nächsten 2 Stb, (2 Stb, 2 Lm, 2 Stb) in den 2-Lm-Bogen in der Mitte, je 1 Stb in die nächsten 2 Stb, 2 Stb oben in die 3 Lm am R-Ende, wenden (= 6 Stb an jeder Seite).

3. R: 1 Lm (zählt nicht als M), 2 fM in dieselbe M, je 1 fM in die nächsten 4 Stb, 1 hStb in das nächste Stb, (1 Stb, 2 Lm, 1 Stb) in den 2-Lm-Bogen in der Mitte, 1 hStb in das nächste Stb, je 1 fM in die nächsten 4 Stb, 2 fM oben in die 3 Lm am R-Ende, nicht wenden (= 9 M an jeder Seite).

Jetzt weiter an der oberen Kante des Dreiecks, je 1 fM in jede der nächsten 2 Lm (die Lm der seitlichen 3 Lm am R-Ende), 1 fM in das nächste seitliche Stb, 1 fM in den Fadenring, 9 Lm, 1 Km in die M an der Schwanzspitze der Decke, je 1 Km in die gerade gearbeiteten 9 Lm, 1 fM in den Fadenring, weitere 3 fM gleichmäßig an der oberen Kante des Schwanzes bis zum R-Ende verteilen, mit 1 Km in die 1. fM schließen.

Abmaschen.

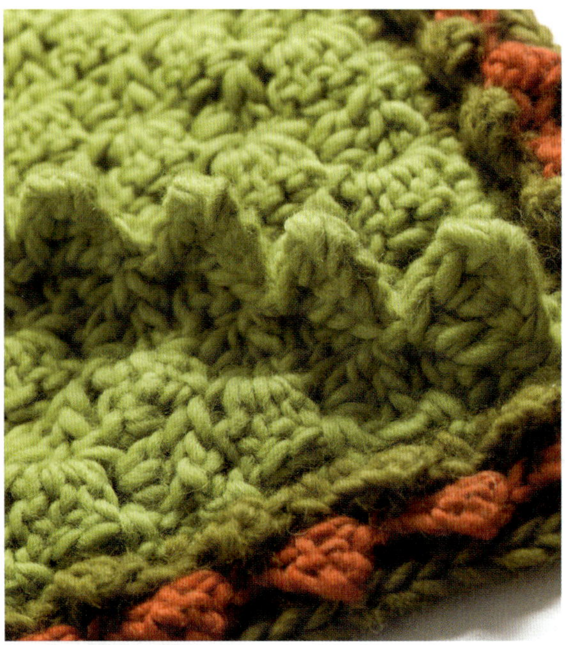

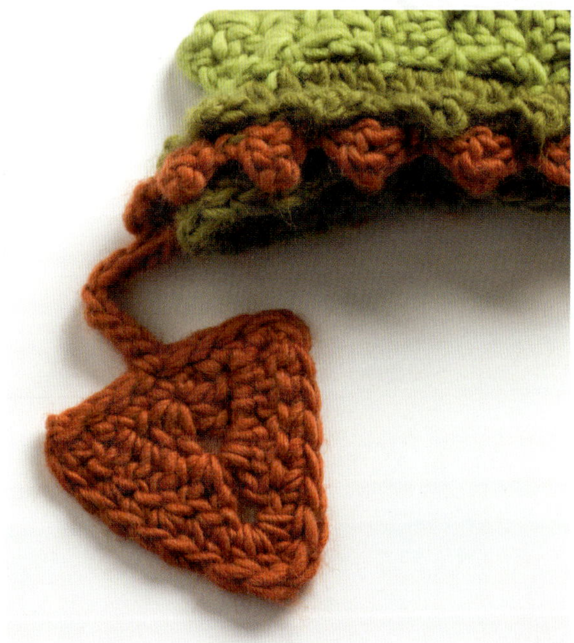

OHREN (2x)

Für eine kleine Decke

Mit Garn A und Häkelnd 7,0 mm einen Fadenring häkeln. In Spiral-Rd arb, ohne die Rd am Ende zu schließen. Einen Maschenmarkierer in die 1. M der Rd einhängen und in jeder weiteren Rd versetzen (siehe Grundlegende Techniken: In Spiralrunden häkeln – so funktioniert der Fadenring).

1. Rd: 6 fM in den Fadenring (= 6 M).

2. Rd: (2 fM in die nächste M, 1 fM in die nächste M) 3x (= 9 M).

3. Rd: (2 fM in die nächste M, je 1 fM in die nächsten 2 M) 3x (= 12 M).

4. Rd: (2 fM in die nächste M, je 1 fM in die nächsten 2 M) 4x (= 16 M).

5. und 6. Rd: 1 fM in jede M.

7. Rd: (2 fM zus, je 1 fM in die nächsten 2 M) 4x (= 12 M).

8. Rd: (2 fM zus, je 1 fM in die nächsten 2 M) 3x (= 9 M).

Mit 1 Km in die nächste M schließen und abmaschen.

Das Ohr unten ein wenig zusammendrücken und mit ein paar Stichen fixieren, dann vorne an die Kapuze nähen, etwa in der Mitte zwischen der Kapuzenspitze und der inneren Kante der Zierkante aus Garn B.

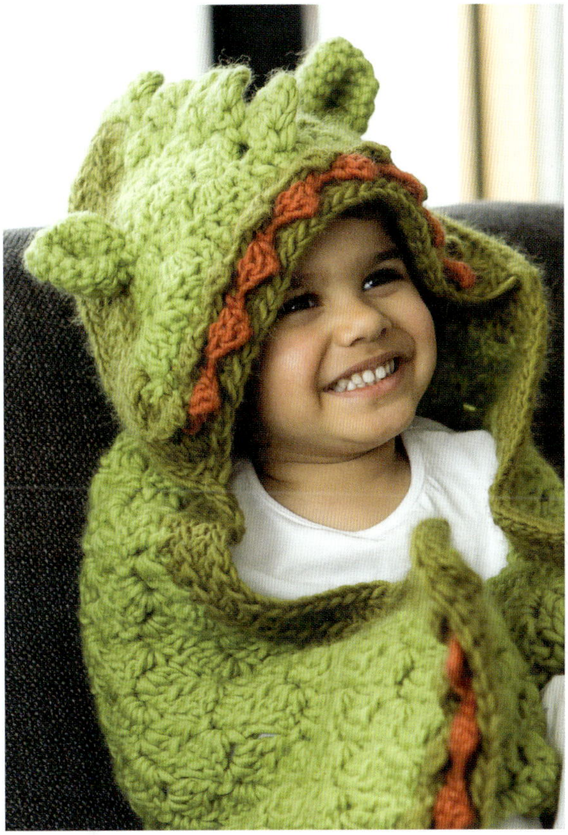

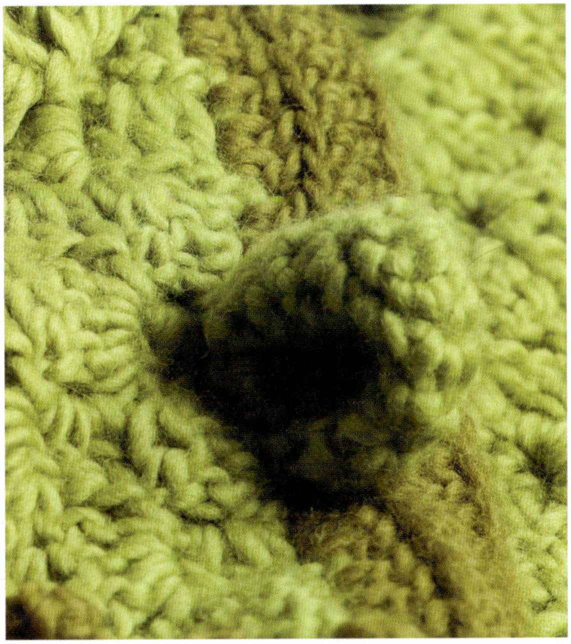

Für eine große Decke

Wie die Ohren für eine kleine Decke bis Ende der 4. Rd arb (= 16 M).

5. Rd: (2 fM in die nächste M, je 1 fM in die nächsten 3 M) 4x (= 20 M).

6. und 7. Rd: 1 fM in jede M.

8. Rd: (3 fM zus, je 1 fM in die nächsten 2 M) 4x (= 16 M).

Wie die Ohren für eine kleine Decke von der 7. Rd bis zum Ende arb.

FERTIGSTELLUNG

Die Decke entlang der Zackenkante doppelt legen, sodass die Zacken abstehen. Die Zacken und den Schwanz einsprühen und mit Stecknadeln zum Spannen fixieren (siehe Grundlegende Techniken: Spannen). Eventuell die Zacken mit Sprühstärke einsprühen, damit sie fester werden. Vollständig trocknen lassen und dann die Stecknadeln herausziehen.

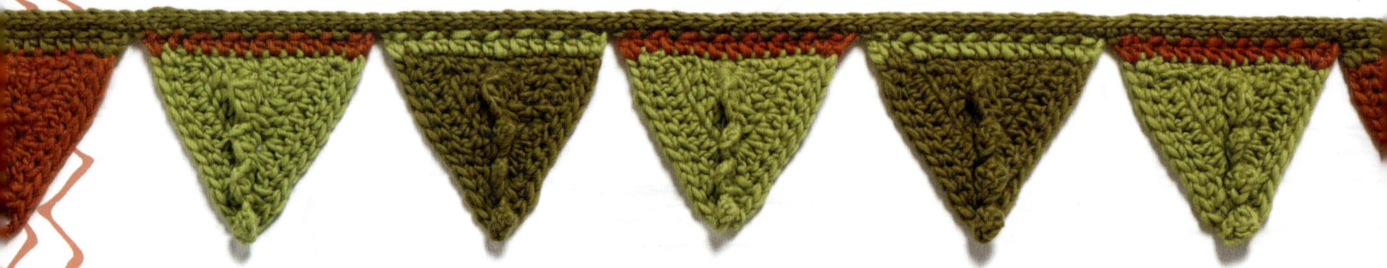

GIRLANDE

5 Fähnchen aus Garn A: die Kante aus Garn C und die Zacken aus Garn A häkeln.

2 Fähnchen aus Garn C: die Kante aus Garn B und die Zacken aus Garn C häkeln.

2 Fähnchen aus Garn B: die Kante aus Garn A und die Zacken aus Garn B häkeln.

Mit Häkelnd 7,0 mm und der Hauptfarbe wie den Schwanz bis Ende der 2. R häkeln (6 Stb an jeder Seite).

3. R: 3 Lm (zählt als 1 Stb), 1 Stb unten in die 3 Anfangs-Lm, je 1 Stb in die nächsten 5 Stb, (2 Stb, 2 Lm, 2 Stb) in den 2-Lm-Bogen in der Mitte, je 1 Stb in die nächsten 5 Stb, 2 Stb oben in die 3 Lm am R-Ende, wenden (= 9 Stb an jeder Seite).

4. R: 1 Lm (zählt nicht als M), 2 fM in dieselbe M, je 1 fM in die nächsten 7 Stb, 1 hStb in das nächste Stb, (2 Stb, 3 Lm, 2 Stb) in den 2-Lm-Bogen in der Mitte, 1 hStb in das nächste Stb, je 1 fM in die nächsten 7 Stb, 2 fM oben in die 3 Lm am R-Ende, nicht wenden (= 12 M an jeder Seite).

An der Oberkante des Dreiecks 13 fM gleichmäßig über die Kante verteilen, mit 1 Km in die 1. fM schließen. Abmaschen.

In der Farbe für die Kante mit 1 Km in der oberen rechten Ecke neu anschlingen, 3 Lm (zählt als 1 Stb), 1 Stb in dieselbe M, je 1 hStb in jede fM an der Oberkante bis zur letzten fM, 2 Stb in die letzte fM (= 15 M).

Abmaschen.

ZACKEN

Die Spitze der Fähnchen zeigt nach oben. In der Hauptfarbe mit 1 Km in der Mitte des Fadenrings neu anschlingen, * 3 Lm, 1 hStb in die 2. Lm von der Nd aus, 1 Stb in die nächste Lm, 1 Km in die nächste mittlere Lm; ab * noch 3x bis zur Spitze des Fähnchens wdh. Abmaschen und die Fadenenden auf der Rückseite vernähen.

Die Fähnchen zur Girlande verbinden

Mit Häkelnd 7,0 mm und Garn B 25 Lm, dann über die Oberkante des 1. Fähnchens folgendermaßen arb:

1. R: * 1 fM oben in die 3 Lm in der Ecke, (1 Lm, nächste M überspringen, 1 fM in die nächste M) bis zum Ende des Fähnchens, mit dem nächsten Fähnchen ab * wdh, bis alle Fähnchen zu einer Girlande verbunden sind, 30 Lm, wenden.

2. R: Die letzten gerade gehäkelten 5 Lm überspringen (so entsteht eine Aufhängeschlaufe), 1 fM in die nächste Lm, je 1 fM in die nächsten 24 Lm, je 1 Km in jede fM und in jede Lm bis zum Ende der Fähnchen, dann 1 fM in jede Lm bis zum Ende, 5 Lm und mit 1 Km unten in die letzte fM schließen (so entsteht die zweite Aufhängeschlaufe). Abmaschen und die Fadenenden auf der Rückseite vernähen.

FERTIGSTELLUNG

Girlande einsprühen und spannen. Falls gewünscht, die Rückseite mit Sprühstärke einsprühen und trocknen lassen.

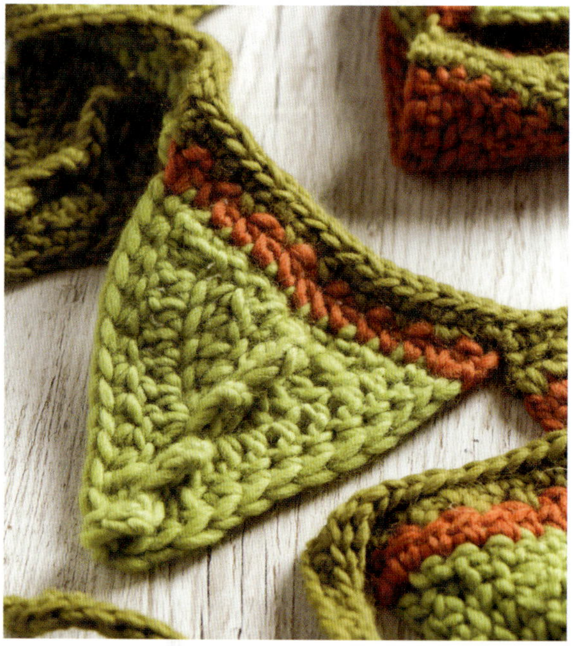

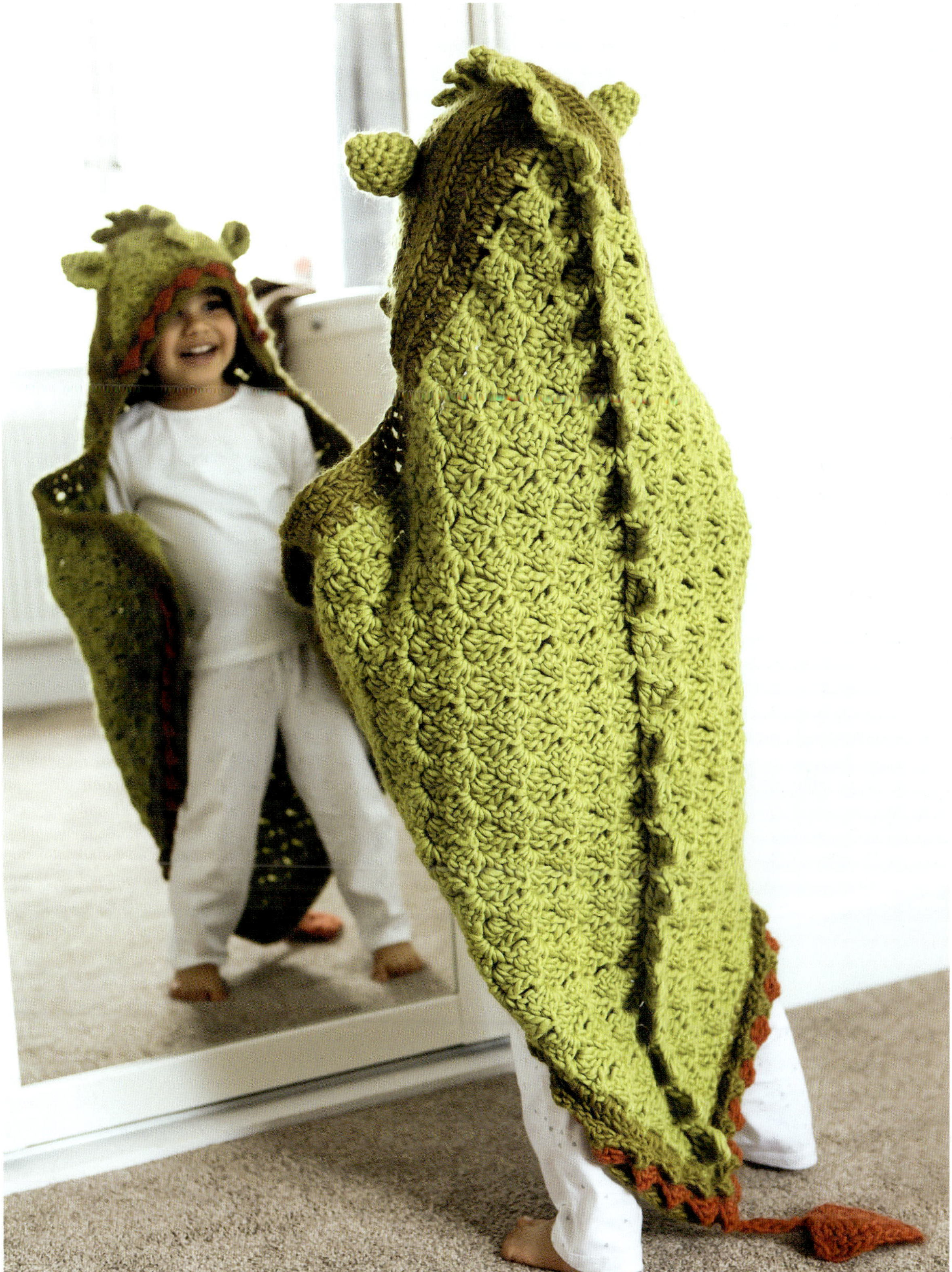

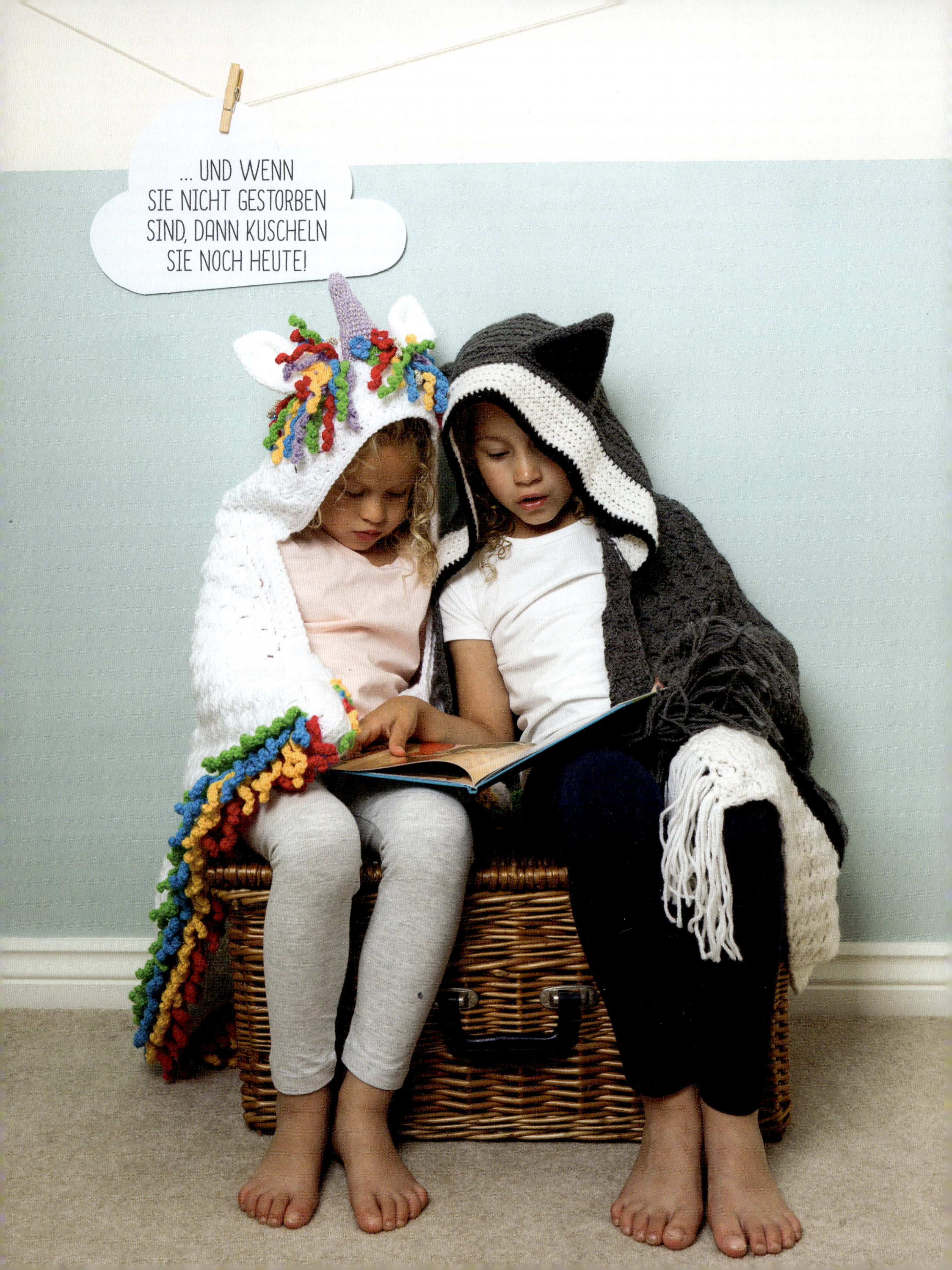
... UND WENN
SIE NICHT GESTORBEN
SIND, DANN KUSCHELN
SIE NOCH HEUTE!